生活因阅读而精彩

生活因阅读而精彩

弯腰是一种智慧

【修订版】

何菲鹏 编著

中国华侨出版社

图书在版编目(CIP)数据

弯腰是一种智慧/何菲鹏编著.—北京：
中国华侨出版社,2011.3(2013.7重印)
ISBN 978-7-5113-1236-5-01

Ⅰ.①弯… Ⅱ.①何… Ⅲ.①人生哲学–通俗读物
Ⅳ.①B821-49

中国版本图书馆CIP数据核字(2011)第021951号

弯腰是一种智慧

编　　著／何菲鹏
责任编辑／尹　影
责任校对／李向荣
经　　销／新华书店
开　　本／787×1092毫米　1/16开　印张/18　字数/250千字
印　　刷／北京建泰印刷有限公司
版　　次／2013年7月第1版　2013年7月第2次印刷
书　　号／ISBN 978-7-5113-1236-5
定　　价／30.00元(第2次改定价)

中国华侨出版社　北京市朝阳区静安里26号通成达大厦3层　邮编:100028
法律顾问:陈鹰律师事务所
编辑部:(010)64443056　　64443979
发行部:(010)64443051　　传真:(010)64439708
网址:www.oveaschin.com
E-mail:oveaschin@sina.com

前　言

每个人在自我生命的内心深处都潜藏着一种潜力和智慧。这种潜力和智慧只有在压力面前，在逆境面前，在被折辱、欺凌、围困面前，才会最充分地表现和爆发出来。

翻开历史，古今中外成大事者大多不是一帆风顺的，都经历过艰难曲折。他们面对困难、身处逆境而能弯得下腰、不消沉，而后奋起搏击，最终在人生的道路上取得成功。司马迁在《报任安书》中就举出许多例子："文王拘而演周易，仲尼厄而作春秋，屈原放逐乃赋离骚，左丘失明厥有国语，孙子膑脚兵法修列，不韦迁蜀世传吕览。"就司马迁本人而言，也是在遭遇迫害之后发愤著书，因完成《史记》巨著而彪炳史册的。我们有理由坚信，弯腰无妨做大事，耐着性子把事做稳，在小处忍让，便可在大处获胜。

人生自有其沉浮，高潮也罢，低谷也罢，都要淡然处之。清代名臣曾国藩在给他弟弟曾国荃的信中写过这样一段诗句："左列钟铭右谤书，人间随处有乘除；低头一拜屠羊说，万事浮云过太虚。"诗中的"屠羊说"是说有个宰羊的屠夫，他曾帮助楚昭王收复失去的天下，但楚昭王复国后再三请他做官都被他谢绝了。他说："大王丢了国土时我也丢了宰羊的工作，现在大王重登宝座，我又操起宰羊刀，恢复了过去的一切，这很好。"曾国藩借用这一典故告诉弟弟：你知道我为何在办公室的左边摆满了朝廷的奖状，右边放了一大堆告发和咒骂我的信札吗？人世间的事本来就如天平一样，这头高了那头就低，既不因有了功就忘乎所以，也不因被人骂了就垂头丧气。只要效法"屠羊说"，乐观豁达，把一切看开了，荣誉也罢，诽谤也罢，都不过是蓝天上的一片浮云，一会儿就会被风吹散，成为往事。这是何等的心性，何等的胸怀，何等的境界！

苏轼《留侯论》中的首段话：

"古之所谓豪杰之士者，必有过人之节。人情有所不能忍者，匹夫见辱，拔剑而起，挺身而斗，此不足为勇也。天下有大勇者，猝然临之而不惊，无故加之而不怒。此其所挟持者甚大，而其志甚远也。"

这段话是什么意思呢？是说古时候被人称做豪杰的志士，一定具有胜人的节操，拥有一般人没有的度量。普通人受到侮辱，拔剑而起，挺身上前搏斗，这不能算做勇敢。天下有一种真正勇敢的人，遇到突发的情形毫不惊慌，无缘无故地对他施加侮辱也不动怒。为什么他能够做到这样呢？是因为他胸怀大志、目标高远的缘故啊。

这就是真豪杰——猝然临之心不惊，无故加之而不怒，身处剧变而不慌。

面对百味人生，面对世事百态，我们需要克服的是不平之气、消沉之心、躁动之性和致远之志，需要张扬的是自信、勇气、愈挫愈硬和百折不饶。

一句话：腰弯得低，才能跳得远；弯得下腰，才能成大器。

目录

福来了莫张狂，祸来了莫慌乱
——弯腰是一种淡定

　　稳重是成功的基石，稳重是成大器者不可或缺的必要条件，而浮躁则是走向失败的陷阱。成功者知道稳健处世，而失败者只知心浮气躁、急于求成。成功的人最终因稳重而走向成功，而失败的人也正是因为急躁而掉落深渊。

只有脚踏实地地行走，才不会有一脚踏空的危险 / 3

沉着应对才可以把事情做得更好 / 7

时刻保持冷静，做一个处变不惊的人 / 9

一时之胜不足喜，一时之败不足悲 / 11

按捺住激动的心情，静观其变 / 14

将心沉淀下来，以不变应万变 / 17

气愤中转不过弯来的结果是灼烧自己

——弯腰是一种自控

在人与人相处之中，难免有磕磕碰碰的时候，牙齿和舌头还有打架的时候呢！如果因为一点小事就斤斤计较，在气愤中转不过弯来，那么，很可能会将多年来建立的友情一笔勾销。而且，长期地怒火中烧，灼伤的只会是自己。

待人宽一分是福 / 21

藏起自己的"野心"，追求恬淡的生活 / 23

掌握住自己"快乐的钥匙" / 26

有理不在声高 / 29

蛟龙未遇，潜身于鱼虾之间 / 31

听一听别人的解释，也许会柳暗花明 / 33

诚恳的态度能换来他人的真心拥护　/ 35

不温不火地言辞，从容不迫地说话

——弯腰是一种气度

从容不迫是一种气度，有了从容不迫的气度，就不会对他人进行嘲讽、挖苦、大声斥责。其实，心平气和地交谈往往更容易为人所接受。过激、过头、过火的言辞不但有失你的"大家风范"，还会增加对方的对立情绪，给自己造成不必要的麻烦。

不温不火是一种为人处世的大智慧，是让人信服并愿意与之交往的一张王牌，是我们聚集人脉、获得机会的"吸铁石"。

从容面对嘲笑，从容面对人生 / 41

避免唇枪舌剑、无谓争论 / 43

做得好与不好，用不着自己去大声宣传 / 45

不要以"我很直率"来掩盖自己的过失 / 48

有话好好说，万事好商量 / 51

话要三思而后言 / 53

收敛锋芒，不骄不狂
——弯腰是一种成熟

一个人锋芒毕露，其人际关系不可能好。很多人都有这个毛病，到哪里都要变成焦点，别人讲话他要插嘴，对什么事情都有意见……这些都是锋芒毕露的表现。锋芒毕露不一定会出人头地，因为所有的人都会找机会把你的锋芒除掉。很多人年轻时有棱有角，后来却变得很圆滑，就是因为受了很多打击。

"装糊涂"要比"装聪明"好得多 / 59

需要"糊涂"的时候就尽可能地糊涂 / 61

智慧是留给自己用的，不是给别人看的 / 64

表面上做个愚公移山中的愚公 / 67

装疯卖傻是最好的掩护 / 70

别让自己成为一只"出头鸟" / 73

放得下，才拿得起
——弯腰是一种姿态

低调是一种风度，善于低调做人，不仅是体面生存和尊严立世的根本，也是赢得人生、成就事业的最佳心态。

从一定意义上说，所谓"低调沉稳"就是不把自己看得太重要、太有能耐、太高明。倘若认为自己处处胜人一筹、高人一等，就会有失谦逊之德、平易之美。所以，一个人不管在什么情况下，都要放下自己的身段，严格要求自己，在做事上向高标准看齐，在做人上则低调处理，方为大智之人。

当你志得意满时，切不可趾高气扬 / 79

能屈能伸好做人，可高可低大丈夫 / 81

放下高傲，还自己一个普通人的本来面目 / 83

为人的调子压得低，心态才能够修炼得静 / 87

忘记曾经的辉煌，正视现实 / 89

适时地低头，可以抬高自己的"身价" / 92

巧妙地掩饰是赢得赞扬的最好途径 / 94

寻常看不见，偶尔露峥嵘
——弯腰是一种城府

深邃之人，如城府，听着好像亦褒亦贬，但却是有谋有略。喜怒埋于心，似端坐云台，又似潜游水底，反正瞧不出个里就。不过凡事都有两面性，肤浅之人显得幼稚但真实，城府之人深邃却多少给人有些不坦诚的印象。这是一个度，全在于你如何把握。

你已经过了"心里藏不住事"的年龄 / 99

唯宽可以容人，唯厚可能载物 / 101

关键时候要懂得见好就收 / 104

掩饰起自己的才华 / 106

锋芒太露易招他人嫉妒 / 108

承载寂寞，忍耐苦痛
——弯腰是一种坚忍

人的力量如大千世界的一粒微尘，倘若不能以静制动，不能耐住寂寞，必会白白耗费精力，一事无成。像鲁迅笔下描叙的"一群麻木的看客，仿佛一群鸭子，被一只无形的手提着脖子"，此类人物，当然耐不住寂寞，扎在热闹堆里，活灵活现勾勒出麻木空虚且没出息的形象。在这样一群看客中，是没有真正务正业的人的。

只有耐得住寂寞，才能干一番真正的事业，才能成就大事。

在无人问津的寂寞中坚守自己的梦想 / 113

在沉稳中磨炼身心 / 115

成功是"熬"出来的 / 118

耐心等待成功的到来 / 120

别倒在成功的终点前 / 122

得意之时要低调，失意之时要坚强 / 125

在"低就"中积蓄力量 / 128

火到猪头烂，媳妇熬成婆
——弯腰是一种坚守

无论谁的人生，都是一条崎岖之路。这条路充满了艰辛苦难，路上会有太多的荆棘和顽石，有太多的磨难和挫折，人要想坚强地生存下去，就要忍耐。到达成功的过程痛苦而且漫长，但是只要有"磨"的精神，困难就显得微不足道了。

成功全在坚持，功夫全在磨 / 135

坚持到底就能成功 / 138

山穷水尽时再坚持一下 / 140

以蚂蚁啃骨头的精神去追求成功 / 143

只有"坚如铁"的忍耐力，才会有"出头之日" / 148

在危险之前伪装自己 / 151

要坐高位置，先坐"冷板凳"
——弯腰是一种策略

孔子曰："百行之本，忍之为上。"大千世界，事物相生相克，做人不可随心所欲、无所拘束。"忍"不是忍气吞声，更不是懦弱与胆怯，"忍"是大智大勇者的无敌心法，是宽广博大的胸怀，是包容一切的气概，更是做人留有余地的大策略、大智慧、大能力。

要想人前显贵，须得背后受罪 / 157

小不忍则乱大谋 / 159

好汉不吃眼前亏，惹不起还躲得起 / 163

人在屋檐下，一定要低头 / 165

今天短暂的匍匐，正是为了明天长久地站立 / 167

哪怕是他人的一点点给予，也要懂得感恩 / 171

白梅易折，翠竹难断
——弯腰是一种韧性

  伟大成就源自厚积薄发和坚韧不拔，成功路上总会有荆棘困扰，最大的挑战其实就是源于自我的惰性。如果我们在年轻的时候就懂得坚韧不拔，懂得千里之行始于足下，懂得志存高远需要脚踏实地，则实为大幸，则实为可贵，则必然迈向成功。

吃得苦中苦，方为人上人 / 177

成功就是沉下心地坚持 / 180

与其处处挖坑处处空，不如一生只挖一口井 / 183

为自己构筑一道防火墙 / 185

以屈求伸、以弯求直、以退为进 / 188

学会在黑暗中欢笑 / 190

跌倒了再爬起来 / 192

吃得眼前亏，舍得眼前利
——弯腰是一种舍得

  其实每个人在生活中，时刻都在取与舍中选择，我们又总是渴望着取，渴望着占有，常常会忽略了舍，或者说没有舍弃的勇气。每一个人都需要懂得放弃，因为不会放弃，也不会得到什么。只有懂得放弃、敢于放弃、果断放弃，才能把握住机会，获得更大的成功。

舍"君王"之尊，得"天下"之势 / 197

不懂得舍弃失败，实际上就是在放弃成功 / 202

暂时的吃亏是一种精神投资 / 205

有"金"分金，有"羹"分羹 / 207

无法得到的就放弃 / 210

懂得享受人生，不要为金钱所累 / 213

丢掉不必要的、已经过去的烦恼 / 216

鲤鱼曲身，猎豹拱背
——弯腰是一种蓄势

鹰立如睡，虎行似病，表面有气无力的病态似真似假，但足以体现它们的落魄。但在自然界中我们可以看到，就像猎豹拱背一样，往往这样的姿势才正是它们准备出击捕食前的手段。

做人要有方有圆 / 221

笑傲江湖方显英雄本色 / 223

放下架子，以羸弱之势博得强力支持 / 225

只有心态上"虚"了，身体上才能"弯" / 228

有"容"得下的量才能成其"大" / 231

爬得越高，摔得越重 / 234

有的大门需要弯腰侧身才能进入
——弯腰是一种变通

做人，是要有一点心机的。有心机但不奸猾，诚信待人而不憨傻。这就是可退可进的待人处世方法。

这年头，没有人想当"笨蛋"，也没有人想当"坏蛋"，因此，做人要深思熟虑，处世要圆滑得体，既不能"不老实"，又不能"太老实"，当视具体情况而定。如果你能做到这些，就能避免本不该有的麻烦和挫折。

知道进退，聪明而又精明 / 239

抱头藏尾，待机而动 / 241

能屈能伸，进退有度 / 244

忍下一时之气，免去百日之忧 / 248

固守名分，不觊觎名器 / 250

胸藏甲兵，腹隐韬略
——弯腰是一种隐藏

那些安心藏锋的人，都能笑对人生中不可改变的事实。"头"和"尾"在现实中蜷缩，内心却在局势和韬略间架起桥梁，这便是智者。学做一个"善藏锋者"，坦然接受坎坷，及时思考自我，随时寻找机遇，最终都能如愿以偿，一击必成。

舍万乘之尊，得天下之势 / 255

鹬蚌相争，渔翁得利 / 257

软硬兼施，天下通吃 / 260

抓住机遇，趁势而为 / 265

沿着螺旋式轨迹上升，步子才会稳健 / 267

以己之长攻敌之短 / 269

福来了莫张狂,祸来了莫慌乱
——弯腰是一种淡定

稳重是成功的基石,稳重是成大器者不可或缺的必要条件,而浮躁则是走向失败的陷阱。成功者知道稳健处世,而失败者只知心浮气躁、急于求成。成功的人最终因稳重而走向成功,而失败的人也正是因为急躁而掉落深渊。

只有脚踏实地地行走，才不会有一脚踏空的危险

弯腰哲学

> 很多时候，敌人都是虚张声势的纸老虎，我们如果暂时摸不清楚他们的底细或者对此束手无策的话，那就别太急于应对，不然就会让"急躁"成为内心的羁绊。

快节奏的社会生活，催生了一种浮躁的心态。大家随着这个社会像陀螺一般地转着，不停不息，做着不知疲倦的机械运动。这样就衍生了现代社会人的通病：心浮气躁。

现在的社会，很少有人喜欢诗词歌赋，也很少会有人喜欢"挥斥方道"……肯德基、麦当劳宾客盈门，方便面、速食饼干大行其道。我们眼里看到的，只有高楼林立的钢铁森林，而体会不到"小桥流水人家"、"采菊东篱下，悠然见南山"的情怀。

人们都认为，浮躁的"快餐生活"可以制造出高效的人生。殊不知，这浮躁的心态扼杀了多少"真善美"，扼杀了多少条生命。

"高速"发展的经济并没有缔造出更多的富翁，只缔造出了许多家破人亡的人间悲剧。而今的经济萧条，就是由许多人的浮躁心态拥集而成的。

其实，天空总是虚无缥缈的。只有脚踏实地地行走，才不会有一脚踏空的危险。多少成功的人士都曾告诉我们这样的道理。

华人首富李嘉诚被美国《时代》杂志评选为全球最具影响力的25位企业界领袖之一。李嘉诚创办的长江实业是香港的第一大企业集团。然而，纵观他的创业历

程，极为深刻地体现了他不急不躁、脚踏实地的精神。

在李嘉诚14岁的时候，他的父亲不幸病逝，为了帮助母亲养活3个弟妹，李嘉诚不得不辍学谋职。从此以后，李嘉诚用自己的双肩挑起了这个家庭的重担。为了生计，李嘉诚开始四处找工作。但是，在那兵荒马乱的年月，到处都是失业的人，当时的李嘉诚一没有学历，二没有什么突出的才干，身体单薄得连干力气活也显得难以胜任。

因此，要找一个赖以糊口的工作，也不是件容易的事情。但现实很残酷，残酷得都不允许他绝望——每天，李嘉诚一大早就出门，满大街地找工作。每走到一个店铺门口，他都进去问人家要不要招伙计。

功夫不负有心人，有一家茶楼的老板看他为人忠厚老实，待人态度也不错，正好茶楼的生意也非常好，就收留了李嘉诚，让他在茶馆里当烫茶的跑堂。从此，年仅14岁的小嘉诚，踏进了复杂的社会，开始了顽强拼搏的人生旅程。

每天，在天还没完全亮的时候，茶楼就要开门，到午夜还有客人逗留。这样早出晚归的生活，就是李嘉诚当时艰辛工作的真实写照。

未成年的小嘉诚，每天清晨5点左右上班，当同龄人还在睡梦中时，他就从温暖的被窝中爬起，披着晨露，赶到茶楼，准备茶水及茶点。而他晚上回家时，已经是夜深人静，每天工作时间长达10多个小时。这对于一个尚未成年的孩子来说，简直是一场严峻的考验与磨炼。但是，一想到母亲和弟妹，一种责任感便在李嘉诚的心头油然而生。他知道：自己就是整个家庭的支柱，就是再艰难也得拼下去。当时很多人都下南洋去"淘金"，期待一夜暴富。但是，李嘉诚并没有那样做，认为那样太不可靠了。他不为所动，沉住气，脚踏实地地努力着。

李嘉诚的舅舅非常疼爱李嘉诚，为了让他每天能够准时上班，就买了一只小闹钟送给他。李嘉诚特意将闹钟调快了几分钟，以便能最早赶到茶楼工作。他的吃苦肯干，很快就得到了茶楼老板的赏识，李嘉诚也成了茶楼中加薪最快的一名伙计。

到了17岁那年，在茶楼已经做了3年的李嘉诚，大胆地迈出了一步：到一家塑料厂应聘当推销员。要想做一个出色的推销员，首先要勤奋、要能跑，这一点对于李嘉诚来说不在话下，以前在茶楼里跑堂，能连续十几个小时不落座，也不感到腰酸腿痛。

做了推销员后,为了节省路费,李嘉诚上下班从不乘车,四五里路,都是以步代车;出外联系业务,一个上午,他就能在偌大的香港大街上往返一个来回。而且,每天李嘉诚都会比其他的推销员多工作好几个小时,其他人工作8小时,他就工作成倍的时间,天天如此。不仅如此,李嘉诚深知自己的知识有限,无论工作有多么繁忙,他总是利用仅有的闲暇时间到夜校进修,补习文化。很快,李嘉诚凭着自己的勤奋好学和精明能干,创下了出色的业绩,成了全厂的佼佼者。次年,李嘉诚升任部门经理,两年后又被提升为这家塑料厂的总经理。

经过几年艰苦生活的磨砺,李嘉诚逐渐成熟起来。他深知:干推销虽然取得了一定的成绩,但自己毕竟还只是一名高级"打工仔",自己所管理的塑料企业、塑料公司的财产毕竟是董事长的,企业的成败与他自己个人的关系并不大,这使得他十分渴望向社会证明自身的价值。于是,李嘉诚下定决心要自立门户。

两年后,李嘉诚毅然辞去了总经理一职,尝试创业,几年来他省吃俭用积蓄了7000港元,全部用做创业资金,并向叔父及堂弟借了4万多港元,创办了自己的塑料厂,并取荀子《劝学篇》中"不积小流,无以成江海"之意,将厂名定为"长江"。从此,香港多了一个工业企业"长江塑料厂"。

经过李嘉诚的努力,长江塑料厂日渐兴旺,工厂的年利润也猛升到上千万港币。李嘉诚成了老少皆知的"塑料花大王",从当初一个茶楼跑堂到掌管一个企业的千万富翁,李嘉诚靠着自己不急不躁的心态,脚踏实地,在香港闯出了自己的一片天地。

后来,眼光敏锐的李嘉诚,再一次敏锐地捕捉到了商机,果敢做出了进军房地产业的决定。李嘉诚以独特的经营方针和策略、把握时机的准确和果断、超凡的毅力和信念,步步为营,节节高升,最终登上了亚洲首席大富豪的宝座,成为称雄亚洲的超级富豪。

1992年,在美国《福布斯》世界富豪排名中,李嘉诚以38亿美元的个人财产,名列世界第35位,成为全球华人中的首富!2005年,英国《金融时报》选出的全球25位最具影响力的亿万富豪,李嘉诚以967亿美元的身价位列第17位。

目前,身为长江实业兼和记黄埔主席的李嘉诚,是福布斯集团第一位福布斯终身成就奖的得主,福布斯集团董事长史提夫·福布斯说:全球各地商界翘楚,都把他视为拥有卓越能力和非凡成就的人。

　　李嘉诚用自己的行动告诉我们，每个人都是生活的画家，生活的好坏在于自己的态度。他脚踏实地，他步步为营，一步步地朝自己的理想前进。而如果心浮气躁会造成什么结果呢？就会像一只没有展开翅膀的蝴蝶，永远飞不到它所理想的天空。

　　有一个年轻人，从小就很有钻研精神，他特别喜欢研究生物世界的那些知识，对那些小昆虫小动物很有兴趣。

　　有一天，他出去的时候在路边看见一个蛹，因为他一直很想知道那些蝴蝶是如何从蛹壳里出来的，又是如何飞起来的，便把它带回家，放在一个盒子里，仔细地观察。

　　放在家里观察了几天以后，他发现这个蛹开始出现了一条裂缝，他甚至能看见里面的蝴蝶在使劲地挣扎，想破壳而出。蝴蝶的挣扎持续了很长时间，虽然那个裂缝越来越大，蝴蝶也在拼命挣扎，却始终被这个小小的蛹壳所束缚，怎么样也出不来。看见蝴蝶这么辛苦地挣扎，这个年轻人有些不耐烦了，也不忍心，心想不如让我帮它一下吧，便拿起手边的剪刀把蛹壳剪开了一条大口子，蝴蝶很快就出来了。

　　年轻人很高兴，他不但看见了化蛹为蝶的过程，而且还帮了那只蝴蝶一把。但是很快他就发现，蝴蝶虽然出来了，但是翅膀不够有力，变得很臃肿，怎么也飞不起来，这是因为它没有完全靠自己的力量爬出来。而且这只蝴蝶以后也绝对没有办法再飞起来了，只能在地上爬。欲速则不达，蝴蝶没有做好准备，没有把翅膀锻炼得强健有力，因此它只能在地上看着同伴们在天空飞舞。

　　故事里的年轻人，由于自己的心浮气躁害了这只蝴蝶。而现实生活中我们的心浮气躁往往会伤害我们自己。如果一切的准备都还不充分，或者说因为暂时的困难成为了我们的掣肘，那么沉住气、不心浮气躁地匆忙行动，就显得更为重要了。

　　心浮气躁是人生最大的敌人。很多时候，敌人都是虚张声势的纸老虎，我们如果暂时摸不清楚他们的底细或者对此束手无策的话，那就别太急于应对，不然就会让"急躁"成为内心的羁绊。沉住气，才能够规避风险，拥抱成功。

沉着应对才可以把事情做得更好

弯腰哲学

在工作、学习之中,我们需要达到很多目标。这"目标"是维系人生的最基本元素,只有做到了这些,才能够顺利地在人生之路上跋涉。如果不能够沉心静气,我们最初的目的也难以达到,而沉着应对才可以把事情做得更好。

市场经济社会,竞争越来越激烈,人们的压力也一天天增大。所以,人们在匆匆忙忙的都市生活中,适应了"快餐人生"。在这样的"快餐人生"中,大家都急匆匆地赶路,急匆匆地做事情。看似有效地利用了人生,可是却忽略了人生的质量,实际上是在浪费人生。

人生中很多美好的事物,都需要我们静心去体会,才能够体味到其间的乐趣,乃至真谛。而且在这种"匆忙"的人生中,我们会连人生的本真都失去了。

在工作、学习之中,我们需要达到很多目标。这"目标"是维系人生的最基本元素,只有做到了这些,才能够顺利地在人生之路上跋涉。如果不能够沉心静气,我们最初的目的也难以达到,而沉着应对才可以把事情做得更好。古时魏国的国君魏文侯在乐羊的帮助下攻打中山国的时候就是这么做的。

春秋战国时期,魏国国君魏文侯打算出兵攻打中山国,却苦于没有合适的带兵将领,于是让臣民举荐。有人推荐了文武双全的乐羊。但是却有人告诉魏文侯,乐羊的儿子乐舒正在中山国任职,让乐羊带兵不妥,于是任命也就暂时搁置了。

后来,魏文侯又听说乐羊曾经拒绝儿子乐舒邀请他去中山国的建议,还规劝乐舒不要辅助荒淫无道的中山国国君,于是决定派乐羊为将领去攻打中山国。乐羊果然厉害,带领军队连战连捷、所向披靡,很快就打到了中山国的都城,而后他却把都城包围起来而不去攻打。

一连过去了几个月,乐羊还是按兵不动,魏国上下议论纷纷,大臣们请求魏文侯临阵换将的声音络绎不绝。不过魏文侯始终不为所动,依旧大力支持乐羊,还不断地派人去犒劳乐羊和他的军队。

乐羊依旧只围不打,最后,连乐羊的属下都忍不住了,有个叫西门豹的就询问乐羊为什么还不进攻,乐羊说:"心急吃不了热豆腐,虽然我们现在有足够的实力去消灭中山国,如果只是为了一时之急,而不顾长远之计的话,今天的胜利必定会为明天的失败埋下伏笔。而今我只围不打,还宽限了中山国投降的日期,这样做的主要目的是为了让中山国的百姓看出谁是谁非,是向天下人证明我们是仁义之师,这样才能收服人心,根本与乐舒没有一点儿关系。"

又过了一段时间,等到中山国的都城里面人心浮动,乐羊才发动进攻,果然不费多大工夫就攻下了中山国的都城。战争结束后,乐羊留下西门豹处理善后事宜,自己领着人马回到了魏国复命。

魏文侯亲自迎接打了胜仗的乐羊,大摆宴席为他庆功,宴席过后,给了乐羊一只箱子,要乐羊回家后再看。乐羊回家打开箱子一看,吓出了一身冷汗。他发现里面全是在对中山国只围不打的时候,大臣们诽谤诬告自己的奏章。

如果魏文侯不理解乐羊的军事策略而听信了那些大臣的话,中途对乐羊采取行动,不但不能取胜,乐羊本人恐怕也将遭遇不测。但是魏文侯沉着冷静,面对群臣指责乐羊的时候,一如既往地支持乐羊,最终取得了成功。可以说是乐羊的冷静才能够使得他们取得战争的胜利,并且在很大程度上减少了自己的损失。

面对中山国这块已经到了嘴边的"热豆腐",倘若乐羊着急一口吞下去也未尝不可,毕竟对方几乎已是任人宰割的羔羊。只是如果急于把这块"热豆腐"吞下去的话,很可能会烫伤嘴,会使得眼前的美味也充满苦涩。乐羊在关键时刻能够沉住气,围而不打,赢得了民心,扰乱了中山国的军心,实则为以逸待劳之举。其实,非淡泊无以明志,非宁静无以致远,持重守静乃是抑制轻率躁动的根本。稳重是人成功不可或缺的必要条件,而浮躁则是走向失败的陷阱。低调的人知道稳健处世,而

8

高调的人只知心浮气躁、急于求成。低调的人最终因稳重而走向成功，而高调的人会因急躁坏了大事。

奔跑的时候，我们总是会忽略身边的风景，我们总以为以奔跑的姿态才能够迎接曙光。可是，殊不知这样急迫的心态，可能会让我们看不清路边的风景，可能会让我们南辕北辙，更可能会让我们追逐一生，却碌碌无为。

时刻保持冷静，做一个处变不惊的人

弯腰哲学

在面对困厄的时候，切莫惊慌失措，被眼前的苦难吓倒。慌乱只会让事情变得无章可循，让自己看到整个世界都是混沌的，所以引起内心的惶恐。

无论什么时候遇到事情就敏感地有所动作，难免会显得比较肤浅。其实在为人处世方面，冷静是一种修养，也是一种智慧，更是一种气度。在当今这个到处充满变数的社会里，要时刻保持冷静，做一个处变不惊的人。这是做人的智慧，也是处世的哲学。

同时，保持深沉，不让人识破自己的想法也是处变不惊的一种战略。并不是所有事情都可以摆在别人的面前，让人一览无遗的。遇到事情先不动声色，别让人看透，下一步才能够见机行事。面对困境就变得手足无措，不知道如何是好，那只会自乱阵脚。面对想要篡夺皇位的母亲和弟弟，郑庄公就是毫不慌乱，沉着应对，终于化解了这场危机。

春秋时期，郑国国君郑武公临死前将王位传给郑庄公，但是庄公的母亲却对武公的这一决定很有意见。原来庄公出生时难产，他的母亲为此受到惊吓，差点儿死去，因而庄公的母亲很不喜欢他，认为郑庄公带给了她灾难，是不祥之人。庄公母亲的反对并没有给庄公的继位带来什么问题，但是在郑庄公继位为国君以后，他母亲姜氏却屡次诋毁庄公，并为宠爱的小儿子共叔段要了很多地盘，庄公一一答应了她。但庄公的母亲并未因此满足，为了更大的图谋，她甚至逼迫庄公把京城也划分给了共叔段。郑庄公似乎总是有求必应。

因此，共叔段得到京城一片区域之后，开始在那里不断地扩张自己的势力，并在其母的帮助下准备里应外合，谋权篡位。庄公知道母亲根本就不喜欢自己，也知道共叔段与母亲密谋造反的事。虽然他心里有数，表面上却没有采取任何行动。因为他明白，要想破除弟弟和母亲的阴谋，欲擒故纵是最好的方法，为了取得更多的东西，表面上或者暂时给他一些好处以迷惑对方是有必要的。而其中的关键就是保持冷静，不轻举妄动，不动声色。不慌不乱地私底下筹备着，他觉得只有这样才能等待良机行事。

但是，在庄公母亲的帮助下，共叔段的势力不断扩大，有些正直的大臣们坐不住了，有人向庄公进谏，认为共叔段囤积粮草，大肆招兵买马，扩充实力，分明是想图谋不轨，庄公却以这是国母的意思为由而不加理睬。当有大臣建议庄公先下手为强、铲除共叔段以防有变时，庄公表面上不但不以为然，还训斥了大臣，实际上是为了稳住共叔段，暗地里却在按部就班地部署，准备随时应对突发事件。如此一来，共叔段更加肆无忌惮，谋反篡国的意图更加明显了，他显然认为庄公是个"软柿子"。

有一天，一位名叫公子吕的大夫劝庄公说："一个国家不可能有两个国君，现在郑国却好像有两个君王。如果您想把王位让给共叔段，那我们就去奉他为君王；如果不是，那就尽早铲除他，免得臣民们三心二意。"庄公听了以后表面上假装很生气，让公子吕别多管闲事，实际上早已做好了准备。庄公的"冷静"在大臣们看来就是无能的表现。这样的做法不但迷惑了要谋反的弟弟和母亲，连大臣们也被蒙在鼓里。

其实，郑庄公不是不明白当时的情况，也知道弟弟和母亲的图谋。但是他有自己的想法，过早动手，铲除了弟弟肯定会遭到别人议论，认为他不仁不义，更重要的是母亲也站在共叔段那边，打倒了弟弟必然要牵连到母亲，这样一来肯定会被扣上不孝的帽子，因而他故意装做什么也不知道，放纵共叔段行事，等到共叔段和姜氏计划暴露、大张旗鼓地准备谋反时才下令讨伐，一举挫败了共叔段的阴谋，稳固地坐稳了自己的皇位。

与庄公的冷静成鲜明对比，共叔段和姜氏看见庄公如此，一下就暗自沾沾自喜起来。等到起事的时候，才发现庄公早有防备。于是，他们又慌乱不堪，果然如庄公所料——自乱阵脚，一败涂地。

郑庄公的策略不能不说是高明，而他之所以获得最后的成功，关键就在于庄公从始至终保持冷静的头脑，不轻举妄动。如果当庄公知道母亲和弟弟图谋不轨之后，就自乱阵脚、盲目出击，那么就会使自己处于风口浪尖。自己匆忙行动之中的破绽，甚至有被母亲和弟弟利用的可能，就实在是自损三千。

在面对困厄的时候，切莫惊慌失措，被眼前的苦难吓倒。慌乱只会让事情变得无章可循，让自己看到整个世界都是混沌的，所以引起内心的惶恐。其实，只要镇定地站在困厄面前，它自然会找不到空隙来打击你。

一时之胜不足喜，一时之败不足悲

弯腰哲学

人生总有得志的时候，也总会有失意的那一天。不管你怎样阻止，它们照样会不期而至。我们唯一能够改变的，就是对于它们的态度。"一时之胜不足喜，一时之败不足悲"是我们应该有的态度。

俗话说："福无双至，祸不单行。"所以人生之中所遇的"福"、"祸"其实都不是终点，也许只是人生中的转折点。从古至今，有很多人都迷失在"福"与"祸"的纠葛之中，迷失了自己。

越王勾践和吴王夫差就用他们的悲喜人生，诠释了面对"福"、"祸"应有的态度——越王勾践大祸临头后卧薪尝胆,耐心寻找机会,终于成就霸业;吴王夫差迷失在一时成功的"幸福"中,四处炫耀武力,导致国破家亡。看看西晋的石苞,是怎样面对福祸的,我们就会懂得应该用怎样的态度去面对人生中的"幸运"和"不幸"。

石苞,为人沉稳,战功赫赫,是当时一位非常有名的将军,深得皇帝司马炎的信任。在很多人看来石苞无疑是"幸运"的,能够名利双收。但是,石苞并不因此而轻狂,平时努力工作,认真做事,尽职尽责,在辖区的百姓心目中很有威望。

那个时候,天下还未统一,长江以南还是由吴国统治,吴国时常出兵进攻晋朝。晋武帝司马炎便派他带兵镇守边防,抵抗吴国的进攻。

石苞出身贫寒,为人正直,因此朝中有一部分人暗中嫉恨他。有一位官员叫王琛,当时在淮北一带做监军,他听到一首歌谣说:"皇宫的大马变成驴,被大石压着不能出。"他认为这"马"当然说的是皇帝司马炎,而这"石头"当然就是石苞了。于是,他就悄悄跟司马炎密报石苞背叛晋朝,意图谋反。

就在王琛诬告石苞前不久,迷信风水的司马炎也听一个法师预测说:"东南方将有大将造反。"石苞刚好就在东南方位,因此在看到王琛对石苞的诬告以后,晋武帝就开始怀疑石苞了。

正在石苞遭受司马炎猜忌的时候,荆州官员送来了吴国准备派大军进攻晋朝的报告。同时石苞也得到了探子的密报,立即着手战斗准备,开始修筑防御工事,封锁通道,准备抵御吴国的进攻。司马炎听说石苞加固城墙准备战斗的信息后,不由得更加怀疑石苞的用意,就问中军羊祜说:"吴国军队进攻的套路一向是东西呼应,两面夹击,这次怎么会只在一边。难道石苞真的有意谋反?"羊祜认为不会,但是羊祜的看法并没能打消司马炎对石苞的怀疑。

正在这个时候,又一件事情发生了。当时石苞的儿子石乔也在朝中任职,有一天司马炎召见他,可石乔很长时间也没有消息,更别说去晋武帝那里报到了,这彻底引起了司马炎的怀疑,于是他秘密派兵,准备出其不意讨伐石苞。在出兵之前,司马炎发布了一个罢免石苞官职的文告,认为石苞没有得到准确消息就封锁交通,修筑工事,严重扰乱了百姓的正常生活。然后就派遣大将带领重兵前去征讨石苞,同时还调来另外一支人马从前方包抄,以形成对石苞的合围,尽可能使得石苞不能逃跑。

但是这一切石苞一点都不知道，还是一如既往地练兵守城，准备应付吴国的进攻。直到灾难临头，司马炎派兵讨伐他的时候，他还莫名其妙。但是为人非常有耐心的石苞心想："自己一向对朝廷忠心耿耿，忠诚为国，也没有做什么违法乱纪的事情，怎么会被皇帝派兵征讨呢？这里面肯定有误会。而且自己为人一向光明磊落，上对得起国家，下无愧于百姓，用不着畏惧，见了皇帝一切都会明白的。"于是，他采纳了部下的意见，放下武器，打开城门，没有做任何的反抗和辩驳，只身来到都亭住下来，等候司马炎的处理。大难临头，保持这样的勇气和冷静不是谁都能够做到的。

司马炎听说了这些情况以后，顿时清醒过来，他想："指控石苞反叛的事情本来就没有什么真凭实据。况且石苞如果真要反叛朝廷，他修筑好了防御的工事，大兵到来他早就反抗了，怎么会只身出城、坦然接受处罚呢？他又不是傻子。再说，如果石苞真的投降吴国，怎么也没有敌人前来帮助他呢？司马炎并不糊涂，经过一番仔细的揣摩，对石苞的怀疑一下子打消了。

果不其然，石苞被押送回朝廷以后，不但受到了司马炎的盛情款待，还愈加得到司马炎的重用和信任。

不得不说，当时石苞的决定是明智之举。俗话说：不做亏心事，不怕鬼敲门。在意外的危难面前，在事情的紧急关头，更应该冷静地对待、低调地处理，要多一份耐心，对于自己所遇到的不平遭遇和危难处境，要耐心对待，不要因此心惊胆战、慌了手脚，也不能气愤不平做出冲动的事情。只要坦荡无私、冷静面对，总会云开雾散。

但是最重要的是：在"福至"的时候，石苞并没有狂妄、目中无人，而赢得了民心和皇帝的信任；在"祸来"的时候，石苞并没有慌乱，而是冷静地分析过后，选择了最佳的方式打消了皇帝的疑虑。对于"福祸"的态度能够决定人生，石苞用自己的行为做了最完美的诠释。

人生总有得志的时候，也总会有失意的那一天。不管你怎样阻止，它们照样会不期而至。我们唯一能够改变的，就是对于它们的态度。"一时之胜不足喜，一时之败不足悲"是我们应该有的态度。采取这样的态度，我们才能够从容地面对人生中的波澜起伏。

按捺住激动的心情，静观其变

弯腰哲学

> 商场竞争中，许多人做事情的方式往往是针锋相对，趁热打铁，力争在气势上压倒对手，置对方于死地。可惜这样往往自己会漏洞百出，让对方找到可乘之机。其实，真正聪明的做法就是按捺住激动的心情，静观其变，找到对方的突破口。

大家都明白"商场如战场"的道理。由于商场上充满你死我活的竞争，所以许多人做事情的方式往往是针锋相对，趁热打铁，力争在气势上压倒对手，置对方于死地。可惜这个时候往往自己会漏洞百出，让对方可以找到可乘之机。其实，真正聪明的做法就是按捺住激动的心情，静观其变，找到对方的突破口。美国的钢铁大王卡耐基，曾经运用这样的策略，打败了不可一世的金融巨子——摩根。

当古巴还是西班牙领地的时候，美国总统麦金利趁古巴发生动乱之际，找了一个借口，发动了美西战争。而与此同时，在战争之外，老摩根与素有钢铁大王之称的卡耐基展开了一场龙争虎斗。看起来摩根是美国可以呼风唤雨的人物，卡耐基根本就不是对手。

这两个人本来是风马牛不相及的，这场"战争"是怎么引起的呢？由于美西战争的需要，匹兹堡的钢铁需求量大增，当美西战争以美国的胜利而告终时，美国在国际上的影响力大大提高。正是在这样的背景下，摩根向卡耐基发动了钢铁大战。

由于摩根看到了钢铁工业前途无量，所以，他很早就把目光盯在了钢铁生意上，并采取了积极的措施。他把安插高级管理人员作为融资条件，逐渐地控制了伊利钢铁公司。虽然如此，这两家钢铁公司与卡耐基的钢铁公司相比，还只能够算做小鱼，摩根的野心肯定不只是这些而已。

因为美西之战导致钢铁成为了紧缺货物，其价格猛烈上涨，摩根对手中的那两家公司还不满意，于是决定向卡耐基发动进攻。为了壮大自己的事业，摩根首先合并了美国中西部一系列中小型钢铁公司，成立了联邦钢铁公司，同时拉拢了国家钢管公司和美国钢网公司。一切准备就绪后，摩根开始向卡耐基采取行动了，他率先控制联邦钢铁公司的关系企业和自己所属的全部铁路，同时取消了向卡耐基订货。根据摩根的预测，卡耐基会立刻做出反应。但事情恰与摩根预料的相反，卡耐基出奇地平静，好像什么事情也没有发生一样。这让老摩根感觉到始料未及，他不知道这个年轻人葫芦里到底卖的是什么药。

摩根不明白，为什么卡耐基在受到如此围剿的时候还能够无动于衷？其实卡耐基比任何人更明白一点：冷静就是最好的对策。更何况自己面临的对手是能够在美国呼风唤雨的金融巨头，如果此时匆忙采取行动，那最终倒霉的肯定是自己。所以，他准备静观其变，看看后面的发展趋势再做打算。

摩根很快意识到自己在这件事上栽了跟头，卡耐基以静制动的策略弄得他很难堪。这就等于向人宣战，人家却在一边自顾自的，根本就不搭理你。于是，他马上采取第二个步骤，他放出风去：美国钢铁业必须合并，现在是否合并贝斯拉赫姆公司，还在考虑之中。但有一点是毋庸置疑的，那就是合并卡耐基公司只是时间问题了，摩根向卡耐基发出了如此的挑衅。同时，他威胁卡耐基，扬言要与贝斯拉赫姆联手对付卡耐基。摩根这个时候是志在必得。

此时不出手欲待何时？卡耐基看见这个时候摩根已经是箭在弦上，于是不再无动于衷了。他想到，如果摩根真的与贝斯拉赫姆联手，他的处境就有危险了。在综合分析局势利弊之后，卡耐基终于做出了决定：与摩根公司合并，但是条件是十分苛刻的——合并后新公司对卡耐基钢铁资产的时价额以1美元比1.5美元来计算，这样算起来，卡耐基就将大大地捞了一笔。

但是，就是这样的条件摩根居然都接受了。因为有一点是明确的，那就是摩根合并卡耐基公司的目的是为了赢得高额的利润，也许正是基于利益的考虑，摩根才同意了谈判的协议。卡耐基看准了摩根急于求成的心理，同时也看到了摩根的弱点。于是顺应他的要求,合并可以,但条件是苛刻的。这样,按照协议,卡耐基的资产一下子从当时的2亿多美元上升至4亿多美元。卡耐基的行为看似非常软弱:当摩根采取第一步行动时,卡耐基无动于衷;当摩根采取第二步行动时,卡耐基未做任何抵抗就投降了。从事情的整个发展过程来看,摩根始终处于攻势,卡耐基处于守势,并且还退了一步;但从结果来看,摩根虽然没有吃眼前亏,争得了面子,但事实上,是卡耐基实实在在地前进了一大步。这场角逐中到底谁优谁劣,此时已经泾渭分明了。

事实上,如果一开始卡耐基对于老摩根的攻击急于应对的话就中了计了。老摩根会一点一点地逼迫,让他自动缴械投降,而且还会趁机提出对自己有利的条件。而卡耐基却按兵不动,不动声色地看着老摩根在那"折腾"。结果,等到老摩根筋疲力尽、另辟蹊径的时候——在这个有利的时机提出自己的条件,还愁老摩根不乖乖地就范吗?

很多时候,我们都不需要和人斗一时之长短。对于他人咄咄逼人的气势,干脆先静观其变,找到合适的时机再出手,会收到意想不到的效果。这样的以退为进更易获取对方的信任。很多时候过分强调自己的目的、过分坚持自己的想法并不一定能取得预想的效果,相反,如果在身陷危难时刻恰当地采取一种明智的策略,把握好分寸,也许胜利就会属于你。沟通不是为了说服别人,而是要了解对方达到自己的目的,何必要逞一时之能呢?

将心沉淀下来，以不变应万变

弯腰哲学

遇到危险，沉着应对可化险为夷；面对意外，冷静处理能转危为安。很多时候，沉着、冷静、低调的心态不仅仅能脱离险境、减小损失，还可以把事情做得更好。

"以不变应万变"这个道理相信大家都明白，但是这和许多人做事情的方式往往是相悖的。遇到危险，沉着应对可化险为夷；面对意外，冷静处理能转危为安。很多时候，沉着、冷静、低调的心态不仅仅能脱离险境、减小损失，还可以把事情做得更好。

但是，做到临危不惧并不是一件很容易的事情，因为面对危险、处于困境的时候，每个人都会不由自主地产生恐惧、急躁的心理，这样不但不能解决问题，反而使事情变得更糟糕。沉着面对、冷静处理，往往能够收到意想不到的效果。面对强势的敌人，我们可以以不变应万变，就像下面这个小姑娘一样。

这件事情发生在奴隶制度还没有被废除的美国，那个时候很多农场主都拥有奴隶。奴隶，尤其是黑人奴隶，是没有一丁点儿地位的，根本就没有一丁点儿发言权。

约翰的哥哥就是个农场主，拥有不少的黑奴。一天黄昏，天气晴朗，晚霞满天。约翰和哥哥在家里干活，正当他们干得起劲儿的时候，门被悄悄地推开了，一名黑奴的女儿走了进来，动静是如此的小，以至于专心干活的两人都没有看到。好半天工夫，约翰的哥哥不经意间抬头才看见她，于是很不耐烦地问她："你是什么人，要干什么？"

"我爸爸让我向您要两毛钱的工钱。"那小女孩声音很响亮地说。

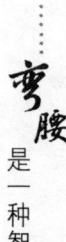
弯腰是一种智慧

"现在不可能给你,你回去和你爸爸说。"约翰的哥哥根本就不想搭理她,连原因都没问,就直接很粗暴地拒绝了。

"哦。"女孩答应了一声,回答得虽然很干脆,可是仍旧站在原地,一点儿要离开的意思也没有。

约翰的哥哥只顾埋头专心地工作,根本没注意到她还没走,依旧站在那儿。很长时间以后,约翰的哥哥再次抬起了头,才发现女孩还静静地站在门口,他的火一下就上来了,大声赶她:"叫你回去就回去,别再啰唆。再不走,看我怎么收拾你。"

女孩嘴上虽然答应着,可是脚下仍然动也不动地站在那里,没有丝毫要走的意思。这下真把约翰的哥哥气坏了,他重重地放下手上的活,顺手抓了身边一根棍子,脸色铁青地向门口的小女孩走去。约翰看了看哥哥那副脸色和手上小臂粗的棍子,想到他一贯的脾气,料到女孩肯定会挨打,很为小女孩捏了把汗。

然而,那个黑人小女孩却没有一点儿害怕的样子,不等约翰的哥哥走近,反而朝约翰的哥哥走去,直到他的面前。她抬起头用无畏的眼神仰视着凶恶的主人,丝毫不让地说道:"我爸爸无论如何都要拿到两毛钱!"

意想不到的事情发生了,约翰的哥哥愣住了,看着小女孩的脸,慢慢放下了举在空中的棍子,掏出两毛钱给了这位勇敢的小女孩。

女孩拿起钱,露出一丝灿烂的笑容,就飞快地跑了出去。等小女孩完全走出房去,哥哥才一屁股坐在凳子上,也不说话,只是静静地望着窗外,似乎还没搞清楚刚才究竟发生了什么。

处变不惊、从容应变也是稳健的表现,这种"稳"体现出了良好的心理素质,没有良好的心理素质就无法胜任、干大事。这个小女孩超出年龄的沉着冷静,发挥了神奇的力量,收到了意想不到的效果。这样的结局恐怕没有几个人能想象得到,一个小姑娘临危不惧的态度,让粗暴的农场主从精神上屈服了。

人生路上的危机总是无处不在的,但是很多时候单凭自己的力量似乎是以卵击石。这个时候与其独自恐惧,与其无力地奋死抗争,不如将心沉淀下来,以不变应万变,以平和温暖的心去面对。或许,这个时候危机就会像冬天的冰雪,遇到第一缕春光,瞬间就冰融雪化了。

气愤中转不过弯来的结果是灼烧自己
——弯腰是一种自控

在人与人相处之中,难免有磕磕碰碰的时候,牙齿和舌头还有打架的时候呢!如果因为一点小事就斤斤计较,在气愤中转不过弯来,那么,很可能会将多年来建立的友情一笔勾销。而且,长期地怒火中烧,灼伤的只会是自己。

待人宽一分是福

弯腰哲学

要学会宽容,要剔除心中的私欲和杂念,追求高尚;同时要推己及人,以德报怨,与人为善。

要学会宽容,要剔除心中的私欲和杂念,追求高尚;同时要推己及人,以德报怨,与人为善。越是睿智的人,越是胸怀宽广、大度能容。因为他们能够洞明世事、练达人情,能够拿得起放得下。待人宽一分是福,利人是利己的根基。即使我方的势力比对方强大,虽然最终我们战胜了对手,但是,并不能因此而太过嚣张,能够和平解决问题时,还是尽量用和平的方式。有一颗仁义之心,是做事成功的关键。中国历史上唯一的一个女皇帝,就有这样的胸怀,所以最终得到了人们的拥戴。

武则天是中国历史上唯一的一个女皇帝,还是一个有作为的皇帝。她在当政时期正是处在中国的鼎盛时期——唐朝。她当政期间,非常重视人才,对骆宾王和上官婉儿的爱惜宽容就是很好的例子。

骆宾王,一个才子,是"初唐四杰"之一,是一个激情澎湃的诗人。但是他性格高傲,与权贵素来不和,所以一直都没有升官的机会。后来,他不得不向现实低头,开始向一些官员上书,希望能够得到重用。后来,骆宾王趁高宗李治到泰山封禅的机会,写了一篇《请陪封禅表》,得到了高宗的称赞,封他做了一个奉礼郎的小官。但是好景不长,他又因为犯了一点儿小错误,就被贬到西域充军。

可是骆宾王并没有就此沉沦,后来他当上了朝廷的监察官员。他上书言事,奏章中有些言语触怒了武则天。武则天一怒之下,就找了个罪名把他抓入大牢,囚禁了一年才放出来,让他做了个临海郡丞。这时候的骆宾王心灰意冷,什么官都不想做了,于是离开京城,隐居了起来。

唐高宗死后，武则天自立为女皇帝，很多人都敢怒不敢言。但是，唐朝开国功臣徐懋功的儿子徐敬业起兵反对武则天，骆宾王听到这个消息，就投奔了他。徐敬业很看重他，让他掌管军中文书。骆宾王为徐敬业写了一篇檄文来声讨武则天。徐敬业把这篇檄文作为起兵的宣言，一时间民间传颂不绝，争相读阅。

自然而然地，檄文也被送到武则天手里。内侍将檄文念过一遍之后，武则天连连称赞这篇文章写得好。她兴奋地夸赞说："如此有才能的人不得重用，这是国家的损失啊！"武则天立刻下令，火速调集军队镇压徐敬业，同时又下令不许杀害骆宾王，要抓活的送到洛阳来。她还让人把檄文收起来，作为收藏之用。

后来，徐敬业起事失败，战死沙场，而骆宾王却无影无踪。武则天也就没有再追查他的下落，她怕再继续追查下去会断送这位才子的性命。对于撰文讨伐自己的敌人，武则天不但没有赶尽杀绝，还以自己宽阔的胸怀谅解了他，实在不能不让人佩服。

对于骆宾王的宽容可能还有些许爱才之意，但是武则天对于仇人的后代——上官婉儿的态度更是令人折服、让人赞叹。

上官仪是唐高宗年间的宰相，后来他密谋废掉武则天，结果被武则天先除掉了。而上官婉儿是武则天的仇人上官仪的孙女。上官仪父子被杀后，武则天本来要杀掉上官婉儿的，后来又打算把她发配边疆，但看她还小，可怜她，就把她收入宫廷。有人劝说武则天不要养虎为患，但是武则天偏偏要把她留在身边。

上官婉儿，天资聪敏、才华横溢，写得一手好文章。有一次，武则天发现上官婉儿写了一首七言诗，字里行间充满了对武则天的愤恨之情，但是文辞却很优美。武则天问上官婉儿："你的家人因为谋反被我杀了，你从小就失去亲人，是不是非常恨我？"上官婉儿说："这是陛下的看法，奴婢不敢妄自评论。"

武则天又问她："有人认为这首诗里你反叛之心跃然于纸上，你怎么看？"上官婉儿又冷静地回答："陛下如果说有，奴婢不敢说没有。"武则天很赞赏上官婉儿的回答，也很惊叹她的才气，就把她留在自己身边，让她跟随左右，参政议政，这个时候上官婉儿还不到15岁。

从此，上官婉儿在日复一日与武则天的接触中，渐渐对武则天消除了恨意，由怨恨转为拥护了。

让自己的朋友拥护自己不算本事,让自己的敌人敬佩自己,那才是真本事,武则天就做到了。能够重用能人并不算难得,难得的是对于仇视自己的人仍然有这种宽宏的心胸,所以武则天才成为一代圣明的女皇帝。如果武则天没有宽广的胸怀,是没有这么大的气量去容人的。在现代社会中,日常的人际交往中,有胸怀、有气量,才能够化敌为友,才能够让自己一帆风顺。

藏起自己的"野心",追求恬淡的生活

弯腰哲学

> 有时候我们必须学会隐忍,放弃"刀光剑影"的人生。藏起自己的"野心",藏起自己的功利心,追求恬淡的生活,也能够成功,甚至能成大器。

人生是复杂的,生活在五彩缤纷、充满诱惑的世界上,每一个心智正常的人,都会有自己的憧憬和追求。否则,人们便会觉得他胸无大志、自甘平庸、无所建树。事实上许多人都认为人生的成功只有一种模式,殊不知"从容恬淡"也是一种人生的选择。

归于平淡并不是那些没有成功的人找的失败借口。其实那些成功的人急流勇退,很多时候也是明智之举。急流勇退并不是舍弃如火如荼的生活主流,更不是不食人间烟火的脱俗,而是呼唤一种率直的生活理念,一种近乎平淡却真实的人生态度。进和退是一个问题的两面,世界上的一切事情都是有进有退的。如果说"逆水行舟"是一种进的艺术,那么"急流勇退"就是一种退的艺术。高明的人往往深谙急流勇退的道理,因其退得及时,故常能立于不败之地。急流勇退虽然是一种放弃,但也是一种智慧的表现、一种清醒的抉择。而历史告诉我们:有时候必须学会

隐忍，放弃"刀光剑影"的人生。藏起自己的"野心"，藏起自己的功利心，追求恬淡的生活，也能够成功，甚至能成大器。陶渊明的一生就对此做了最好的诠释。

陶渊明名叫陶潜，又叫陶渊明，字元亮，世号靖节，寻阳柴桑(今江西九江)人。陶渊明少年时受家庭和儒经的影响，怀有兼济天下、大济苍生的壮志。陶渊明的曾祖父是东晋名将陶侃，虽然做过大官，但不是士族大地主，到了陶渊明一代，家境已经很贫寒了。陶渊明从小喜欢读书，不想求官，家里穷得常常揭不开锅，但他还是照样读书做诗，自得其乐。因为他的家门前有5棵柳树，他给自己起了个别号：五柳先生。

他生活的年代正处于晋朝衰败的时期，当时正是晋安帝当政，会稽郡一带爆发了农民起义。过了几年，十几万起义军逼近建康。直到东晋出动北府兵，才把起义给镇压下去。可是好景不长，东晋的统治集团内部又乱了起来，可谓是内忧外患。桓温的儿子桓玄占领了长江上游，亲自带兵攻进建康，废了晋安帝，随后自立为帝。过了几个月，北府兵将领刘裕打败桓玄，迎晋安帝复位，自那以后，东晋王朝其实已经名存实亡。

陶渊明直到快30岁才出仕为官，但是终其一生，他所就任的职位也不过是参军、县丞之类的小官，不仅壮志无法施展，而且不得不在苟合屈荣中委曲求全。在这个动荡不安的年代里，陶渊明看不惯当时政治腐败，辞官归家。

但是，后来因为入不敷出，陶渊明越来越穷了，就算是自己耕种田地，也养不活一家老少。他只好听从亲戚朋友的建议，再出去谋求一官半职。适时，当地官府知道陶渊明是个名门后代，又颇有文才，就推荐他在刘裕手下做了个参军。但是过不了多少日子，他就看出当时的官员将军互相倾轧，心里还是觉得厌烦之致，后又要求出去做个地方官。于是，上司就把他派到彭泽当县令……

有一次，上面派了一名督邮到彭泽视察。县里的小吏听到这个消息，连忙向陶渊明报告。陶渊明正在他的内室里捻着胡子吟诗，一听到督邮来了，觉得十分扫兴，只好勉强放下诗卷，准备跟小吏一起去见督邮。

出门时，小吏看到他身上穿的还是便服，便吃惊地说："督邮来视察，您该换上官服去拜见才是。"

陶渊明本来就看不惯那些倚官仗势的督邮，听到小吏说还要穿起官服行拜见礼,更觉得是屈辱。他叹了口气说:"我不会为了小小县令的五斗薪俸,去向那号小人打躬作揖,低声下气去向这些家伙献殷勤。"

于是,他也决定不去见督邮了,索性把身上的印绶解下来交给小吏,挥袖而去。陶渊明当彭泽县令,不过两个多月。他这次辞去官职,是他最后一次踏进官场。

随后,陶渊明回到柴桑老家,过上了从容恬淡的生活。从此,他下决心隐居过日子,闲下来就写诗歌文章,来抒发自己的心情。而自打正式归隐田园之后,陶渊明享受了一段"采菊东篱下,悠然见南山"的田园乐趣。陶渊明的内心追求自由和平淡闲适的生活,官场的生活不符合他崇尚自然的本真性情。陶渊明是在贫病交加中离开人世的。他原本可以活得舒适些,至少衣食无忧,但那要以付出人格和气节为代价。陶渊明"不为五斗米折腰",从而获得了心灵的自由,获得了人格的尊严,创出了拥有个人风格并流传百世的诗文。在为后人留下宝贵文学财富的同时,也留下了弥足珍贵的精神财富。他"不为五斗米折腰"的高风亮节,成为中国后世的楷模。最后,成为了流芳千古的"田园诗人"。

陶渊明本来是官宦之后,他的曾祖父是东晋大司马。虽然陶渊明在年轻的时候有"大济于苍生"的志向。可是,在国家濒临崩溃的动乱年月里,陶渊明的一腔抱负根本无法实现。他性格耿直,不愿卑躬屈膝、攀附权贵,因而和污浊黑暗的现实社会发生了尖锐的矛盾,与现实官场格格不入。他把自己藏在社会的世俗之中,不与污浊的官场同流合污,终于找到了生活的真谛,写出诸多脍炙人口的诗篇。如果苟同于俗流,那么他顶多就是个官场小吏而已,根本就难以展翅高飞。选择了平淡的生活,收敛起身心,最终成为了"大器之才"。

往往什么都想要的人其实经常是顾此失彼,甚至什么也得不到。急流勇退,并不是让你放弃自己既定的生活目标、放弃对事业的努力和追求,而是就像陶渊明那样放弃那些已经力所不能及、不现实的生活目标。其实,任何获得都需要付出代价,付出就是一种放弃。人在生活中需要不断做出选择,选择也是一种放弃。在现实的社会中,生活的诱惑实在太多了,拒绝诱惑也是一种放弃。我们懂得去付出、懂得去选择、懂得去拒绝,我们才能够领悟到生活的真谛,领悟到什么是从容恬淡的人生惬意。

掌握住自己"快乐的钥匙"

弯腰哲学

> 每一个成熟的人,都能够掌握住自己"快乐的钥匙",他不必期待别人使他快乐,反而能将快乐与幸福带给别人。他们情绪稳定,能为自己的情绪负责。

人与人之间常常因为一些彼此无法释怀的情绪,而造成更多的伤害。这个世界上,总有一些人在小事上喜欢斤斤计较,咽不下一时之气,冲动坏事。这样的人,常常会因一点小事心中不悦,使得矛盾急剧升级,本来是一些"小事",结果变成了"大事",最后付出惨重的代价。如果我们都能从自己做起,宽容地看待他人,相信你一定能收到许多意想不到的结果。有时候如果我们发脾气,对人家说一两句难听的话,我们会有一阵发泄的痛快感。而对方呢?我们火药味十足的口气,会使对方更赞同你吗?不会的,一点也不会。因此,当你希望别人同意你的想法时,请不要忘记以一种友善的方式开始与人交流。

"一屋不扫,何以扫天下?"如果连一点事情都容忍不了,随便发脾气,那样只会把事情弄得更糟。

有一个男孩,脾气很糟糕,经常乱发脾气。于是他的父亲就给了他一袋钉子,告诉他,每当他想要发脾气的时候,就往后院的围篱上钉一根钉子。

第一天,这个男孩钉下了30多根钉子。后来,每天钉下的数量减少了。因为他发现控制自己的脾气要比钉下那些钉子更容易些。终于有一天,这个男孩再也不会失去耐性乱发脾气了,他把这件事告诉了他父亲。

父亲并没有说什么,只是告诉他,现在开始每当他能控制自己脾气的时候,就拔出一根钉子。就这样,一天天地过去了,最后男孩告诉他的父亲,他终于把所有的钉子都拔出来了。

于是,这个男孩的父亲拉着他的手来到后院说:"你能够这样做很好,我的好孩子。你看看那些围篱上的洞,这些围篱将永远不能回复成从前。你生气的时候说的话将像这些钉子一样留下疤痕。如果你拿刀子捅别人一刀,不管你说了多少次'对不起',那个伤口将永远存在。言语上带来的伤痛比真实的伤痛更加令人无法承受。随便发火不但伤了自己,还伤害了别人啊。"

男孩听到这话,瞬间就明白了,以后再也不乱发脾气了。

当我们像这个小男孩一样,容许一些无谓的事情掌控我们的情绪时,我们便觉得自己是个受害者,对现况无能为力,抱怨与愤怒成为我们唯一的选择。我们开始迁怒于他人,并且似乎别人要为自己的痛苦负责。此时我们就把这一项重大的责任托付给周围的人们。即要求他们使我快乐。我们似乎承认自己无法掌控自己,只能可怜地听任周围的人们摆布。这样的人使别人不喜欢接近,甚至望而生畏,因为不知道什么时候就被你的怒火烧着了。

事实上,这个男孩受到情绪的伤害还不算大,毕竟他及时发现了自己的问题。可是春申君就因为一时没有控制住自己的情绪,而造成了难以弥补的后果。

春申君原名叫做黄歇,是楚庄王的弟弟。他与平原君赵胜、孟尝君田文、信陵君魏无忌一起被称做"四大公子",是战国时期有名的贤人。

春申君得到一个绝色的美人,她成为了春申君非常喜爱的一个爱妾。因为这个爱妾长得漂亮,又很会撒娇,把春申君迷得神魂颠倒,对她言听计从。春申君的正妻给他生了一个儿子,但是自从得到这个爱妾之后,春申君就很少理他的正妻和儿子了。这个爱妾其实是一个很有野心的女人,她非常想成为春申君的正室,于是她就想出了一个办法来陷害春申君的正妻。

有一天,这个女人哭着去找春申君,说夫人打了她。她揭开上衣露出青一块紫一块的伤痕,春申君大吃一惊,忙问这是怎么回事。她一下子扑到春申君的怀里,放声大哭:"我能够成为您的妾,并且受到您的宠爱,实乃臣妾的福分。可是要想侍候好夫人,就侍候不好您;而要想侍候好您,就侍候不好夫人了。妾身太笨,不能一下子侍候好两个主子。既然这样,我与其死在夫人的手下,还不如由您赐死算了。我死以后,还会有其他人像我以往一样好好侍候在您左右的。"

春申君听完宠妾的哭诉,心里非常生气,为她擦去眼泪,又哄她说:"你别哭,我一定会为你做主的!"第二天,春申君就废了正妻,让她取而代之,她的阴谋得逞了。后来,虽然有时候春申君有些后悔自己的冲动,但已经是覆水难收了。

其实,这个宠妾身上的伤都是她为了陷害夫人,自己弄出来的。后来,她为春申君生了一个儿子,她为了能立自己的儿子为继承人,就决定除掉正室的长子。于是,她故技重演,自己把自己的内衣撕破,然后又哭喊着去找春申君。

"长公子应当知道,我受您的宠爱这么久,连孩子都为您生下了。今天早上我起得很早,在后花园里散步,正巧遇到了他,他却要调戏我。我当然不从,拒绝了他,谁知道他竟然过来扯我的衣服,这样的嗣子以后怎么会孝顺您呢?这不是乱了伦理吗?"

春申君见她的衣服确实都破了,怒火中烧,立刻将长公子抓来,不由分说,就将他杀了。春申君是战国时期有名的贤人,但是却做出了废妻杀子的糊涂事。事后也许会为自己的所作所为后悔,但是怒火已经烧过了,伤害也已经造成了,这也许会成为春申君永远的痛,即使他醒悟了将宠妾治罪,也已经于事无补了。可见,怒火其实就像猛虎一样,伤害了别人也毁了自己。

每一个成熟的人,都能够掌握住自己"快乐的钥匙",他不必期待别人使他快乐,反而能将快乐与幸福带给别人。他们情绪稳定,能为自己的情绪负责。和他们在一起是种享受,而不是压力和恐慌。能够真正懂得控制情绪的人,就是一个真心关心他人的人,这样的人必然会在人生之路上"越行越顺",大家都会为他开方便之门,"成大器"便指日可待了。

有理不在声高

弯腰哲学

对于自己千变万化的个性,不要听之任之。只有积极主动地控制情绪,才能掌握自己的命运。

我们要学会控制情绪。宽容怒气冲冲的人,就可以忍受他的指责与辱骂,因为我们知道明天他会改变,重新变得随和。人们的情绪变化是很正常的。对于自己千变万化的个性,不要听之任之。只有积极主动地控制情绪,才能掌握自己的命运。即使在自己占理的时候,也需要沉住气,不要大呼小叫地面对"犯错者",那样只会让事情变得更加糟糕。如果你得理了,你还能够心平气和的话,必然会得到更多的掌声,就像胡佛那样。

有这样一件事情曾经发生在一个名叫胡佛的飞行员身上:这个美国的飞行员,在当地非常有名气,他的胆识过人,技术一流。曾经有过多次飞行表演的经验,在美国的飞行员中属于佼佼者。

一次胡佛出去参加飞行表演,结果飞机在返回的途中发生了意外——在飞机降落到距离地面300米高空的时候,胡佛发现飞机的发动机突然熄火了。这样的事情发生在高空几乎意味着就是机毁人亡。当时胡佛的飞机里还有另外两个人,也就是说,3条人命已经危在旦夕了。

极为幸运的是在这样的情况下,胡佛依靠高超的技艺和过人的胆识,仍然把飞机降落在机场。此时飞机严重损坏,万幸的是人员却安然无恙,只是受点刮伤。走出飞机驾驶位置的胡佛立即对飞机做了检查,结果发现造成事故的原因是因为机械师把燃料加错了。

弯腰是一种智慧

胡佛下了飞机第一件事,就说要见一下那位帮他维修飞机的机械师,人们都以为他要狠狠地痛骂那位粗心大意的机械师一顿,因为这么大的失误,不仅让这架造价昂贵的飞机基本上报废,而且差点儿还让胡佛一行3人一命呜呼。

可是,出人意料的是,胡佛见了那位年轻的机械师以后,他走过去揽住机械师的肩膀说:"为了相信你不再出现这样的情况,明天要起飞的 F-16 还要你来维修。机械师还沉浸在紧张、沮丧、痛悔的情绪中,听到了这番话以后,简直不相信自己的耳朵,直到胡佛离开以后他还没回过神来。当然,这件事情给了这个机械师一次终生难忘的教诲。而胡佛在年轻机械师犯了这么大错误的时候,只是简单寥寥几句含蓄的批评就又重新给机械师机会,机械师又怎么会不感恩戴德呢?下一次检修的时候他一定会万分小心的。

在这里,胡佛的做法肯定让机械师终生难忘,这个时候胡佛有这样的气度实在让人钦佩。不过只要是人,都可能出现错误,知错能改自然是最好了。他并没有因为自己有道理,就冲着机械师大吼大叫,更没有得理不饶人,而是选择更加委婉的表达。

恰到好处地运用批评,不但能够让犯错的人心悦诚服认识错误,而且能体现个人的境界。相反,暴风骤雨般的训责可能会激起别人的反抗,绵里藏针的嘲讽会伤害别人的自尊,就算他们认识到了错误,也很难起到改正错误的目的。我们不要以为那些"犯错的人"在你面前申辩就是狂妄、目中无人的表现。应抛弃自己的成见,耐心倾听他的解释,再做客观的评价。适当的时候不妨把自己置身对方的角色中去,并思考如果我置身于他的环境,会不会也出现这样的错误。

总之,有理不在声高,大嗓门儿只会让人误解你得理不饶人。

蛟龙未遇，潜身于鱼虾之间

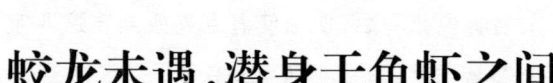

当条件不成熟时，就需要把自己的实力和意图隐蔽起来，等待机会，可以麻痹对手或者转移对手的注意力，有效地隐蔽自己、保护自己；同时，也使对手骄傲轻敌，以为自己软弱无能，其实自己在暗中使劲，然后趁其不备，出其不意进行反攻，使对手措手不及。

有句话说："蛟龙未遇，潜身于鱼虾之间；君子失时，拱手于小人之下。"在很多情况下，当条件不成熟时，就需要把自己的实力和意图隐蔽起来，等待机会，可以麻痹对手或者转移对手的注意力，有效地隐蔽自己、保护自己；同时，也使对手骄傲轻敌，以为自己软弱无能，其实自己在暗中使劲，然后趁其不备，出其不意进行反攻，使对手措手不及。懂得韬光养晦之道的人，会甘愿让对方处在重要的位置，让自己处在次要的位置，不会感情用事。这样慢慢等待时机，图谋发展，总有一鸣惊人的时候。

韬光养晦是一种生存策略，有时也体现出一个人的谦卑。一个甘愿处于次要位置的人，能够得到人们的尊重与爱戴；而一个骄傲的人，常常因为无法接纳他人的意见，从而失去他人的支持，也可能失去长远发展、取得突破的机会。

韬光养晦关键就是要沉住气，能够忍受外来的干扰，不要感情用事，这样才能够冷静地分析局势。如果冒顿不懂得这个道理，为了一时的冲动贸然和东胡为敌的话，匈奴早就灭亡了。

早在西汉初年，匈奴首领冒顿杀父自立为王，以为自威，这给他的邻邦东胡形成了一种震慑。为了扼制匈奴的势力，东胡向匈奴不断地发起挑衅，企图灭掉匈奴。

匈奴人生活在西北部的草原上，部族的成员都很强悍、善骑。而匈奴人有一匹千里马，皮毛油黑发亮，全身上下没有一根杂毛。此马日行千里，曾为匈奴立下过汗马功劳，被视为宝马。东胡听说此马后，便派使者到匈奴索要这匹宝马，对于东胡的无理要求，匈奴人一致反对，决心要与东胡决一死战。

冒顿也明白东胡的挑衅用意，虽然他也一肚子火，但他并没有将自己的想法表露出来。他知道，如果这个时候冲动的话，可能会造成被东胡灭族的危险。于是决定忍痛割爱，将宝马献给东胡。他对臣下说："东胡之所以向我们要宝马，是因为与我们是友好邻邦。区区一匹千里马又算得上什么？如果拒绝东胡的要求，这样有失邻邦和睦。"于是，他就把宝马拱手送给了东胡，一副心甘情愿的样子。

虽然表面上冒顿不与东胡作对，但暗地里他却在偷偷地壮大实力，养精蓄锐，等待有朝一日能够灭掉东胡。只是时机尚未成熟，还不可声张。

与此同时，东胡王得到千里马以后，非常高兴，他认为冒顿胆小怕事，于是更加狂妄。冒顿的妻子年轻貌美，端庄贤淑，深得民心。东胡王听说后，心生邪念，派人去匈奴说要纳冒顿之妻为妾。

匈奴群臣听到这个消息后，无不感到羞辱与愤怒，大家发誓要与东胡决一死战。冒顿非常气愤，他连自己的妻子都保护不了，感到非常屈辱。但是他明白东胡三番五次向自己发起挑衅，是因为东胡的力量强大，如果双方一旦发生战争，实力悬殊，匈奴必会战败。于是，他强作笑颜，劝告群臣说："天下女子多的是，而东胡却只有一个，怎能因为区区一个女人而伤害与邻邦的友谊？"他又把爱妻送给了东胡王。随后，他召集群臣，指明东胡气焰嚣张的原因，分析了当时的形势，鼓励大臣们内修实力，外修政治。群臣听冒顿分析，都按照冒顿的要求兢兢业业地治理，以图日后报仇雪恨。

东胡王轻而易举地得到了冒顿的妻子和千里马，所以他认为冒顿懦弱胆小，于是更加骄奢淫逸，整日灯红酒绿，寻欢作乐，不理朝政，导致实力日益衰弱。而此时的匈奴经过冒顿及其群臣的精心治理，政治清明，兵精粮足，其实力已经相当雄厚，甚至超过了东胡。

可悲的是东胡王却不明就里，更加放肆，第三次派人前往匈奴，索要两邦交界处方圆千里的土地。东胡的使臣来到匈奴后，冒顿召集群臣商议对策。大臣们联想到以往两次的事,不明白这次他将采取何种态度,都低头沉默,有人试探地说:"邻邦友谊可能重于一切,我们就把千里土地送给他们吧。"

谁知道,冒顿听此提议,怒发冲冠,拍案而起,义愤填膺地说道:"土地乃社稷之根本,岂可割予他人!东胡王霸我皇后,索我土地,抢我千里马,实在是欺人太甚!现在天赐良机,我们要灭掉东胡,以雪国耻。"于是,他亲自披挂上阵,众人同仇敌忾,在东胡毫无防备之时,一举将其消灭。可怜的东胡王,因为自己的狂妄无知而断送了大好江山。

如果冒顿当时被夺马霸妻之后,一味地意气用事,凭着自己弱小的实力与东胡对抗,很可能会全军覆没,自己的政权被推翻。但是冒顿没有这样做,他先把个人的感情抛在一边,暗中蓄积力量,最后灭掉了东胡。冒顿将屈辱视为一种磨炼,把忍耐当做一种与敌人斗争和周旋的策略,通过曾经所受到过的耻辱刺激群臣,鼓励群臣和百姓卧薪尝胆、发愤图强,先壮大自己,然后再与敌人作战,最后取得了胜利。

人生在世,随时都可能会受到强势的压迫,控制住情绪,便是发愤图强的内在动力。面对冷遇或者强势而不能马上做出反抗或者回击时,不妨先收起自己战斗的武器,韬光养晦,这样才能够图长远之利。

听一听别人的解释,也许会柳暗花明

弯腰哲学

很多时候,当我们"怒从心中起",可以适当地喝一杯茶,缓解一下心情,听一听别人的解释,或许会柳暗花明。

对于一个情感动物来说,"情绪"往往就像影子一样,每天与人相随,我们在日常的工作、学习和生活中时时刻刻都体验到它的存在给我们的心理和生理上带来的变化。也许，从自己的经验出发，我们每个人对情绪都有一些自己的看法，但是，情绪实际上比我们想象的要复杂得多。如果我们在某种程度上能够了解情绪对人产生的影响，并对情绪产生和发展的基本规律有一定的认识，这将不仅有利于我们的身心健康，而且对我们的学习和工作也都十分有利。很多情况下，坏情绪只会"坏"事，而不会对事情的解决有任何帮助。

很多时候，当我们"怒从心中起"，可以适当地喝一杯茶，缓解一下心情，听一听别人的解释，或许会柳暗花明。赵鞅就是这么做的。

赵鞅，又称赵简子，他的手下有两位重要的大臣，一个叫尹铎，另一个叫赵厥。这两个人都非常正直，也经常对赵简子提出意见。只不过两个人的做事方法各有不同，赵厥只是在私下里对赵简子说，而尹铎则不分场合地给赵简子提意见，经常让赵简子下不了台。不少人觉得尹铎做得太过分了，赵简子也对尹铎的这种做法有些不满，每次都是弄得自己一肚子的怒火。于是，就总想找个机会教训他一下，以泄心头之恨。

机会很快就来了。有一天晚上，赵简子与尹铎在一起吃饭。酒过三巡之后，赵简子带着醉意说："在我所有的大臣里面，我以为赵厥是最爱我的，而尹铎先生您好像并不喜欢我，甚至还有些讨厌我，不知先生是何用意？"赵简子准备先来个下马威。

"君主您何出此言？"尹铎觉得很奇怪，于是问道。

赵简子看见尹铎在装傻，怒气更大了，就继续说："往常，赵厥劝谏我，一定是在没有旁人在场的时候，而先生您劝谏我，却总是要在我周围人多的时候，一定要让我当众出丑。您这样做，实在让我很难堪！您是故意这么做的吧？"

没想到尹铎笑了，他不慌不忙地解释道："我做事确实是这样的。赵厥做事温婉，他顾惜您的颜面，却不顾惜您的过错；而我做事直接，顾惜您的过错，却不顾惜您的出丑。但我这样做是有理由的，并不是厌恶您啊！我的老师曾经跟我说过，面相敦厚而且是黄色的人都能够承受得住当众出丑，而您正是这样的人。况且，只有让您感到真正难过的时候，您才能够正视自己的错误，我当面让您难堪了，您就永远都不会忘记那个错误，这对您来说实在是一件好事啊！您怎么会认为我是厌恶您呢？"

赵简子听了尹铎的解释后，觉得很有道理，庆幸自己没有将怒火发在尹铎身上，不然的话会造成误会，从而失去了一个忠良之士。于是他连忙道歉说："实在对不起，我刚才只是说了句玩笑话，请不要放在心上！我明白了，先生确实是在帮助我啊！恕我失礼了。"

作为赵简子，面对属下的责难，当然会颜面难堪。领导都是不喜欢当众出丑的，是可以理解的。不管是任何人，都不喜欢有人当面让自己难堪。但是，虽然有心结，赵简子还是显示出了一个英明的君王的气度，没有让怒火马上发泄出来。而是听尹铎向他解释了之后，他立刻就意识到，虽然尹铎进谏的方式不讨人喜欢，但他的确是为了自己好。而且尹铎这样的做法也确实能够更有效地敦促他改正错误。能够拥有接受逆耳忠言的胸怀，这样的领导也算是称职的了。

诚恳的态度能换来他人的真心拥护

> **弯腰哲学**
>
> 人们总是对平等商量、诚恳有理的语气有一种天然的妥协性，所以在"胜利"的时候不妨用婉转、商量的语气来和别人说话，这样就能够得到他人的真心拥护。

在人们占据优势的时候，抑或是站在胜利者位置上的人会经常喜欢摆架子，或者是很骄傲，以此来让人感觉自己是一个很有本事的人，尤其是当你需要他帮忙的时候。从人们的接受心理来看，盛气凌人、颐指气使的命令口吻最容易引起反感，即使是老板对下属也是如此，同事之间就更是了。每个人都有自尊，都不愿意接受别人高出一等的姿态。人们总是对平等商量、诚恳有理的语气有一种天然的妥协性，所以在"胜利"的时候不妨用婉转、商量的语气来和别人说话，这样就能够得到他人的真心拥护。

另外，如果站在胜利者的位置上，要提出某项提议，最好把这项提议所能给他带来的好处分析给他听，让他明白这件事对他是有好处的。这样，他就会欣然同意，而不是颐指气使地命令或者强迫。陈平就从来不在胜人处求强，所以他一直不受排斥，高居显位。

西汉时期，吕后死后，朝中拥戴文帝继位。有一次，汉文帝升殿，发现丞相陈平没上朝，他问道："为何丞相陈平不来？"

这时，站在下面的太尉周勃站出来说道："丞相陈平正在生病，体力不支，不能叩见皇上，请皇上原谅。"

汉文帝觉得很纳闷，昨日还见陈平身体好好的，怎么今天就病了呢？不过他不动声色，只是说："好，知道了，退下。"

退朝后，汉文帝想派人去请陈平，但又一想，陈平是开国老臣，自己应当把他当做父亲一样对待。于是文帝便到后宫换上平日穿的便服，到陈平家去探视。

陈平在家躺着看书，见汉文帝来慌忙起身行礼。汉文帝急忙把他扶起，说："不敢，朕视卿为父亲，以后除了在朝廷上，其他场合一律免除君臣之礼。"汉文帝扫视一下屋里的陈设，又说："今天听太尉说，您身体不适，特地前来探望，不知是否请过御医诊视？您年岁大了，有病千万要及早医治才好。"

"皇上实在是太仁慈了，可我对不起皇上的一片爱臣之心，我犯了欺君之罪呀！"看见文帝如此关怀自己，使陈平非常感动。他觉得不能再隐瞒下去了，对文帝讲了心里话，并借此机会欲把相位让给周勃的想法说了出来。

汉文帝不解地问："为什么要将相位相让呢？"

于是，陈平就把让相位的理由说出来了：吕后死后，诸吕结党，欲谋叛乱，丞相陈平与太尉周勃共商大计，终于灭掉诸吕夺取政权的阴谋。陈平认为新帝继位，应记功晋爵。周勃消灭吕氏集团，功劳比自己大，自己应该把丞相的位子让给周勃。陈平把这一切都对文帝说清之后，又诚恳地说："高祖在时，周勃的功劳不如我；诛灭诸吕时，我的功劳不如太尉。所以我愿意把相位让给他，请皇上恩准。"

本来文帝不知消灭诸吕的细节，他是在诸吕倒台后，才被陈平和周勃接到长安的。听了陈平的解释，才知周勃立下了大功，便同意了陈平的请求，任命周勃为右丞相,位居第一,任命陈平为左丞相,位居第二,此事才平息下来。

过了不久,有天上朝时,文帝问右丞相周勃:"现在一天的时间里,全国被判刑的有多少人?"周勃说不知道。文帝又问:"全国一年的钱粮有多少,收入有多少?支出有多少?"周勃还是回答不上来,感到惭愧至极,无地自容。

文帝看到周勃答不出来,转而问左丞相陈平:"陈丞相,那你说呢?"陈平不慌不忙地回答说:"您要想了解这些情况,我可以给您找来掌管这些事的人。"

文帝问:"那么谁负责管理这些事呢?"陈平回答:"陛下要问被判刑的人数,我可以去找廷尉,要问钱粮的出入,我可以找治粟内史,他们会告诉您详细的数字。"

文帝似乎有些不悦,脸色沉下来说道:"既然什么事都各有主管,那么丞相应该管什么呢?"

陈平毫不畏惧地回答:"每个人的能力是有限的,不能事无巨细、每事躬亲。丞相的职责,上能辅佐皇帝,下能调理万事,对外能镇抚四夷、诸侯,对内能安定百姓。丞相还要管理大臣,使每个大臣能尽到自己的责任。"陈平回答得有条不紊,文帝听了觉得有道理,连连点头,露出满意的笑容。

听见陈平的言论,站在一旁的周勃如释重负,十分佩服陈平能言善辩、辅政有方。其实,周勃知道陈平对这些情况都了如指掌,但是没有趁势出头。如果陈平在这个时候趁机攻击自己的话,自己必然是惹得龙颜大怒。陈平处在绝对优势的时候,不但没有占势压人,反而替自己解围。

周勃深感自己是个武夫,才干在陈平之下。他想,自己虽说平定诸吕有功,但是辅佐皇帝、处理国政方面的才能比起陈平差远了,为了国家百姓着想,还是应该让陈平做丞相。于是周勃也假称有病,遂向文帝提出辞呈,弃甲归田。

汉文帝此时也非常理解周勃,批准周勃的辞呈,任命陈平为丞相(不再设左丞相)。陈平辅佐文帝,励精图治,汉朝从此蓬勃起来,也就有了之后的"文景之治"。

陈平和周勃两位老臣,都是汉朝开国元老,却"虚己盈人",互让相位,光彩照人。他们不为己利,为国家社稷着想,谦虚相让,很值得今人学习。陈平不在胜人处求强,避免了互相倾轧,避免了彼此的矛盾和冲突。这样才有了汉室基业的长存永固。

不温不火地言辞，从容不迫地说话
——弯腰是一种气度

从容不迫是一种气度，有了从容不迫的气度，就不会对他人进行嘲讽、挖苦、大声斥责。其实，心平气和地交谈往往更容易为人所接受。过激、过头、过火的言辞不但有失你的"大家风范"，还会增加对方的对立情绪，给自己造成不必要的麻烦。

不温不火是一种为人处世的大智慧，是让人信服并愿意与之交往的一张王牌，是我们聚集人脉、获得机会的"吸铁石"。

从容面对嘲笑，从容面对人生

弯腰哲学

互相拆台、互相羁绊只会让彼此都走入困境；但是如果互相扶持、互相帮助的话，事业就会一帆风顺。

历代圣贤都把宽恕容人作为理想人格的重要标准而大加倡导。前面说了面对同事要宽容，然而面对竞争对手或者合作伙伴，我们是否需要豁达的胸怀呢？答案是肯定的。互相拆台、互相羁绊只会让彼此都走入困境；但是如果互相扶持、互相帮助的话，事业就会一帆风顺。有了宽容，就能团结他人，内心自然会坦然，就会有一个好心态去面对充满激流的人生。

人的一生中，总会遇到一些污蔑、嘲笑，但是很多人却很在意地去为自己申辩，结果也往往无济于事。其实想想：人生无非是笑笑别人，或被别人笑笑，嘲笑也好，戏弄也罢，也许并非有什么恶意。如果我们深受影响、无法自拔的话，只会自取烦恼、自取其辱而已。从容地应对他人的嘲笑，是一个豁达者的必备素质。

在唐朝，武则天当政时期，政治斗争很复杂，朝野官吏明哲保身者多，敢于负责、提出自己政见者少，能够刚正不阿、不为私谋者更少。其中有两个人在这里不得不提：一个是武则天的宰相娄师德，他以"仁厚宽恕、恭勤不怠"闻名于世，司马光评价他说："宽厚清慎，犯而不校。"阁侍郎李昭德骂他是乡巴佬，他笑着说："我不当乡巴佬，谁当乡巴佬呢？"这位行动迟缓、满面笑容、自号为种田汉的宰相娄师德，和李昭德肩并肩往朝庭走去，仿佛什么事也没有发生过。面对他人的嘲笑，娄师德不但没有一点恼怒，反倒一笑而过，这样的胸怀怎能不使人敬佩呢？

另外一个是大名鼎鼎的狄仁杰，他任大理丞(最高法院院长)期间，一接手就有

17万多件积案等候处理。他用了一年的时间一一做了妥善处理,竟没有一桩案件上诉,说明执法公允,没有冤案。可见狄仁杰多么受到武则天的器重。

狄仁杰因为屡受提拔,和娄师德同时担任宰相。但狄仁杰总是想办法排挤娄师德,两人面和心不和。多年来,狄仁杰一直在想办法排斥娄师德,甚至想把他赶出京城,让自己一个人做宰相。狄仁杰处处和娄师德作对,娄师德也不计较。

长此以往,武则天对此亦有所察觉,有一天抓住散朝的机会,武则天突然问狄仁杰:"我信任并提拔你,你知道其中的原因吗?"

"我不与那些平庸之辈苟同,凭文才和品德受朝廷任用,也不是靠别人来成就自己的事业,朝廷自然是因为看重这些才重用我的。"狄仁杰极为自信地回答道。

听了之后,武则天沉默了一会儿,顿了一顿,然后对狄仁杰说道:"其实,我原来并不了解你的情况,是娄师德的不断推荐,所以你才会有今天,才会得到朝廷的厚遇,首先你得感谢他啊。"随后,武则天命令太监取出一个竹箱,找出10来件关于娄师德推荐狄仁杰的奏本递给了狄仁杰。

狄仁杰仔细地看完奏本,不由得满脸惭愧。多年来,自己一直在想办法排斥娄师德,甚至想把他赶出京城,没想到他不计前嫌,一再地在皇上面前举荐自己。想到这里,狄仁杰羞愧难当,连忙跪在地上,惶恐地向武则天承认自己有罪。武则天并没有责备他,而是原谅了他。此后,狄仁杰抛弃了对娄师德的成见,两人共同辅佐武则天,将朝政治理得井井有条。他们成了武则天的左膀右臂,深受重用。

娄师德面对狄仁杰的刁难、面对狄仁杰轻蔑的目光和嘲笑的口吻,非但不睚眦必报,而且还大加举荐,不能不说娄师德的气量实在太大了。

另外,娄师德还有个弟弟,他即将出任一个州的州官,赴任之前,来向兄长辞行,并且向兄长讨教做人和做官的经验。娄师德告诫弟弟说:"现在,我做宰相,你做州官,总会有人看不顺眼,如果人家嘲讽我们,我们该怎么样呢?"

娄师德的弟弟知道哥哥的用意,就很认真地说:"我虽然不聪明,但颇有忍耐之心。从今往后,如果有人把唾沫吐在我脸上,我会悄悄地把它擦干。对于人家的嫉妒和挑衅,我不会计较,装着不知道不去管它,这样就可以平息他们的妒火,不至于结下冤家、惹是生非。因此,你可以不必为我担忧了。"

但是,娄师德听了似乎并不满意,摇了摇头说:"你所做的,正是我所担忧的。你想想,人家为什么向你吐口水?还不就是为了侮辱你。你如果把口水擦干,虽然并没有对他表示抗议和不满,但还是违背了人家的意愿,扫了他的兴。人家没有达到目的,自然不会罢休,下次可能还要吐到你的脸上。因此你最好的办法,就是让唾沫留着,让它自己干掉,没有人时再把它洗去。"弟弟听了,越发佩服兄长的宽容大度。

吐口水到人的脸上,这种嘲弄没有几个人能够忍受得了,但是娄师德能,不但能够忍受,还能够让口水自干,这种气度、这种从容,还有什么事情让娄师德沉不住气呢?

这三则故事都能够体现出娄师德作为一朝之相的宽厚仁达,充分地体现了"宰相肚里能撑船"这句话。单从一个独立的个体来说,要学会宽容,关键是要剔除心中的私欲和杂念,淡泊明志,追求高尚;同时要推己及人,以德报怨、与人为善。越是睿智的人,越是胸怀宽广,大度能容。因为他能够洞明世事、练达人情,能够看得深、想得开、放得下。"处世让一步为高,退步即进步的根本;待人宽一分是福,利人实是利己的根基。"

从容面对嘲笑,从容面对人生,是一个成大事者必有的胸怀。

避免唇枪舌剑、无谓争论

> **弯腰哲学**
> 生活中的相处并不是辩论赛,赢了往往什么也得不到,除了他人的恼怒、怨恨与疏远。其实,现实生活中,做人应该有雅量,拥有一颗宽容之心,时时提防因为口舌惹起的祸端。

世界上没有一模一样的想法,与人交往,意见不和是正常的事情,出现争执也是正常现象。因为争执,引起唇枪舌剑、闹起矛盾的状况更是随处可见。有些人,他们头脑灵活、牙尖嘴利、好胜心极强。工作、生活中只要是有人与他们发生冲突,不管是大事小事,不管有理无理,都要与对方展开争辩,不把对方说得哑口无言、低头认输决不罢休。他们言语犀利,善于抓住别人语言的漏洞,所以在辩论中往往占有绝对的优势。还有些人总是仗着自己实力强大,说话得理不饶人,把别人说得面目全非,批判得一无是处,好像身边的人各个都不如他,结果招来了他人的嫉恨与疏远,也在无形中为自己埋下了祸根,这是很不值得的。

当两个人争辩相持不下的时候应该怎么办呢?应该是继续无谓地争吵下去还是就此停止呢?

争执陷入了僵持,往往是因为谁也说服不了谁,没有谁的道理绝对占据上风。这个时候,作为企业的管理者就要学会灵活变通了,应该适可而止地终止自己的强辩,换一种说法,让彼此都有思考和回旋的余地。如果无休止地进行没有实际意义的争论,只会让事情变得更加糟糕,而不会利于问题的解决,我们来看一看下面这则例子:

老谢是一个商场的经理,有一天他听见办公室外面有争吵的声音,他就赶忙跑出去看。原来是一个年轻人从商店买了一件西服,但是他穿了一星期就失望了:原来那件衣服掉色,把他的衬衣染了色。他拿着这件衣服来到商店,找到卖这件衣服的售货员,可是没等他说完,售货员就打断了他的话:

"我们卖了几十件这样的衣服,你是第一个找上门来抱怨衣服质量不好的人。"售货员特意声明说。从她的语气听,似乎那个年轻人在撒谎,想把责任推给商场。另一个售货员也说:"所有深色衣服开始穿时都会褪色,一点儿办法都没有。特别是这种价钱的衣服,这种衣服是染过的。"

第一个售货员怀疑他是否诚实,第二个售货员说他买的是次品。"你这么说,意思就是我无理取闹是吧?"年轻人气得差点儿跳起来。

老谢是这个部门的负责人,这个时候当然不能够坐视不理。正当年轻人准备做出反击的时候,他来到年轻人跟前,很客气地说:"很对不起,是我们做得不对。您想怎么处理?我尽量考虑您的想法。"说完后就批评那两个售货员,"你们怎么能够这样对客户说话,客户是来解决问题的,而不是让我们推卸责任的。"

听到老谢这样说,年轻人的火气消了一大半,便说:"我倒是想听听您的意见。我想知道这件衣服以后还会不会再染脏衬衣,能否再想点儿什么办法。"

"那我建议您再穿一星期。如果还不满意,就把它拿来,我们想办法解决。请原谅,给您添了这些麻烦。"老谢说。年轻人虽然半信半疑,但是听到老谢给的承诺,还是满意地离开了商店。一个星期以后,年轻人也没有来,或许衣服不再掉色了。

在售货员和客户争论的时候,老谢懂得提出问题的解决方案,将无谓的争论打上休止符。很多时候并不是我们不会说话,只要不是哑巴,谁都会说话。但说话不当、不得体,就容易在语言上伤害别人,造成大家相处得不和谐。因此,怎样说话才能得体,说话的场合、分寸的拿捏,都是不容忽视的。正所谓"良言一句三冬暖,恶语伤人六月寒"。很多时候,我们都觉得自己有道理,但是又说服不了对方,沟通就会陷入僵持。这个时候不妨换一种方式表达,大家都冷静一下,换个角度重新思考问题,或许会得到意想不到的结果。

喜欢争论的人在生活中很常见,一般的人都不喜欢跟他们交往,因为他们太较真、太固执,不肯适可而止、见好就收,非得把别人"咬"得遍体鳞伤才肯善罢甘休。也许在辩论会他们是很好的人才,但是在日常生活、工作中,他们往往会遭人冷落、受人排斥。生活中的相处并不是辩论赛,赢了往往什么也得不到,除了他人的恼怒、怨恨与疏远。其实,现实生活中,做人应该有雅量,拥有一颗宽容之心,时时提防因为口舌惹起的祸端。

做得好与不好,用不着自己去大声宣传

> **弯腰哲学**
>
> 一个人有才有能,自然是好事,让人羡慕。但是如果因此而自以为是、炫耀自己,好事也有可能会变成坏事。

每个人生来都是不一样的,家境、相貌、身高等,这些都是难以改变的。所以即使现在比别人略有成就,也未必就是自己能力所得,即便是自己能力所得,也没有必要处处炫耀。

俗话说"枪打出头鸟",过分炫耀自己不但得不到什么好处,相反更容易招致不测。"满招损,谦受益,"谦虚低调,是做人高明者应该具备的心态,更容易赢得人心。做得好与不好,自然有别人看着,用不着自己去大声宣传,一副唯恐别人不知道的样子。炫耀,就是自以为高明,是挑衅,是很明白地告诉人家,你比人家强。每个人有了成就都希望得到别人的承认,希望有人赞扬,因此,总是在有意无意间展示自己的长处,殊不知,这实际是在自己头顶悬了一把不知道什么时候就会掉落的利剑。因此,自以为是、过分炫耀最终为人所厌,乃处世之大忌。下面这个律师就对这个道理深有体会。

有一位年轻的律师,曾经在最高法院参加了一个重要案子的辩论,因为一件事情,若干年后,他还对当时的情景记忆犹新。

在庭审过程中,一位老法官突然说:"海事法追诉的期限是6年,对吗?"这位律师一愣,这是一个很简单的问题,不明白他为什么搞错了,他看了那位法官半天,然后很直接地说:"法官先生,海事法没有追诉期限。"

"这个时候,法庭内顿时安静下来,那种感觉有些吓人。"他后来在回忆当时的情景时说:"屋内的温度似乎一下子降到了冰点。我是对的,他是错的,这一点所有的人都知道。我也坚信法律站在我这一边,绝对没有搞错。但我没有尊重他的感受,我当时似乎是出于一种证明自己或者说是炫耀的感情,至少我没有用讨论的方式来说明我的观点,而是当众指出一位声望卓著、学识丰富的人错了。"

"当时他没有说话,也愣了一下,显然有些事情让他难以接受,而且很显然的是,他已经明白了他的错误,但是他仍然脸色铁青,显然是对我的话耿耿于怀,不是内容,而是说话的方式。我的说话方式伤害了一位老法官的自尊,这是他无法接受的,即使是我说得再对。"

所以,这话说得让老法官很难堪,让在场的很多人难堪。庭审现场显得有一种沉郁的气氛蔓延开来。其实当时,这个年轻的律师完全可以用更加委婉的办法进行提醒,而他却为了表现自己的小聪明,而不去顾及一个老法官的权威,实在是不明智的行为。

有能力就是有能力,能力不是用嘴巴说出来的,成功也不需要处处炫耀。谦和的心态、低调的作风更能让人们印象深刻。美国南北战争时期，北军的格兰特将军和南军的李将军率部交锋，经过一番激烈的血战，南军战败认输，李将军签订了降约，美国内战结束。看看格兰特将军立了大功后，是怎么说的：

对于对手，他谦恭地称赞："虽然这次我侥幸赢了，李将军战败了，但是这与他超卓的才能没有一点儿关系，他依旧是一位伟大的军事统帅。他态度仍旧一如既往地镇定，身穿全新的、完整的军服，腰佩宝剑，气宇轩昂。而像我这种矮个子，身穿士兵的破旧衣服，和他那伟岸的身材比较起来，真是觉得相形见绌。"

在这里他不但大度地赞美了李将军的仪表和态度，还没有因对方战败而诋毁对方的军事才能。他谦虚地认为自己的胜利和李将军的失败，是各个方面的原因造成的，不是因为自己有多么厉害。

格兰特又说："这次胜利来得很幸运，当时他们的军队在弗吉尼亚，那里几乎天天下雨，行军作战异常不便。而同时我们军队所经过的地方，差不多每天都是好天气，老天都在帮助我们，许多地方往往是在我军离开没几天便下起雨来，这不是幸运是什么呢？我依靠老天的帮助，才侥幸打了胜战。"

格兰特将军把一场决定美国命运的巨大胜利，归功于天气和运气，而不是自己战术指挥的高明，也没有因为胜利而炫耀自己的军事才能，而且面对战败的敌人，也没有趾高气扬，这也正是他为人处世的高明之处。

中国的一句古话："成王败寇。"格兰特也不是不可以吹嘘自己如何如何厉害、怎么运筹帷幄、用兵如神，但他并没有这么做，他维护了战败者的尊严，也赢得了世人对他的尊重。这样一个不好大喜功、自谦、自贬之人能够战胜那些自以为"聪明"的家伙是极为自然的事情。

如果要展示自己，也要讲究方法。虽然说，一个人的才能是通过外在表现，才能让外人知道的。不过，表现和宣扬还是不一样的，要引起别人的注意并不需要大张旗鼓、又吹又擂。人应该有所保留，过早地暴露自己也就是把自己的弱点展示给了别人。"潜龙勿用"的时候就是积蓄力量的时候，潜能是要发挥的，但是潜能不是炫耀的本钱。潜能在积蓄的时候，偶尔给别人几个闪光点就足够了，这样别人也不会小看你，等到了爆发的时候、潜龙出水之时，再来个充分展示，到那个时候，大家也不会惊奇你的举动，反而觉得你很有深度和远见，起码是个有打算的人。因为你并不是深藏不露，而是一直在闪烁着自己的光芒，只是别人不知道而已，到时一鸣惊人总会引人注目的。

话说回来，一个人有才有能，自然是好事，让人羡慕。但是如果因此而自以为是、炫耀自己，好事也有可能会变成坏事。很多时候，哪怕是一个微小的动作、一句最简单的话也足以表露你的心思，炫耀有时候更是一种无知的表现。没有人希望自己比别人差，也没有人希望自己生活在别人蔑视的眼光里。即便是确实不如别人，也没有人希望自己在别人眼里显得低人一等。炫耀，就是抬高自己，也是无形之中贬低别人的一种极不理智的做法。不要有意无意地去炫耀自己的聪明，这样的人才是真正聪明的人。

不要以"我很直率"来掩盖自己的过失

弯腰哲学

如果直接说的话，即使他真的错了，他也不会同意你的意见。因为你的做法直接打击了他的自尊心，贬低了他的智慧，伤害了他的感情。

在日常生活、工作当中，不要随便当着大家的面指出别人的错误。这个时候，也许一个眼神，或者一种说话的声调甚至一个手势，就能像话语那样明显地告诉别人。如果直接说的话，即使他真的错了，他也不会同意你的意见。因为你的做法直接打击了他的自尊心，贬低了他的智慧，伤害了他的感情。就算你多么能言善辩、理由多么充足、逻辑多么严密，都难以让他心头舒畅，因为你是在炫耀，而衬托出的往往是他人的"无知"。

有人认为，沟通只需要真诚和直率就可以了，但问题是为了表示自己的坦诚和直率,那就不论和什么人都可以说一样的话吗?这样的想法是错误的。人与人之间因为地位不同,心理状态也不一样。如果对什么人都用一样的语气、一样的态度,或者一样的措辞的话,可能会导致不一样的结果,甚至有天壤之别。

所以我们说话要注意分寸,不能够以一句"我很直率"来掩盖自己的过失。特别是面对斯大林这样自尊心极强的领袖,就更要注意了。

斯大林是一个极为有"主见"之人,所以往往听不进别人的意见,但只有一个人除外,这个人就是华西里耶夫斯基。他的进言策略甚是别致,可能出乎大多数人的意料。

在斯大林的办公室,在斯大林与华西里耶夫斯基谈天说地的"闲聊"中,华西里耶夫斯基往往不经意地"随便谈谈"军事问题,评论一下国家大事,既不郑重其事,也不头头是道,更不是像一般大臣那样誓死谏言。

虽然如此,奇怪的是,往往等他走了以后,斯大林便会想起一个"好计划"。过不了多久,斯大林在军事会议上陈述了这个计划。大家都惊讶斯大林的深谋远虑,纷纷称赞。斯大林自然十分高兴。再看看华西里耶夫斯基本人,也与大家一样显得惊异,并且也与众人一道表示赞叹与折服。这样一来,再也没有人想到这是华西里耶夫斯基的主意,甚至斯大林本人也不这样想了。但是,上帝最清楚,统帅部实施的毕竟还是华西里耶夫斯基的计划,只是没有人在乎这些了。

当然,华西里耶夫斯基也不仅仅是在"闲聊"的时候给斯大林提建议,他也在军事会议上进言,但那方式方法更是令人忍俊不禁。

他往往会先讲几条正确的意见,但口齿不清、没有条理或者用词不当或者前后重复,总之是漏洞百出。但是因为他的座位通常靠近斯大林,所以只要使斯大林一个人明白他的意思就行了。接着他又画蛇添足地讲两条错误的意见。这会儿,他来了精神、条理清楚、声音洪亮、振振有词,必欲使这两条错误意见的全部荒谬性都昭然若揭才肯罢休。这往往使在场的人心惊胆战,觉得这真是一个糊涂之人。

最后,等到斯大林定夺时,自然首先批判华西里耶夫斯基那两条错误意见。斯大林往往批判得痛快淋漓、心情舒畅。接着,斯大林逐条逐句、清晰明白地阐述他的决策。他当然完全不像华西里耶夫斯基那样词不达意、含混不清。但华西里耶夫斯基心里明白,斯大林正在阐述他刚刚表达的那几点意见,当然是经过加工、润色了的。不过,这时谁也不再追究斯大林的意见是从哪里来的。这样一来,华西里耶夫斯基的意见也就移植到斯大林心里,变成斯大林的东西,不但他的意见被采纳了,而且也得以付诸实施。

总会有人嘲讽华西里耶夫斯基神经有毛病,是个"受虐狂",每次不让斯大林骂一顿心里就不好受。华西里耶夫斯基往往是笑而不答。只是有一次,他对过分嘲讽他的人回敬道:"我如果也像你一样聪明、一样正常,一样期望受到最高统帅的当面赞赏,那我的意见也就会像你的意见一样,被丢到茅坑里去了。我只想我的进言被采纳,我只想前线将士少流血,我只想我军打胜仗,我认为这比讨统帅当面赞赏要重要些。"

事实上就是如此,很多将领和谋士说话直率,一针见血地提出自己的观点、意见,结果真的被斯大林置之脑后,而且还得不到斯大林的重用。而这个看起来傻乎乎的华西里耶夫斯基却总是坐在离斯大林最近的位置。

在这里,华西里耶夫斯基运用的就是一种潜智慧,这无疑是一种更为明智的选择。我们和别人交流的过程中,经常会遇到因性格、脾气、素质等不同的人,因而在沟通过程中产生了差异,往往导致沟通的失败。因此,了解不同风格的沟通现象,有助于启发我们的思维方式并因人而异地调整沟通风格,运用灵活的沟通手段,达到沟通的目的。

有话好好说，万事好商量

弯腰哲学

"有话好好说，万事好商量"，切忌把与人交谈当成辩论比赛。与人相处要友善，说话态度要和气，哪怕自己是老板，也不能用命令的口吻与别人说话。

一般人都有过由于沟通不畅而造成的不愉快。有很多人坦言，他们失败的原因是忽视了他人的情绪。毋庸置疑，情绪是阻碍我们和他人沟通的又一诱因。换言之，情绪会使我们和他人交流时收到最坏的效果，不仅没有起到沟通的作用，反而加剧了人与人之间的冲突。而有些人很聪明，他们知道即使是自己的观点占了上风、赢得了认同，他们也不会将持相反观点的人"一棍子"打死，法国科学家普鲁斯特知道在科学的道路上，求同存异是极其重要的事情。

在18世纪，法国科学家普鲁斯特和贝索勒是一对论敌。他们围绕定比定律争论了达9年之久，他们都坚持自己的观点，互不相让。最后的结果是普鲁斯特获得了胜利，成了定比这一科学定律的发明者。但是，普鲁斯特并未因此而得意忘形、独占大功。他真诚地对与他激烈争论的对手贝索勒说："要不是你一次次地责难，我是很难进一步将定比定律研究下去的。"同时，普鲁斯特特别向众人宣告，定比定律的发现，有一半功劳是属于贝索勒的，如果没有他自己将难以成功。

他没有"一棍子"就将贝索勒打死，虽然他们的观点针锋相对。在普鲁斯特看来，贝索勒的责难和激烈的批评，对他的研究是一种难得的激励，是贝索勒在帮助他完善自己。科学就是要求同存异才能够发展。

普鲁斯特是极其明智的，他允许别人的反对，不计较他人的态度，充分看到他人的长处，善于从他人身上吸取营养，肯定和承认他人对自己的帮助。他的这种宽容实在让人感动,想到时下我们学术界中屡见不鲜的相互诋毁、压制排挤、争名夺利等文人相轻的丑恶现象,让正直的人备感耻辱与汗颜。正是由于普鲁斯特善于包容和吸纳他人的意见,才使自己在科学的道路上走得更远。

他没有因为自己的成功就把贝索勒贬低得一无是处,虽然他们观点相左,但是对科学严谨和实事求是的态度是一致的。很多矛盾就是因为总是站在自己的角度上想问题造成的,如果在起冲突的时候,多想想对方的意见,多站在对方的角度考虑考虑,可使自己的看法更加缜密、周详。科学如此,国与国的争端也不例外。

春秋战国时期,梁国和楚国是邻国,本该和睦相处。但是,彼此之间常有争执,关系搞得很紧张。因此为了防备对方,也为了适当地处理彼此间的关系,两个国家就在边界处分别设立了界亭,并派了一些军队把守。虽然双方经常发生纠纷,但是好在还不至于让两个国家到兵戎相见的地步,所以双方界亭的士兵也都相安无事,井水不犯河水。

后来,双方闲来无事,就各自在自己的地界内开垦了一些荒地,栽种上一些西瓜秧,既可以调剂生活,又能给士兵们解解馋。西瓜秧种上以后,梁国的士兵吃苦耐劳,勤奋干活,每天除草浇水,因此瓜秧的长势非常好。楚国的士兵却比较懒,把瓜秧埋进土里以后,就不管了,让其自然生长。如此一来,没过多长时间,双方地里的瓜秧的差别就显现出来了。梁国的秧苗长势远远好于楚国。

此后,双方再起争执的时候,梁国人就以此为柄讥笑楚国的西瓜秧和狗尾草一般。楚国人总是很不服气,但是确实理屈词穷,没有办法反驳。于是,楚国几个士兵在一天夜里,偷偷跑到梁国的瓜地里,把西瓜秧全部拔掉了。

第二天,去地里除草浇水的梁国士兵一看,非常愤怒,赶紧报告了界亭的县令,并要求也去把楚国的瓜秧全部拔掉,这样才不会让楚国觉得自己好欺负。但是县令听了以后,劝阻道:"此事起于争执。我们也有不当之处,国与国的争端和利益是没办法一时解决的,我们因为西瓜秧的问题嘲讽人家,楚国人才拔了我们的西瓜秧。如果再这样纠缠不休下去,只会弄得两败俱伤。我们应该宽宏一些,不要把事情做绝了。"

梁国界亭的守军听了以后,觉得县令说得有理,就同意在这次争端中画上休止符。他们还决定以德报怨,去帮助楚国人种西瓜。楚国人本以为拔了梁国人的西瓜秧肯定会被报复,谁知道并没有这样的事情发生,相反自己地里的西瓜秧长势一天比一天好,后来才发现是梁国人每天半夜里帮他们除草浇水。楚国人赶紧把这一消息报告给了楚王。楚王得知这件事情以后,为梁国人的大度宽宏的精神所打动,亲自准备了厚礼向梁王致歉,这件事情也让两国的关系变得友好起来,从此互相帮助、世代和睦。

因此,我们在与别人沟通时,一定不要忽视他们的情绪。如果与人起了争执,看见对方的情绪已经不稳定了,那就不妨学那个梁国的县令,大度一些将会收到意想不到的好效果。但是如果在一些小小不言的非原则性问题上总是较真,非得争执出个输赢,即使赢了一时,输掉的却会更多。

"有话好好说,万事好商量",切忌把与人交谈当成辩论比赛。在办公室里与人相处要友善,说话态度要和气,哪怕自己是老板,也不能用命令的口吻与别人说话。可能有时候大家的意见不能够统一,但是有意见可以保留,对于那些原则性并不是很强的问题,没有必要争得你死我活。假如一味地好辩逞强,一棍子将别人打死,那么,就会让人们敬而远之、离心离德。

现实生活中,做人应该有雅量,拥有一颗宽容之心,时时提防因为口舌惹起的祸端。"海纳百川,有容乃大",能够接受他人那些与我们不一样的东西,而去追求那些和自己一致的梦想,就终会成大器的。

话要三思而后言

弯腰哲学

说话的时候一定要注意时机和场合,权衡一下话说出后的利弊,不然的话是自找麻烦,特别是关系重大的话,更是应该三思而后言。

"苏张之口"说的是一个人说话的本事。"一言九鼎"说的是一个人说话的分量。话语,有时候比千军万马还要管用。有人曾经这么描写道:"害人的舌头比魔鬼还要厉害,上天意识到了这一点,特地在舌头外面筑起一排牙齿、两片嘴唇,目的就是要让人们讲话通过大脑、深思熟虑后再说,避免出口伤人。"在现实生活中,每个人都尽可能避免信口雌黄、自吹自擂、说话不动脑子,而应该三思而后言。

如果话语不当的话,好事会变成坏事,话语得当,能扭转乾坤。从一个人的说话中,能看出他的性格、才能、素养。为人处世低调,说话也应三思而后言。俗语说:病从口入,祸从口出。每个人在说话的时候都要慎重,话语是即时性的,也就是人们常说的"说出的话如泼出去的水",要是说错了话,即使事后万般解释,也难以完全挽回影响。所以说话招致灾祸,那是非常简单的,很多人为出言不慎付出了代价。小王就是我们的前车之鉴。

小王素来好交朋友,跟公司的同事关系处得很好,尤其是跟一位男同事,更是称兄道弟,常在一起喝酒聊天。一个周末,他准备了一些酒菜约了那位同事在屋里喝酒聊天。两人酒越喝越多,话也越说越投机。喝得半醉的他向那位同事说了一件本不该告诉别人的事,这本来是小王自己的秘密。

小王说:"我中专毕业后没找到工作,有一段时间没事干,闷得心里发慌。有一次和朋友一起出去喝酒,回家时看见路边停着几辆自行车,看见四周无人,朋友撬开锁,然后我们就把车给骑走了,接着几个月里,又偷盗了几次。后来,那位朋友盗窃时被警察逮住,送进了派出所,他供出了我,结果我也被判了刑。进了监狱我才如梦初醒,但是世界上没有后悔药可吃,于是好好改造,好好做人。刑满释放后我四处找工作,但是谁肯要一个盗窃犯啊?后来经朋友介绍我才来到这里。这里待我们不错,现在咱得好好珍惜,得给公司好好干,不能够辜负领导对咱们的栽培。"

到公司几个月,他确实很努力,而且表现极为突出。公司根据他的表现和业绩,把他和那位同事确定为销售部经理候选人。总经理找他谈话时,他表示一定加倍努力,不辜负领导的厚望。谁知道没过两天,公司人事部突然宣布那位同事任经理,给他另外安排了一个工作岗位,当然这个岗位不但和销售部经理不能比,甚至在一些方面还不如做一个普通的负责人。

到后来,他才了解到一切都是那位同事从中捣鬼。原来,在部门经理候选人名单确定以后,那位同事便找到总经理,向总经理谈了他曾被判刑坐牢的往事。不难想象,一个曾经犯法坐牢的人,一般公司是很难予以重用的。尽管在知道真相后,他又气又恨却又无可奈何,事情是自己嘴巴说出去的,那位同事虽然不厚道,但是要是他自己不说,就没什么事情了。既然秘密是自己的,那么就无论如何也不能对同事讲。如果讲给了别人听,情况就不一样了,说不定什么时候会被别人以此为把柄反过来攻击,使自己哑巴吃黄连,有苦说不出。

所以,只有恰到好处地把握说话的分寸,才会在与人交往的过程中一帆风顺。害人之心不可有,防人之心不可无。什么话能说,什么话不能说,什么话该说,什么话不该说,都要在脑子里想清楚,做到心里有数。关系到自己前途命运的事情,不能够随便对有利害关系的人说,这样才能够保全自己。

很多时候不当之言只会让自己陷入困境,很多时候出言不慎可能断送前程,而且还不是最糟糕的,因为在关系重大的时候,口不择言、胡乱说话而断送性命的也大有人在。这不是危言耸听,而是千真万确的事情。

沙皇尼古拉一世统治期间,俄国爆发了一场革命,革命者要求沙皇进行社会改革,废除封建农奴制度。沙皇尼古拉一世自然不那么好说话,派兵残酷镇压了这场叛乱,还逮捕了大部分革命者。经过调查审判,将他们的领袖判处死刑。行刑那天,受刑的人站在绞刑台上,没想到绞刑开始后,经过他的一阵挣扎,绳索突然断了,这位本该被绞死的革命者摔落在地上。浑身尘土、满身是伤的革命领袖摔得有些迷糊,惊魂未定的他慢慢从地上摇摇晃晃地爬起来,拍打了一下身上的尘土,揉揉脖子,确信自己没有死的时候,他说了一句话,就是这一句话要了他的命。

他说:"你们看,俄国人甚至连制造绳索也不会,又怎么会懂得如何做事呢?"当时,在信奉天主教的俄国,类似这种情况常常被当作是天意和上帝恩宠的征兆,不管什么样的犯人通常都会得到赦免。

按照惯例,绞人的绳索断了是天意,是要赦免的。守在刑场的士兵立刻前往宫殿向沙皇报告绞刑失败的消息。沙皇听到这个消息以后十分气愤,但还是依据习惯写了一道赦免令。在准备发出赦免令之前,沙皇问了一句:"事情发生之后,他怎么说?"

"陛下,他说……在俄国,人们甚至不懂得如何制造绳索。"士兵战战兢兢地回答说,他自己都怕沙皇发怒。

"如果这样说的话,"沙皇很恼怒地说,"那我们就证明给他看看,看我们俄国究竟会不会制造绳索。"于是撕毁了赦免令。随后这位革命领袖再次被推上了绞刑架。而这一次绳索没有断,他被绞死了,再也没了开口的机会。

不可否认,这位革命领袖其实是死在了自己的那张口不择言的嘴上,虽然沙皇才是真正的杀人凶手。可见,在不当的时候说出不当的话,只能够招致杀身之祸啊!

所以,说话的时候一定要注意时机和场合,权衡一下话说出后的利弊,不然的话是自找麻烦,特别是关系重大的话,更是应该三思而后言。

祸,出之于口;福,亦出之于口。善假口舌者,可兼济天下耳。

收敛锋芒,不骄不狂
——弯腰是一种成熟

一个人锋芒毕露,其人际关系不可能好。很多人都有这个毛病,到哪里都要变成焦点,别人讲话他要插嘴,对什么事情都有意见……这些都是锋芒毕露的表现。锋芒毕露不一定会出人头地,因为所有的人都会找机会把你的锋芒除掉。很多人年轻时有棱有角,后来却变得很圆滑,就是因为受了很多打击。

"装糊涂"要比"装聪明"好得多

弯腰哲学

有时候时机不利于自己,而硬碰硬又起不到好的效果,就只有动动脑筋,用装糊涂的办法来解决了。这是一种很明智的办法,既可以保全自己,也可以伺机而动。

装糊涂是一种忍让,是一种大度和宽容。别把很多事情看得那么重,别对很多事斤斤计较,应该做到能让则让、能忍则忍。有时候睁只眼闭只眼会避免很多烦恼,还能赢得好的人际关系。正所谓,人生难得是糊涂。

有时候时机不利于自己,而硬碰硬又起不到好的效果,就只有动动脑筋,用装糊涂的办法来解决了。这是一种很明智的办法,既可以保全自己,也可以伺机而动。因此,很多时候,"装糊涂"要比"装聪明"好得多。

英国剧作家萧伯纳小时候头脑非常聪明,而且说话幽默,很早就显露出在文学上的天分。年轻时,他总爱表现自己的才华,有时说话尖酸刻薄,使朋友们都很难堪,结果经常遭人排挤,朋友们也不敢离他太近。

有一天,他的一个好朋友坦诚地对他说:"虽然你说话风趣幽默,但是大家都觉得,如果你不在场,他们会更快乐,而你在的时候,大家就不敢开口。大家都知道你的才华略胜一筹,可是你总喜欢抢别人的风头。这样的话朋友都会离开你。你的人生也会变得非常孤独。"

朋友的一番话让萧伯纳如梦初醒,他认为如果处处表现自己,以后将没人再愿意与他相处,社会将不再接纳他。从此,他讲话不再刻意表现,就像一个普通人一样谦虚和逊,不表露出自己的才华,甚至有时候糊里糊涂得像个蠢人。平日里糊涂的萧伯纳把自己全部的才华发挥在文学上,这一转变使他后来在文坛上取得了很大的成就。

确实有很多人有这种坏习惯,总爱不分场合地大发议论,无节制地说三道四,大有"初生牛犊不怕虎"的精神,这种自我表现和炫耀的行为会给人留下一种傲慢、偏激的印象。这种行为在无形当中也损害了自己在别人心目中的形象,失去朋友是早晚的事。

但是,如果谦虚友好地表现自己,让自己显得不那么聪明,甚至糊涂得有点傻,那么不仅体现了自信与亲和力,还能让自己的大脑轻松一点。这样使你在与人共事时留下较大的回旋余地,还可以在工作中得到他人的大力支持与帮助,朋友也会越来越多。

有时候,装糊涂是人与人交往的润滑剂,可以让别人消除对自己的距离感,让自己变得更亲切。有时候,装糊涂是做事情时的小窍门。过分地较真,过于追求完美,有时候反而会适得其反。装糊涂的方式可以让我们置身事外地去分析问题、解决问题。这种糊涂不是无知或是不明白,更多地是一种大彻大悟的理解,是一种大智慧。

有一个流传已久的故事,说的是一位得道的高僧,在他的门下有两个非常得意的弟子。高僧逐渐年老体衰,他已经预感到自己将不久于人世。为了能让自己的学问继续发扬下去,他决定从两个徒弟中选一个作为衣钵的传人。

高僧想出题考考这两个徒弟,然后再决定谁是自己的传人。这道题并没有考那些和佛学相关的知识,但是,好像又和佛学有很大的关系。高僧对徒弟们说,你们出去给我捡一片最完美的树叶,谁找到了谁就是我的传人。

听到师父的题目后,两个徒弟领命而去,各自奔走。

时间过了没多久,他的大徒弟就回来了,递给师父一片非常普通的树叶,这片树叶看上去没有什么特别的地方,完美也就更谈不上了。而高僧却说:"这片树叶虽然并不完美,但是它已经是我看到的最完美的树叶,因为我已经从你的身上看到了我所需要的东西。"

又过了很长时间,第二个徒弟空手而归,他非常沮丧地对师父说:"我按照您的要求去找树叶了,我看到外面有很多很多的树叶,但是怎么也挑不出一片最完美的树叶。这片树叶这里好看,而那片树叶又那里好看,不知道哪一片是最完美的。"

考试的结果出来了,高僧把衣钵传给了大徒弟。对于这道考试题,他给两个徒弟做了一番深刻的解释:"世界上本来就没有绝对的完美,如果能够达到那么完美,哪里还有喜怒哀乐,哪里还有生态万千?我们每天的修行也就没有意义了。修行的目的就是为了去除心中的杂念,让自己的心境尽量地达到完美。"

大徒弟的过人之处就是他知道世界上没有完美的树叶,他的大彻大悟让他明白了该糊涂时就要糊涂,不能一味地较真,所以就找了一片普通的树叶回来交差;而小徒弟没有理解题目真正的含义,他为了追求完美,跋山涉水地去寻找那完美的树叶,结果却是空手而归。

由这片树叶联想到我们的人生,其实人生就是不完美的,有时候对于不可能达到的程度,我们完全可以糊涂一下,退而求其次。只要我们能够接受,我们的人生就会变得相对"完美",那些人生中不可避免的瑕疵,也会在糊涂的感觉中变得不那么难以忍受,也许事物本身就是这个样子的。

需要"糊涂"的时候就尽可能地糊涂

弯腰哲学

当祸害来临的时候,我们几乎都是无法躲避的,唯一的方法就是在灾祸还没有到来之前,时时注意如何避免种下灾祸的种子。不知道不该知道的就是一个很好的办法,对于有些事该装"糊涂"就要装糊涂,让祸患消除在未然阶段,自然就会离灾祸较远了。

好奇的心理几乎每个人都有。有时候是为了获得知识的好奇,我们把它叫做求知欲;有时候是出于一种猎奇的心理,对那些和自己并无关系的事情过分地追究，殊不知有些事情知道与否无关紧要，而有些事情知道了反而不如不知道。

每一个人都有自己不愿意被人知道的一面，甚至在某些方面有自己最敏感的、不愿意被别人提及的忌讳。聪明人总是尽量避开这些雷区，需要"糊涂"的时候就尽可能地糊涂，这样才能与别人和睦相处，并能得到别人的尊重。

相反地，如果该"糊涂"的时候不糊涂，总是那么的"锐意进取"，那么祸害很可能就离自己不远了。

伊丽莎白一世可以说是英国历史上很有作为的一位女王。她在位期间，励精图治，使英国从一个四分五裂的弱国一跃成为世界强国，这样一位杰出的女王，她的为人和手段当然也就非同一般了。

伊丽莎白女王有很多宠臣，其中有一个名叫罗伯特的小伙子。罗伯特相貌英俊，身材颀长，再加上他非常年轻，所以深得女王的宠爱。在很短的时间内，一跃成为女王面前最吃香的人物之一，最重要的是女王深深地爱上了他。

女王对罗伯特的宠爱让他越发地得意，并且很傲慢。一天上午10点左右，他来到宫里想要见女王，那时女王正在梳妆打扮，罗伯特来到了女王居室的门口就被侍女拦住了，侍女告诉他，女王正在梳妆，不见任何人。可是罗伯特不想等待，他平日里看惯了富丽华贵的女王，今天很想看看平常生活中的女王，毕竟那是一个深爱他的女人。于是他不等侍女进去通报，也不顾侍女的劝阻，径直闯进了女王的居室之中。

罗伯特的突然到来，使女王大吃一惊。这时女王刚从床上起来，几个最贴身的侍女正围在女王的身边忙着为她梳妆。这时的罗伯特好像比女王更吃惊，因为他差不多认不出女王了。此刻的伊丽莎白几乎没有一点动人之处，只剩下女王的尊严了，灰白的头发披散在脸两旁，眼角和额头上布满纵横的皱纹，双颊没有胭脂，眼睛的周围也没有神彩，平日那种耀人的奕奕神采荡然无存。

对于女王这种迟暮之年的女性，在这种时候是不愿让一个年轻的爱慕者见到的。尤其是罗伯特的表情更让女王反感，女王自然明白罗伯特惊诧的含义。而罗伯特却不谙此道，偏偏在此时闯了进去。

女王的恼怒没有表现出来，她告诉罗伯特稍等一会儿，梳妆完毕就去接见他，而且还把手伸给罗伯特让他吻了一下。

紧张的罗伯特又恢复了洋洋得意，以为女王对他百依百顺，可是他却大大失算了。女王非但没有召见他，相反还下了一道御旨：罗伯特不得踏出寝室半步。罗伯特一下子成了被软禁的囚徒。

罗伯特的好日子从此一去不复返，1601年2月的一天，罗伯特穿着黑色的囚服，从伦敦塔的监牢里出来，走向希尔塔上的断头台。

一个宠臣落得这样的下场，确实令人惋惜，尽管他和女王的关系非同一般，但是有时候不该知道的千万不能知道，女王的隐私可不是一般人可以触及的，知道多了会引来杀身之祸。

中国有句古话：不知者无罪。是福是祸有时候就在一念之间，一般的人面临突如其来的灾祸，会慌张行事暴露自己，而懂得"糊涂"道理的人，能够面对灾祸机智应付，巧妙地"装做不知道"，从而化险为夷。

大书法家王羲之的家族是东晋的望族，他的伯父叫王敦，任大将军，掌管东晋的兵马大权。在东晋政权中，王氏家族可谓权势之盛，地位之高，无与伦比。

王羲之平时最受王敦器重，王敦把他看做王家下一代人中的佼佼者。因此，经常把王羲之带在身边，留在自己府中生活，这一年王羲之才十一二岁。

王敦是一个野心很大的人，一心想尝尝当皇帝的滋味。他有一个谋士叫钱凤，一直在给王敦的野心鼓动打气，钱凤自己也存心借此捞个开国元勋，两人臭味相投，成为知己。

初夏的一个早晨，王羲之正住在王敦家中，他的卧室恰好紧挨着客厅。王敦起床不久，钱凤急匆匆地走进王府大门，直奔客厅而来。王敦立即到客厅与他见面，钱凤向王敦使了个眼色，王敦叫几个仆人退了下去。两人关起门来，开始研究起"谋反"的机密。

两人叽叽咕咕地谈了好一阵子。王敦突然停了下来，原来他透过窗子，看到对面房间里垂着的帐子动了一动。这使他想起侄儿王羲之还在床上睡觉。

起兵谋反可是一件冒天下之大不韪的事，一旦走漏了风声，身家性命将彻底毁灭，王敦和钱凤对此是十分清楚的。此时的钱凤两眼露出了凶光，他对王敦说："大将军，量小非君子，无毒不丈夫啊！"钱凤这是怂恿王敦去杀王羲之。

王敦心一横，"嗖"的一声，拔出了寒光逼人的青龙宝剑，提剑直奔王羲之床前,当他撩起帐子,正待挥剑刺下去的时候,却突然停了下来,原来他看见王羲之这时睡得正香甜,头歪在了一边,还发出微微的鼾声。

王敦十分爱惜自己的侄儿,庆幸自己的密谋并没有被侄儿听见,于是,打消了杀侄儿的念头。王敦收回宝剑插入鞘中,拉着钱凤走了出去,一场虚惊就这样过去了。

殊不知,当时王羲之的心紧张得都要堵住嗓子眼儿了,他尽力使自己平静下来,两眼闭着,神态自若,完全像睡着一样,一点儿破绽也没有露出来,王敦因此才没有下手。

王羲之这次装"糊涂"装得真是太成功了,他自己救了自己一命。

一个人知道的事情越多,危险也就越大,因为这可能涉及隐私或秘密,而这些隐私或秘密又是不想让别人知道的。所以,有些事情不该知道的就不要知道,即使知道也要假装不知道。这才是高明的处世之道。

智慧是留给自己用的,不是给别人看的

弯腰哲学

才智越高的人,学习越刻苦,见闻越广博,越谦虚谨慎,从不炫耀和显示自己,而是会默默地寻求发展机会,在某种程度上说,别人不容易观察你,你却容易观察到别人,并且会根据情况制订自己的计划。可见,学会收敛锋芒、适当弯腰者,那才是真正的智者。

曾国藩曾说过:"君子藏器于身,待机而动。"这句话的意思说白了就是:君子的才华不要急着显露,应该等待合适的机会再展示出来,平时应该做到真人不露相。

在现实生活中,有些人喜欢卖弄才华,不懂得收敛锋芒,结果招惹了一身麻烦。而那些真正身怀绝技的人都显得谦虚谨慎,把自己的才华隐藏得非常严密。

古往今来,很多有成就的人往往都明白"成大事者要懂得深藏不露"的道理,那些真正有才学的人不会刻意地去引起别人的注意,或者一味地去博取名声,许多东西虽心知肚明,却不露痕迹,在关键时刻才会显示自己的本色。春秋战国时期就有这么一位深藏不露的高人。

当时秦国自恃强大,四处征战。有一次,秦国大军攻打赵国,赵国因为在长平遭到惨败后兵力不足,渐渐抵挡不住了。赵孝成王要相国平原君想办法向楚国求救。平原君决心亲自去楚国谈判,争取联楚抗秦。

出发之前,平原君打算带20名文武双全的人一起去楚国。要从手下的3000门客中挑选20个人确实不容易,挑来挑去,只挑中了19个人,最后的一个人却怎么也选不出来。正在这个时候,有一个坐在末位的门客站了起来,自我推荐说:"我来当这最后一个吧!"

平原君看着这张陌生的面孔,问道:"先生,你叫什么名字?到我门下来有多长时间了?"那个门客平静地说:"我叫毛遂,来到主人门下已3年有余。"

平原君摇了摇头说:"有才能的人就像一把锥子放在口袋里,它的尖儿很快就冒出来了。可是先生来到这儿已经3年了,我从来都没有听说过您这个人……"

毛遂解释说:"您平时看不见我,那是因为我平时不爱出风头,不争名夺利。"

很多人都认为毛遂在说大话。可是平原君欣赏毛遂的胆量和口才,就决定让毛遂跟他一起去楚国。

来到楚国以后,平原君跟楚王的谈判进行得很艰难,从早晨一直谈到中午,楚王说什么也不同意出兵抗秦。毛遂和其他的门客都在台阶下等着,看到平原君毫无进展地谈判,可是谁也不知道应该怎么办。

这时毛遂高声嚷道:"合纵不合纵,三言两语就可以解决了,怎么从早晨说到现在,还没说完呢?"毛遂一边说着,一边不慌不忙拿着宝剑上了台阶。

楚王听见毛遂的话,非常不高兴:"我正跟你的主人商量国家大事,哪里轮到你来多嘴?还不赶快下去!"

这时候,毛遂已经走到离楚王很近的地方了,他按着宝剑跨前一步说:"你用不着仗势欺人,我现在可以随时取你性命!"楚王看着毛遂手中的宝剑,听他的语气是什么事都做得出来的,不得不缓和了口气:"那你有什么高见,就请说吧!"

毛遂详细地分析了当时各国的情况,尤其分析了楚国当时的处境,对于合纵与否的优势与劣势也讲得非常明白。毛遂这一番话,一针见血,说到楚王的痛处,他不由得羞红了脸,连忙说:"你的一番话让寡人汗颜啊!"

最后楚王同意了合纵抗秦的事。回到赵国后,毛遂得到了平原君的重用,成就了一番事业。

毛遂虽然平时不露声色,在人前总是十分低调,从不表现自己的智慧,以至于主人平原君都对他毫无印象。但是到了关键的时候,毛遂能施展自己的才干,力挽狂澜,好钢正是用在了刀刃上。

三国时期是中国历史上另一个特殊的时期,各路诸侯本身就是杰出的英雄,再加上众多的谋士,一时间,各种人才、怪才层出不穷,其中不乏有藏器于身的能人,庞统就是一个典型。

庞统相貌丑陋,天生怪异,因此不太招人喜欢。他先投奔吴国,孙权嫌他相貌丑陋没有留用,后来只得投奔蜀国的刘备。临行前,孔明交给庞统一封推荐信,告诉他说刘备见此信后一定会重用他。

庞统的个性比较刚直,不喜欢那种走后门拉关系的方式,他见到刘备时并没有将推荐信呈上,而是以一个平常谋职者的身份求见。刘备见到庞统,多少也有点以貌取人,因此,派他去治理一个不起眼的小县。

庞统面对这样的待遇,并没有耿耿于怀,他深知靠人推荐难掩众口,他将自己的才华藏了起来,等待时机的到来。

没想到,时机很快就到来了,刘备为了了解庞统的工作情况,派张飞前去庞统所任的耒阳县查看。张飞发现庞统不理政事,终日饮酒为乐,一应钱粮词讼,全不理会。张飞非常气愤,命令庞统在县衙当场审案,没想到积压数日的案子不到半日就处理得干净利索、曲直分明,这使得张飞看到了庞统的真才实学,对庞统敬佩不已。

张飞将实情报告了刘备,刘备方知自己有察人之失。

庞统确实做到了该藏则藏、该露则露。平常没事的时候,他简直再普通不过了,甚至还有些糊里糊涂。到了关键的时候,那些蕴藏已久的智慧便迸发而出,给人以出人预料的感觉。这才使他步步高升,不久后便被刘备提升为副军师中郎将,可谓是顺风顺水。

智慧不是用来炫耀的东西,是实实在在拿来用的。那些有志之士根本不在乎平常人的称赞或是轻视,他们的自信是发自内心的。平常不露声色,能糊涂的时候就糊涂,为的是养精蓄锐,等到关键的时候往往能够一鸣惊人。这确实是我们普通人应该好好学习的地方。

表面上做个愚公移山中的愚公

弯腰哲学

> 水至清则无鱼,人至察则无徒。一个人如果过分认真,那么必将一事无成。在待人处世中,许多时候装得迟钝一点、傻一点、糊涂一点,往往比过于敏感、过于聪明更加有利。

愚者就像移山的愚公,做的事看上去傻傻的,其实每一件都有他自己的道理,里面都蕴涵着丰富的玄机。而这些道理和玄机是普通人一时很难理解的。所以说这些人的智慧叫大智慧。

真正具有大智慧、大聪明的人,往往给人的印象总是显得有点愚钝。在"愚钝"的背后,其实隐含的是一种策略,表面的愚可以让别人放松对自己的警惕,里面的智慧才能够有机会完成大事。

"大智若愚"的道理包含了丰富的人生哲学,是中国五千年文明智慧的一大结晶。很多人表面上就像愚公移山中的愚公,但是实际上却像诸葛孔明一样聪明,明代有一位叫况钟的就是这样的人。

况钟最初只是一个小吏,身份十分低微,他一直追随在尚书吕震左右。吕震十分欣赏况钟,因为他头脑精明,办事忠诚,因此吕震推荐他当主管,逐渐升为礼部郎中,最后出任苏州知府。

况钟初到苏州的时候,假装对政务一窍不通,凡事问这问那,府里的小吏围着况钟转悠,请他批示,况钟佯装不知所措,瞻前顾后地询问小吏,小吏说可行就批准,小吏说不行就不批准,一切听从下属的安排。

这种情况持续了一段时间,许多官吏看到来了一个昏头昏脑的上级,高兴得手舞足蹈,个个眉开眼笑,认为况钟是个大笨蛋,自己可以胡作非为了,于是他们就开始放心大胆地做自己想做的事。

突然有一天,况钟召集全府上下官员,一改往常的愚笨之态,双目炯炯有神,而且一脸的正气,他大声责骂道:"你们这些人中,有许多奸佞之徒,有些事明明可行,他却阻止我去办;有些事明明不可行,他却怂恿我去做,以为我是个糊涂虫,竟敢如此地耍弄我,实在太可恶了!"

况钟当即下令,将其中的几个小吏捆绑起来一顿狠揍,然后扔到街上。况钟的这番举动让其余下属胆战心惊,原来知府大人心里比谁都清楚、明亮的很呐。从那时起,府里的小吏都一改往日拖拉、懒散之风,积极地工作,从此苏州得到大治,百姓从此安居乐业。

况钟的"愚"装得够像,骗过了手下所有的官吏。他让每个人都觉得自己比他聪明,他让每个人都敢去骗他,这样他才有机会了解他人,摸清真实情况。等到他摸清了真实情况以后,待到时机成熟,他的"智"就喷薄而出,一刀制敌,干净利落。

在我国唐朝,还有一位"大智若愚"的高手。和况钟的手段比起来,那是有过之而无不及的,他就是唐朝第十七位皇帝李忱。

李忱从小就性格内向,不善言语。与同龄的孩子相比,显得有些弱智。后来李忱慢慢长大了,可是随着年岁的增长,他变得更为沉默寡言,无论遇到了好事还是坏事,李忱都无动于衷。

就是这样一个没囊没气、不知喜怒哀乐的人,谁见了都不相信他有能力成为一朝天子,他和皇帝的才干实在相距甚远。正是这30多年的装愚卖傻,让李忱在权力倾轧的刀光剑影中得以保存自己,以至于最后走上了权力的顶峰。

李忱命运的转折点出现在他30岁以后。唐朝第十六位皇帝唐武宗食用了有毒的仙丹突然驾崩了。由于先帝在世的时候没有确定继位人选,那些权臣为了继续独揽朝政、享受荣华富贵,首先想到的是找一个没有能力的人做皇帝。

并不起眼的李忱被人们想了起来,他被迎回长安黄袍加身,成为唐朝第十七位皇帝。

就在李忱登基的那一天,大明宫里的所有人都惊呆了。曾经的低能儿一下子消失了,出现在他们面前的简直就是一个聪明睿智的君主。那些玩弄权术的大臣被气宇不凡的李忱震惊了,就连推举李忱做皇帝的人都感到十分后悔。

唐宣宗李忱为了改变当时朝政腐败、宦官专权的现状,他先贬谪李德裕,结束牛李党争,随后开始勤俭治国,他体贴百姓,减少赋税,并且注重选拔人才。李忱的一系列改革措施是有效的,唐朝国势有所起色,阶级矛盾有所缓和,百姓日渐富裕,使暮气沉沉的晚唐呈现出"中兴"的局面。

由于李忱执政时期的盛世景象,后人称他为"小太宗",意思是他这个皇帝颇有唐太宗当年的风范。唐宣宗也确实是唐朝历代皇帝中一个比较有作为的皇帝。

李忱的戏一演就是30年。他用超乎常人的耐心,把愚蠢演得是炉火纯青。他把愚不可及的形象深入人心,在保全自己的同时,用内智成就了一番伟业,真是一位大智若愚的天才。

做大事必定不是用一朝一夕的时间就能完成的,中间的复杂与曲折有时候无法预料。想要避开那些不必要的危险与打击,让人们忽略自己可能是最好的办法。这时候的"愚"不仅是一种明哲保身的办法,而且还可以为自己的励精图治赢得了时间和空间,确实是一个一举多得的好办法。

装疯卖傻是最好的掩护

> **弯腰哲学**
> 在形势对自己不利的时候，要适度弯腰，痴痴傻傻，隐藏自己的才能，以免引起别人的警觉，等待时机，再实现自己的抱负。

装疯卖傻的人，并不是真疯真傻，他的心里其实比其他人都清醒。疯到什么程度，傻到什么程度，自然都是事先计划好了的。之所以要这么做，无非是要迷惑对手，从而保护自己，等待出手的时机。

虚虚实实，真假参半，就像似醉非醉的"醉拳"。表面上看来跌跌撞撞、踉踉跄跄，其实在醉眼蒙蒙之中却杀机暗藏。就在东倒西歪的时候，让对手逐渐麻痹大意，这时往往会予以致命的一击。醉拳是武术中上乘的武功，那么装疯卖傻则是待人处世中超一流的功夫。

历史上的很多清官为了能够惩恶扬善，往往都会使用装疯卖傻的招数，一方面可以应付那些奸佞小人，另一方面可以顺利地伸张正义，最后达到了一举两得的效果。

明朝嘉靖年间，浙江总督胡宗宪仗着奸臣严嵩的势力，在自己的一亩三分地内横行霸道、为所欲为。就连他的儿子胡衙内也倚仗父亲的权势，鱼肉百姓，坏事做尽，周围的百姓深受其苦，但又害怕他家的权势，所以敢怒不敢言。

有一次，胡衙内带着一批随从自杭州出发，一路游山玩水、作威作福。当他们来到海瑞辖区的淳安县时，受到的待遇却和以往截然不同。到达城门的时候，没有人来迎接；住进驿馆后也没见官员露面。

见此情景，胡衙内不由得勃然大怒，喝令将驿馆的小吏捆绑起来，他拿着马鞭边打边骂:"小爷出来游玩,一路上哪个不巴结?知府还低三下四地为我牵马呢!偏偏就是你们这个小县不出来迎接小爷,等我回去禀报我老子,一定叫你们身首异处。"

其实海瑞早已得知胡衙内来到淳安县,他恨不得把这个纨绔子弟抓起来砍了,但他转念一想,直来直去地硬碰硬不是个好办法,于是想出一条妙计来对付胡衙内。

海瑞带着一队侍从直奔驿馆,一进门,海瑞用手指着正在打人的胡衙内喝道:"把这个恶棍绑起来!"胡衙内自然不把海瑞的话当回事:"我是浙江总督胡宗宪的儿子,谁敢抓我?"

海瑞厉声喝道:"大胆!胡总督乃当朝一品大员,时时体恤民情,处处爱护百姓。他的公子必定是知书达理之人,怎么会是你这样的流氓?来人,将这个冒牌货抓起来,先掌嘴一百。"

几个耳光打完以后,胡衙内已经满口流血,刚才的威风也已经荡然无存。这时,衙役们从胡衙内的行李中搜出了很多银子和贵重物品。海瑞严厉地问道:"这些赃物是从哪里得到的?"

胡衙内吓得全部招认了,说这些都是沿途的官员送的。海瑞说:"如此看来,你肯定是个冒牌货了。真的胡公子出游必定是遵纪守法,决不会像你这样索要金银珠宝,你骗得过别人,骗不过本知县。冒充胡公子胡作非为,败坏胡总督的名声,你该当何罪?"

胡衙内已经挨了一顿嘴巴,害怕海瑞再下令给他尝些皮肉之苦,于是赶紧跪地求饶,求海瑞从轻发落。

海瑞当即写了一封书信,信中写道:属县近来查获一名诈骗犯,冒充总督公子,到处招摇撞骗,敲诈勒索,骗得数千银子和甚多珍宝。属县深知总督教子甚严,公子每日苦读,怎能有闲出游?即便公子外出游玩,又怎能搜罗金银珠宝?属县识破此人诡计,及时抓获,所骗赃物,一律充公。特将该犯押往总督府,请大人予以严惩!

随后,海瑞派人将胡衙内押到浙江总督府,并呈上了书信。胡宗宪看完信,又看了看被打得鼻青脸肿的儿子,气得一句话都说不出来。但是他又不能治海瑞的罪，只有打掉门牙往肚子里吞。

海瑞这次用的就是装疯卖傻的计策，明明知道来的是真的胡衙内，可是硬是装做不知道。不仅如此，他还要主动出击，给胡衙内和胡总督来一个先发制人。这次装糊涂装得非常成功，不仅惩治了恶少，还巧妙地保护了自己。

对于一些大是大非的问题，一味地迁就妥协显然是不对的，而硬碰硬又起不到好的效果，就只有动动脑筋，用装糊涂的办法来解决了。

建文帝朱允炆接替了朱元璋的皇位。这次的隔辈继承留下了很多隐患，朱允炆害怕他在各地当藩王的叔叔们不听他的，于是，他找来两个亲信大臣黄子澄和齐泰来商量，这两人给他出了个"削藩"的主意，就是把各个藩王的权力减少或者取消。

于是，朱允炆接二连三地废了5位王爷，接下来就要轮到四叔朱棣了。朱棣能征善战，一直也没把他这个侄子放在眼里。颇有城府的朱棣对朱元璋隔着儿子立孙子很是不满，暗中便打定了要较量个高低的主意。朱棣听从了姚广孝的建议，在宫舍下面挖了地下室，秘密地请来工匠，在地下室里，不分昼夜地打造武器。

建文帝终于开始抽调朱棣的部队了，这下朱棣有点着急了，因为部队被抽走后，他自己再有本事也没用了，建文帝就会很容易地把他也"削"掉。

朱棣找来姚广孝商量，姚广孝给他出了个主意，让他假装疯了，这样建文帝就不会对他有太大的疑心了。朱棣采纳了他的意见。

朱棣披头散发，跑到大街上狂呼乱叫。王府的侍卫们要拉他回去，他就乱打一顿。饿了，他就跑到饭摊儿上，拿起食物就吃。困了，他躺在墙角，"呼呼"地大睡。

时间一天天地过去了，朱棣疯了的消息便家喻户晓了。朱棣一到大街上，成群的孩子往他身上扬土、扔石头，他什么都不在乎，他从饭摊儿上抢来食物，分给孩子们一块吃。孩子们你争我夺，乱成一团。

朱棣疯了，建文帝和他的亲信开始不信，但是时间一长，慢慢地就习以为常，放松了对他的警惕。朱棣苦苦地等待着，直到准备工作全部完成，最终便一鼓作气地夺下了皇帝的宝座。

相比海瑞的"卖傻"，朱棣这次是"装疯"。不装疯的话，朱棣很可能就先被削了藩，然后被抄家问斩，因为他的实力太强了。在这种情况下，保命成了首要的任务，先保存了实力,然后才可能成就大事。

没有人喜欢被别人当做疯子、当做傻子。那些做大事者,往往有超乎常人的忍耐力和控制力。有时候为了保护自己的生命安全,有时候为了避免自己受到伤害,暂时地装疯卖傻也是不得已而为之的,一时的糊涂可以换来长久的平安,难道不值得吗?

别让自己成为一只"出头鸟"

弯腰哲学

凡事讲求"花宜半开,酒宜微醉",低调做人,收敛锋芒,此时的弯腰则是愚钝中的机智。

在我们日常的生活中,有些人的言语锋芒太露,结果得罪了旁人;有些人的行动锋芒太露,结果惹得旁人妒忌。无论是得罪了别人,还是被别人妒忌,都会为自己增添阻力。如果你的四周都是你的阻力,那么你已经成为众矢之的,无论你做什么都会寸步难行。

往往是那些有阅历、有处世经验的人,他们毫无棱角、深藏不露,看上去似乎都是庸才,其实他们很有可能技高一筹;他们虽然平时不爱说话,可经常有善辩者混在其中;他们好像胸无大志,可是久居人下者不一定就没有雄才大略。

我们生存的环境,迫使我们要认识到为人处世所必需的经验,出头鸟难做,容易被枪打;出头的椽子也难做,容易腐烂。要想成事,低调为人是很好的办法,可以避免很多不必要的麻烦;要想成大事,低调为人则是必不可少的。

唐朝大将郭子仪功高权重,荣华富贵自然不在话下。但是他心里明白,自己功劳越大,麻烦就越大,就是当朝皇帝代宗,也会因为自己的声望和地位,对自己有所顾忌。所以他处处谨慎小心,以求自保。

郭子仪平时做事极为低调,每次代宗给他加官晋爵,他都恳辞再三,实在推辞不掉,才勉强接受。他在长安的王府,每天都是府门大开,任凭人们自由进进出出。而郭子仪特意嘱咐府中的人,不允许加以干涉。

有一次,郭子仪手下的一名军官要调到外地任职,来王府辞行。他知道郭子仪府中百无禁忌,就一直走进了内宅。就在这时候,郭子仪的夫人和他的爱女正在梳妆打扮,而王爷郭子仪正在一边侍奉她们,她们一会儿要他递毛巾,一会儿要他去端水,一个大王爷几乎成了一个仆人。

在场的将官当时不敢讥笑郭子仪,回家后,他禁不住讲给他的家人听,于是一传十、十传百,没几天,整个京城的人都把这件事当成笑话来谈论,王爷出门在外是王爷,回到家里是仆人。郭子仪不久也听到了这个传言,他并不在意,但是他的几个儿子听了却觉得很没面子,他们相约一齐来找父亲,要他下令关起大门,像别的王府一样,不让闲杂人等出入。

郭子仪语重心长地对他的儿子们说:"我敞开府门,任人进出,不是为了追求浮名虚誉,而是为了自保,为了保全我们全家的性命。"

儿子们感到十分惊讶,忙问其中的道理。

郭子仪说道:"郭家的声势虽然显赫,而这声势有转眼丧失的危险。我爵封汾阳王,往前走,再没有更大的富贵可求了。在这种情况下,如果我们紧闭大门,不与外面来往,只要有一个人与我郭家结下仇怨,诬陷我们对朝廷怀有二心,必然会有落井下石的人制造冤案,那时,我们郭家的九族老小都要死无葬身之地了。"

郭子仪具有很高的政治眼光,他深知官场的险恶。作为一个功勋卓著的高官,他本身就是一只出头鸟,为了避免遭人妒忌和迫害,他才把自己的府门敞开,并且做出一些惹人笑谈的事情,目的就是为了弱化自己的锋芒,从而缓解别人对自己的不满,这样才能避免成为别人攻击的对象。

经过多年的努力奋斗,每个人都希望能够善始善终,但是能够做到的人却很少。功成身退就是一种很好的解决方法,在自己还没有成为众矢之的的时候鸣金收兵,提前退出舞台,这才是一种高明的办法和深刻的智慧。

春秋时期的孙武,在战场上奔波了十几年,为吴国的兴旺强盛做出了重大贡献,特别是在吴楚的战争中,更是起了至关重要的作用,可以说是功高盖世。战争结束后,吴王阖闾大宴群臣,论功行赏,加官进爵。

吴王征求众臣意见,问他们谁的功劳最大,众臣一致认为首功非孙武莫属。众臣们的推举正合吴王心愿,因此在所有受赏的大将中,孙武是赏赐最丰厚的。功成名就的孙武,得到了厚禄高官,还有享不尽的荣华富贵。

但是,出乎吴王阖闾和所有人的预料,孙武对于吴王给自己的封赏却坚辞不受,而且提出辞呈,要解甲归田、告老还乡,对此,众人都大惑不解。后来吴王实在不愿孙武此时离开,就派伍子胥前去劝说挽留。怎奈孙武去意坚决,任凭伍子胥劝言说尽,终不能使孙武回心转意。

许多人毕生追求的东西在孙武看来却十分淡漠,这是为什么呢?孙武的归隐除了淡泊名利外,还有另一个原因,那就是十几年的官场生涯,使他看清了官场上政治斗争的阴险狡诈、明争暗斗、尔虞我诈。为了得到权力,人们采用的手段无所不用其极。如今,他已成为一人之下万人之上的功臣,其他人的妒忌和攻击都会指向他一人,这时候选择功成身退是再及时不过了。

孙武的隐退几乎是把自己的锋芒收了起来,他放弃了高官厚禄,为的是保全性命,这种急流勇退的做法需要很大的勇气,更需要过人的智慧。尤其在当时的情况下,表面上没有任何不好的征兆,危机还没有显现,做出这种决定需要一定的预见性。

锋芒毕露常常是一把双刃剑,一方面可以让自己勇往直前,另一方面会引起周围人的反感,弄不好还会成为众矢之的。不多得罪人,别人也不会主动找麻烦。在矛盾和问题都激化之前,适时地弱化锋芒甚至收敛锋芒,是另一种"糊涂"的方式,更重要的是这样可以保全自己。

放得下，才拿得起
——弯腰是一种姿态

低调是一种风度，善于低调做人，不仅是体面生存和尊严立世的根本，也是赢得人生、成就事业的最佳心态。

从一定意义上说，所谓"低调沉稳"就是不把自己看得太重要、太有能耐、太高明。倘若认为自己处处胜人一筹、高人一等，就会有失谦逊之德、平易之美。所以，一个人不管在什么情况下，都要放下自己的身段，严格要求自己，在做事上向高标准看齐，在做人上则低调处理，方为大智之人。

当你志得意满时,切不可趾高气扬

弯腰哲学

从不让自己功高盖主,也不在众人面前尽露锋芒,低姿态、平和地去干自己分内的事情。

那些自以为是的自傲者对自我失去了客观评价,觉得在这个世界上,唯我独尊、舍我其谁,一副不知天高地厚的架势。可是靠说空话解决不了任何问题,人们尊敬的是那些脚踏实地干实事的人,而不是自吹自擂的谎话专家。

要做到不露锋芒,即有效地保护自我是作为一个人、尤其是作为一个有才华的人所必备的条件。要充分发挥自己的才华,不仅要说服、战胜盲目骄傲自大的病态心理,凡事不要太张狂、太咄咄逼人,更要养成谦虚让人的美德。

越是伟大的人越是谦虚待人,人们也越会敬重他;往往是那些一无所知却自以为是的家伙,才会在人们的赞叹中飘飘然起来。有这样一件趣事发生在洛克菲勒身上。

在美国纽约的一个既脏又乱的候车室里,靠门的座位上坐着一个满脸疲惫的老人,背上的尘土及鞋子上的污泥表明他走了很多的路。列车进站,开始检票了,老人不紧不慢地站起来,准备往检票口走。忽然,候车室外走来一个胖太太,她提着一只很大的箱子,显然也要赶这趟列车,可箱子太重,累得她吁吁直喘。

胖太太看到那个老人一身尘土,觉得他可能是退休的老工人,就冲他大喊:"喂,老头,你给我提一下箱子,我给你小费。"那个老人想都没想,接过箱子就和胖太太朝检票口走去。

他们刚刚检票上车,火车就开动了。胖太太抹了一把汗,庆幸地说:"还真多亏你,不然我非误车不可。"说着,她掏出1美元递给那个老人,老人微笑着接过。

这时,列车长走了过来,对那个老人说:"洛克菲勒先生,您好。欢迎您乘坐本次列车。请问我能为您做点什么吗?"

"谢谢,不用了,我只是刚刚做了一个为期3天的徒步旅行,现在我要回纽约总部。"老人客气地回答。

"洛克菲勒?我没有听错吧?"胖太太惊叫起来,"天哪,我竟让著名的石油大王洛克菲勒先生给我提箱子,居然还给了他1美元小费,我这是在干什么啊?"她忙向洛克菲勒道歉,并诚惶诚恐地请洛克菲勒把那1美元小费退给她。

"这位太太,你不用道歉,你根本没有做错什么。"洛克菲勒微笑着说,"这1美元是我劳动所得,所以我收下了。"说着,洛克菲勒把那1美元郑重地放在了口袋里。

听到这儿,胖太太的惶恐才减轻几分,车上的人也对洛克菲勒发出"啧啧"的赞叹。这次,洛克菲勒的低姿态又为他赢得了"一整车"人的心。

真正的大人物是那种成就了不平凡的事业,却仍然像平凡人一样生活着的人。他们从来都是虚怀若谷的,他们不会因为自己腰缠万贯而盛气凌人,他们从来不会见人就喋喋不休地诉说自己是如何如何成功和发迹的,他们也从不痛恨自己的同仁是"居心叵测之人",他们"不以物喜,不以己悲",因为他们明白:低姿态才能够得到人心。

三国时,刘禅即位,刘备当着群臣的面对诸葛亮说:"如果这小子可以辅助,就好好辅助他;如果他不是当君主的材料,你就自立为君算了。"诸葛亮顿时冒了虚汗,手足无措,哭着跪拜于地说:"臣怎么能不竭尽全力,尽忠贞之节,一直到死而不松懈呢?"说完,叩头流血。

诸葛亮就是这样,从不让自己功高盖主,也不在众人面前尽露锋芒,低姿态、平和地去干自己分内的事情。所以,一直以来他的声望甚至超越了蜀国的君主,他用自己的低姿态赢得了人心。

鲜花盛开娇艳的时候,不是立即被人采摘而去,就是衰败的开始。人生也是这样,当你志得意满时,切不可趾高气扬、目空一切、不可一世。一个人太自负了就很容易陷入一种莫名其妙的自我陶醉之中,变得不切实际地自高自大起来,他会无视所有人对他的不满和提醒,终日沉浸在自我满足之中,对一切功名利禄都要捷足先登,这样的人反而永远也得不到人们对他的理解和尊重。反倒是那些肯在人前屈身之人,才能够得到人们的信任和喜爱。

能屈能伸好做人,可高可低大丈夫

弯腰哲学

"能屈能伸好做人,可高可低大丈夫。"一个人即使才高八斗、位高权重、家财万贯,也是一个普通人,如果能放下身段,降低姿态,前面的路会更宽广,得到的可能会更多。

有一个哲学家说:"你要得到仇人,就表现得比你的朋友优越;你要得到朋友,就让你的朋友表现得比你优越。"朋友比你优越,他显然处在一个主角的地位,有一种轻松自如的感觉。而当你比朋友优越时,他能产生的只是比较带来的失衡感。如果此时你还端起高高的架子,只会让朋友敌视你、远离你。

"能屈能伸好做人,可高可低大丈夫。"一个人即使才高八斗、位高权重、家财万贯,也是一个普通人,如果能放下身段,降低姿态,前面的路会更宽广,得到的可能会更多。

帕尔梅,是瑞典首相。在瑞典人民眼里,他是一个平民首相。

因为,帕尔梅生活简朴,确实与普通人没什么两样,他从家里到首相府,从不乘车,在上下班的路上不停地和过往的行人打招呼甚至闲聊。帕尔梅喜欢接近群众,同他周围的人关系也很融洽。没事的时候他还尽可能地帮助别人,与普通的热心人一样,没有一点政府领导人的架子,就像一个普通的瑞典公民。

在假期里,帕尔梅一家经常出去旅游,在一些常去的地方甚至和当地的居民也成了朋友。帕尔梅还喜欢一个人出门,到各种地方去找人谈话,以了解社会上的情况,听取普通人的意见。他待人诚恳、态度谦和,从来不会因为身为首相而高高在上。虽然如此,但帕尔梅并没有因为放下"架子"而让人看不起,反而因为没有"架子"而受到瑞典人民的广泛尊敬。而帕尔梅在人们心目中的地位,比其他那些高高在上的官员要高得多。

尽管他是政府首相,但生活仍和普通百姓一样,住在平民公寓里。帕尔梅去国内外,除了正式的访问或参加重要的国际活动,一般都不带随行的保卫人员。只是在参加重要国务活动时,才乘坐专用的防弹汽车,配备警察保护。有时甚至独自一个人乘出租车去机场参加重要会议。

有一次,他一个人去维也纳参加一个重要的会议,直到他进入会场,在插有瑞典国旗的座位上坐下来,人们才发现他。

帕尔梅没有架子,跟很多普通人都有交往,最重要的交流方式就是书信。他那时候每年大概能收到一两万封来信,其中不少都是国外的普通民众写来的。为此帕尔梅专门雇用了几个工作人员,拆阅和答复这些来信,尽可能使得每封信都得到回复。帕尔梅在任的时候,首相府的大门永远向普通群众开放。这一切都使他的形象在瑞典人民心目中日益高大,不像许多国家领导人,动辄大群保镖,前呼后拥,待人处世高高在上,让人不敢接近。

在瑞典人民的心目中,帕尔梅是一位政府首相,更是一位平民;他不但是国家领导人,更是普通民众的兄弟朋友。他在人们心中的地位要远远高出那些"伟大"的人,而这恰恰是因为他能够放得下身段。

对于一些相对比较成功的人来说,降低姿态,与大家平等相处,非但没有人觉得他失去了面子,反而让大家更加尊重。如果公司的经理老板经常与下属的职员在一起同吃同喝,无形之中就能增加他的亲和力,就更能使员工听从上司的指挥。倘如他高高在上,不苟言笑,下属的敬畏之心是有了,但是距离也远了,没有人拥戴,"身价"也就一落千丈了。特别是对于遭遇困境的人来说,降低姿态,放下身段,抛开面子,面前的困难可能会轻松解决掉,如若不然,地位可能还不如一个乞丐。

很久以前,一位落难的贵少和他的仆人在逃难,风餐露宿,历经艰险,眼看就能脱离险境,不幸突然发生了:他们盘缠用尽。这本来不是大问题,要命的是贵少认为自己即使再饿、再渴,也不能丢了家族的尊严、血统的高贵,任仆人如何劝说,都不愿意低头向路人讨要哪怕一口水、一碗粥。一天,在仆人乞讨归来时,发现他的主子已经因为饥渴死在道边。这个时候,旁边有些路人指指点点,说:"这个要饭的连饭都要不着,所以就饿死了。"看来,贵少的坚守并没有维系住家族的尊严和体面的地位。在人们眼里,他仅仅是一个连要饭都要不着的"叫花子"而已。

如果觉得自己高高在上,以为有什么了不起,那实际上会让人看不起,因为"山外有山,人外有人"。牛顿在科学上的成就举世公认,可是他却认为自己只不过是一个在大海边拾到几只贝壳的孩子,而真理的大海他还未曾接触。牛顿能够闻名世界,不仅仅是因为在科学上的成就,他谦逊的为人作风也应是我们的学习榜样。如此看来,那些自以为是的人是不是会贻笑大方?

每个人都渴望成功,想做出一番事业。这时候就要能放下身段,不要在乎地位,抛开学历和能力,忘记过去的辉煌和成就,保持平和的心态,做好从零开始的准备。只有这样,以后的身价才会慢慢提高。

放下高傲,还自己一个普通人的本来面目

弯腰哲学

在交往中,人人都想获得良好的评价,自觉和主动地维护着自己的尊严。如果你放下身段,抛开身份,也许会发现前面的路越走越宽;如果你降低姿态,低调做人,也许在不知不觉中就发现你得到了更多。

平常相处中就有这种情况:某人才思敏锐、言辞锋利,一开口就流露出一股傲慢之气,此种印象形成后,别人就不易于接受他的观点。因为他的目的就是表现自

己,显示自己的优越,从而让别人佩服和服从,但却往往事与愿违,在人群中颇不得人心,反而会招来嫉妒。

不管是谁,也不管你是什么身份。在交往中,人人都想获得良好的评价,自觉和主动地维护着自己的尊严。如果你放下身段,抛开身份,也许会发现前面的路越走越宽;如果你降低姿态,低调做人,也许在不知不觉中就发现你得到了更多。将心比心,如果对方过分地显示自己,有着高人一等的优越,这样无形中对你的自尊就形成了一种轻视和挑战。你心里自然就会对他产生一种排斥的态度,甚至产生嫉妒也是很正常的事情。

总之,在与别人交往中,豁达而谦逊的人最受人喜欢。与之相反的是:盛气凌人、瞧不起别人者常会引来反感,在交往中处于四顾无援的境地。这样其实是害了自己,我们要学会避免这样的事情发生,不然的话就会像戚姬那样被他人嫉妒的怒火焚烧掉。

汉朝元年,刘邦带兵东征,得到定陶美人戚姬,伴随军中。事隔不久,戚姬生下了一个儿子,取名如意。到了汉七年,削除韩信、彭越等异姓王以后,刘邦分封诸子,长子刘肥已封齐王,薄姬所生刘恒封代王,赵姬所生刘长封淮南王,戚姬所生如意封赵王,另有刘建封燕王、刘友封淮王、刘恢封梁王。因为刘邦喜欢戚姬而疏远了吕后,自然使戚姬遭到吕后的嫉妒。

刘邦不喜欢太子刘盈,因为他是吕氏所生的儿子。刘邦在分封为王的诸子中,最喜欢的是戚姬所生之子赵王如意。刘邦经常说:"刘盈为人仁弱,只有如意这个孩子最像我。"刘邦还常在戚姬宫中,把如意抱在膝上。在戚姬的怂恿之下,废立太子的想法已是溢于言表,后宫更是无法安宁。此时,吕后的嫉妒之心再次加重了。

刘邦要想废太子,自然要征求大臣的意见。最少要让大臣不致反对,才不会生出事端,毕竟太子是储君,是国家未来的王者。到了西汉十年,刘邦在朝堂上正式提出废太子刘盈。朝臣开始很惊诧,继之强烈反对,尤以刘邦的同乡汾阴侯周昌反对最强烈。周昌连声反对,刘邦也很无奈,此时只好暂时作罢。

之后,吕后跪谢周昌。因为要不是周昌,太子可能就废了。后来,吕后听从张良的计策,请来了商山四皓,这才保住了太子的地位。得宠的戚姬并不想做皇后,但处心积虑要立如意为太子,每日在刘邦前哭泣。刘邦多次废立未遂,便在一次见到

80多岁的商山四皓之后,招呼戚姬指着他们说道:"我是想换太子,大臣们却拼死护着,寡人不能够为了此事动摇了江山社稷。就连那几个老家伙都来帮忙,他们就是商山四皓,以前我请都请不到,他们却是慕名辅佐太子。现在没有办法了,太子刘盈羽翼已经丰满,恐怕以后难以动摇。日后我去了,你务必要低调为人,吕后才会放过你啊!"

戚姬听到这些话,伤心地哭了起来。刘邦抚着戚姬,要她稍微平静一些,柔声地说,咱们原先都是楚国的人,你起来吧,给我跳一下楚舞,我来陪你唱支楚歌吧。戚姬泪水涟涟,展开双袖,跳起了楚舞……从此以后,刘邦再也不提废立太子的事情,但是戚姬总是不甘心,她一点都没意识到自己已是吕后的眼中钉了。

刘邦驾崩以后,太子刘盈即位,那时才17岁,称做汉惠帝。而吕氏尊为皇太后,裁决政事,实际上已经是掌权之人。吕后临政的第一件大事是报复,她派人把戚姬抓起来,囚在深巷。后来又差人把戚姬的头发剪去,给她戴上脚镣手铐,拿囚犯的衣服逼其穿上,还命她每天干重活。戚姬过惯了富贵荣华的生活,突然一落千丈,干起了这些苦活儿,心中便无限伤痛。她在干苦役的时候,想起以前的种种,便后悔没有听刘邦的话,遭受吕后的嫉妒和报复,落到了如此田地。

尽管如此,吕后还难以消除心中的嫉妒,还派人去赵地接赵王如意。惠帝刘盈知道母亲的用意,心中感慨,毕竟如意是自己的兄弟,他决定保住如意的性命。所以,当他听说如意将到长安,便亲自接到宫里,饮食起居和他一块。几个月的平安生活,倏忽而过,刘盈以为母亲不再追究了,就放松了警惕。有一天,惠帝起床后到宫外练剑,没叫醒如意,让他独自一人留在宫里。结果,回宫以后如意已被强迫喝毒酒而死。惠帝很伤心,但是也没办法,只能够好生安葬了他。

这还不算完,赵王如意死了,就轮到戚姬了。吕后派人砍去了戚姬的四肢,又让人挖去了她的双眼,再用药熏聋耳朵,强迫她喝下哑药,然后不死不活地扔在厕所里,最后戚姬就这样在受尽折磨之后,无声无息地悲怆而死。到此,吕后的嫉妒心才得到了宣泄。

也许我们会感慨吕后的毒辣,只是因为嫉妒就用那么残忍的手段杀死了戚姬,而且连她的儿子都不放过,这样的行为简直就是让人发指。事实上,人生之中总会遇见这样的小人,如果我们和戚姬那样不懂得收敛,那样必定会遭人嫉妒和憎恨，只会惹祸上身。也许有人会认为，戚姬只是一个弱女子，所以才会任由吕后鱼肉，如果换一个强势的人就不会有这样的结果了。而事实上呢？让我们看看能够忍受胯下之辱、逼迫项羽乌江自刎的韩信，在满是嫉妒心的吕后面前是怎样的下场吧。

韩信从项梁、项羽起义时，被任命为郎中。为其主屡献良策，却屡屡不被采用，他认为自己英雄无用武之地，便投奔刘邦，被萧何荐为大将。楚汉战争时期，韩信明修栈道、暗渡陈仓，出奇制胜一举攻下关中。后来，刘邦与项羽相持于荥阳、成皋间，韩信被刘邦任命为左丞相，带领兵马攻打魏，平定赵、齐，而后被封为齐王。这个时候，韩信可谓是意气风发、功高盖主，但是他不知收敛，无端惹人猜疑和嫉妒。

虽然，在韩信的协助下，刘邦很快建立了汉朝。但是，后来有人诬陷韩信，说他要举兵造反，被刘邦降职为淮阴侯。但是刘邦最终还是没有把韩信怎样，毕竟韩信为他打下了江山。但是韩信的桀骜不驯最终还是为自己惹下了祸端，因为他不知道汉室后宫之中有一个嫉妒心极强的吕后。

可想而知，他这样的性格，吕后怎么能够容忍？后有人诬陷韩信与其同谋，欲起兵长安，最后吕后正好借机在未央宫杀害韩信。一代枭雄最终却成了刀下鬼。

提起韩信无人不知，他的才学和气魄可以说是当世之翘楚，但是最终的下场悲惨至极。最主要的原因就是他没有学会低调做人，惹怒了吕后，最终以悲惨结局收场。所以我们平时在别人面前要学会低调做人，不然的话只会像韩信和戚姬那样遭致灾祸。

一位西方的哲人曾经说过这样一句话：一滴水的最好去处是哪里？那就是大海。每个人都只是大海里的一滴水。因此，倒不如放下高傲，还自己一个普通人的本来面目。每个人都不一样，也许有人身居要职、声名显赫，也许有人腰缠万贯、富可敌国，但是，即使如此，你也不过是个普通人而已，如果不懂得低调做人的道理，飞扬跋扈、不可一世，只会招惹他人的嫉妒和厌恶。就像前面一节提到的帕尔梅，不管他的政绩如何，但是瑞典首相低调的做法帮助他赢得了人民的尊敬和爱戴，成为一个深受国民欢迎的领导人。毕竟在他那个位置，比一般人更加容易招致嫉妒。而他懂得在他人的嫉妒中低头，这样那些无形的障碍就被化解了。

为人的调子压得低，心态才能够修炼得静

弯腰哲学

一个人得意的时候，不可能处处胜于人，也不要安逸时以为什么都可以享受一辈子。有得必有失，也许暂时的安逸，会让你遭到意料不到的天灾人祸。

"盛极必衰，物极必反，"人生不可能一辈子都在顺境之中。为人的调子压得低，心态才能够修炼得静，这样的人才会在"得意"之时自省己身。

很多人经历了几番风雨、几度挫折，才渐渐地明白了：一个人得意的时候，不可能处处胜于人，也不要安逸时以为什么都可以享受一辈子。有得必有失，也许暂时的安逸，会让你遭到意料不到的天灾人祸。懂得这一道理的人，都应该收起"蛟龙腾跃嫌水窄，大鹏展翅恨天低"的自负；控制骄傲自满的情绪，经常反躬自省，才能功成名就。

那些被小病小灾纠缠一生的人，往往长命百岁、安享天年；而那些无病无痛、大红大紫的人常常遽祸忽至、猝不及防。命运往往是无常的，做什么都要低调，留有余地。要在"得意"的时候，忧虑可能来临的"失意"，励精图治，发愤图强。不然只会像陈后主，朝不保夕，依然"隔江犹唱后庭花"。

南北朝时期，陈后主是陈朝的最后一个皇帝。唐代有位诗人有感于陈朝灭亡，写下一首七言绝句，说的就是陈后主不理朝政、骄奢淫逸："商女不知亡国恨，隔江犹唱后庭花。"

本来陈后主即位之初政治比较清明，国家富强安定，可是这种情况持续的时

间并不长,由于陈后主的骄傲自满,以为陈朝已经固若金汤,无须居安思危,所以终日花前月下、纵情酒色、放浪形骸,很快,起初的一代明君就变成了昏庸之君。

即位后不久,陈后主被弟弟叔陵斫伤,终日在后宫养病,只留当时他最宠幸的张贵妃陪伴于身旁,将其他妃嫔包括皇后都摒斥在外。皇后沈婺华出身显贵,父亲为陈朝重臣,母亲是陈朝开国皇帝陈霸先之女会稽穆公主,她聪明贤淑,精通诗书礼仪,但因羸弱多疾,后主对她还不及一般妃嫔,这样一来备受宠幸的张贵妃宠冠后宫。

陈后主修建许多富丽堂皇的宫殿,分别给张贵妃、孔贵妃等受宠的妃嫔居住。每日饮食起居均由这些人服侍,并且每次饮宴,都命诸妃嫔和女大士等吟诗作乐,选出较好的谱成歌曲,命上千名宫女习而歌之,轻歌曼舞终日弥漫整个后宫。张贵妃初入宫时,是龚贵嫔侍儿,偶然被后主见到,被其美色迷惑,对其宠爱有佳,很快拜为贵妃,后生太子深。她又非常会察言观色,每次宴会宾客,张贵妃都会荐诸宫女参预其事,宫女们对她甚为感激,于是都在皇帝面前说她好的一面。

张贵妃得宠以后,陈后主越来越怠于政事,文武百官凡有奏章,都必通过宦官蔡脱儿、李善度等人才能达于帝前,而每次批改奏章,后主都与张贵妃共同定夺,张贵妃正好借此机会干预政事,朝中的大小事情没有她不了解的,后主见朝野上下的言论,张贵妃足不出宫都了如指掌,更加对她宠幸。

可是后主并没有看到,政治形势的可危之处:朝中宦官佞臣、内外勾结、王公显贵、骄横不法、花钱买官者屡见不鲜。更有甚者,后宫犯法的,只要请张贵妃说情,后主往往都会既往不咎。荒于酒色的陈后主仍然没有意识到,"一时的兴旺并不代表一世的兴旺",还继续过着骄奢淫逸的糜烂生活。

朝中正直的官吏实在看不下去了,上奏后主,阐明了朝中的混乱局势,并且力陈施文庆、沈客卿等人飞扬跋扈、专制朝政之举,可昏庸的后主已听不进任何忠言,先后将大臣毛喜贬谪出朝,右卫将军兼中书通事舍人傅绰赐死狱中。

耿直的大臣章华,上书后主说:"陛下即位,于今5年,思衔帝之艰难,不知天命之可畏,溺于嬖它,惑于酒色。祠七斋而不出,拜妃嫔而临轩。老臣宿将,弃之草莽,升之朝廷。今疆场日蹙,隋军压境,陛下如不改邪归正,悔之晚矣!"

后主收到这样的奏章不但没有悔过自新,而且一怒之下将其斩首,朝中官员见后主如此暴虐,都明哲保身,三缄其口,一个本来兴旺发达的国家就被陈后主弄得岌岌可危了。他总以为自己是那个"得志"之人,而不知道"失意"之日已不远矣。

陈后主本来可以避免亡国,但是奸臣当道、妃嫔蛊惑,再加上他自己不知居安思危,最终导致国家灭亡。其实,只有站得高,才能够看得远。赤橙黄绿青蓝紫,七彩人生,各色不同;酸甜苦辣咸,五种味道,品之不尽。没有一帆风顺的人生,如果一生无挫折,那就不叫做人生了。没有失败的尴尬和忍辱就没有成功的喜悦。古往今来,太多才高位高之人不是因为自身能力输于别人,而是因自己的功绩变得骄矜自恃,忘了"盛极必衰,物极必反"的道理,这样也终会被命运惩罚。

忘记曾经的辉煌,正视现实

弯腰哲学

> 现实中要敢于示弱,勇于放低姿态,其实就是敢于承认自己的不足,这是一种期待成长的勇气,每个人都有长有短,真正看清这一点才能最后胜于人。

那些自以为是的人头脑容易发热,他们总是充满幻想,总是只相信自己的智慧和能力,坚信只有自己是正确的。所以,他们从来不接受别人的意见和劝告,认为采纳了别人的意见就等于是对自己的否定和贬低。这些人其实是典型的外强中干,他们的固执恰恰证明了他们并不是真正的强者,正因为心虚,所以才不愿服输。其实,即使是一个有实力的人也不一定永远站在最高峰。忘记曾经的成功、曾经的辉煌,正视现实,这样的人即使退居幕后,人们给予他们的仍然是掌声和鲜花。敢于认输、敢于示弱不是谁都能够做到的,因为人们都顾及自己的"脸面"和那些多余的自尊。下面的棕熊开始不懂这个道理,到了后来才知道这个真理是亘古不变的。

有一天,棕熊听说狗獾当上了山林之王,很不服气。于是它到处张扬地说:"小小的狗獾有什么本事?我要跟它比试一下,让它知道谁才是山林之王。"

棕熊的话被狗獾听到了,它便找到棕熊,说:"你随便选择比什么,我都可以奉陪到底。"

"那么就先比拔树,再比格斗吧。"棕熊选择了自己的强项。

"好的,一言为定。"

随后,比赛就开始了。棕熊抱住一棵白桦树,像模像样地运了运气,猛地一使劲,白桦树被连根拔了出来。

"现在该你了!"棕熊喘着粗气对狗獾说。棕熊心里想:狗獾体小力弱,是不可能拔起一棵树的,这下它肯定是输定了。

谁知狗獾微微一笑,并不说话,只朝身后的大象努了努嘴,它立即走上前来,长鼻子卷起一棵更粗更壮的白桦树,毫不费力地连根拔起。"你自己都不动手,这也算数吗?"棕熊又惊又气,不知说什么好,心中觉得气愤。

"自己都不用动手,这还不算本事吗?"狗獾说,"你能够找到帮手听你的话,我也无话可说。"这话说得棕熊更加无话可说了。

"你还想比格斗吗?我们可以继续。"这个时候棕熊看见狗獾身后的老虎和狮子,它们全都怒目而视,摆出跃跃欲试的架势,连忙认输说:"我服气了,不比了,还是大王的本事大!"

棕熊知道,如果不及早认输,还高调地要和狮子老虎比试的话,可能连性命都没有了。

再说一个故事,你听好笑不好笑。

有一对结婚3个月的年轻夫妇,生活恩爱,婚姻幸福。妻子觉得丈夫很体贴,很关心她,但就是有一个毛病,就是不管做错了什么事情,都不肯认错。就算是吵几句嘴也死要面子,不认输。

有一天,妻子想要回乡下的娘家看看,就要丈夫陪她一起回家去。在路上,妻子叮嘱丈夫说:"我们这是第一次回家,不管是对父母或对亲朋好友,都要有礼貌,不要言语鲁莽或有失礼的地方,特别是不要逞强,该示弱的地方就示弱。"丈夫拍着胸脯对妻子说:"你放心,我一定不会让你难堪的,更不会让岳父岳母失望。"

于是,到了娘家后,妻子就和父母聊起家常来了。丈夫闲来无事,就到处东看看西望望,这里走走,那里逛逛的,他觉得一切都很新鲜。

走着走着,不知不觉地,他走到厨房来了。那里有个碗盛着一满碗玉米粒,想到自己也有点饿了,就顺手抓了一把玉米粒,往嘴里塞。刚塞进去才发现玉米粒全是生的,刚想吐出来,恰巧这个时候,妻子也走进厨房来了。这时,丈夫塞满了一嘴的玉米粒,不知如何是好。他一嘴的生玉米粒咽也咽不下去,吐也吐不出来,觉得非常尴尬。

妻子看到他一副痛苦的样子,于是就问,"你哪里不舒服啊?怎么脸色不好?"丈夫根本就说不出话来,妻子看他不说话,更是疑惑,就走近看看他,才发现丈夫脸部都凸起来了。妻子立刻带着丈夫去见她父母说,"爸,您快过来看一下,建华(他丈夫的名字)不知为什么,两腮都肿起来了,可能口腔有毛病,您赶快请医生来为他看病吧。"妻子一直紧随在丈夫身边,所以,丈夫一点逃避的机会都没有,他心中叫苦不迭:该如何是好呢?

不一会儿,乡里的医生来了,医生草草地看了一下凸起的脸部,就下结论说,"这应该是无名肿瘤,要赶快开刀,否则会有生命危险。"于是一家人就把建华送到了医院。看样子就真的要开刀了。结果,在手术台上,丈夫吐出来的却只是一把玉米粒。才知道原来是偷吃玉米粒而造成的,这样害得大家都很尴尬,大家都不说话,结果不欢而散,因为不管是谁都觉得颜面难堪。这些都是源于她丈夫死要面子,死不认错造成的。

人非圣贤,因此经常都会犯一些错误。但是如果坦白说出来,表示有悔过的心才能改正错误,在错误中学习成长,才会让自己越来越好。有些人若是有一点点的功劳,或小小的长处,都喜欢向人夸耀,唯恐天下不知;而若有一点点的过错,或有一点点的缺点,都生怕别人知道,巴不得隐藏起来。正人君子的作为应该是光明磊落的。喜欢掩饰过错的人,不会被人所尊敬。现实中要敢于示弱,勇于放低姿态,其实就是敢于承认自己的不足,这是一种期待成长的勇气,每个人都有长有短,真正看清这一点才能最后胜于人。敢于认输,在适当的时候,示弱是成大事者必备的品质。

适时地低头,可以抬高自己的"身价"

弯腰哲学

处处显示自己的强势,展示自己的才华,才会有"身价"——这是很多人的观点。其实,现实中往往是那些肯卑躬屈膝的人,"价码"却高于那些傲立于世的人。

有些过于"聪明"的人总想让自己才华毕露,所以只要遇到一展才华的机会,都不会放过。没人能一生一切顺利,那些"才华横溢"的人会把微小的才干也显露出来,使它成为自己身上的发光点,觉得自己的"卓著才能"显示出来时,才能够令人震惊。处处显示自己的强势,展示自己的才华,才会有"身价"——这是很多人的观点。其实,现实中往往是那些肯卑躬屈膝的人,"价码"却高于那些傲立于世的人。张良就是其间翘楚。

张良的祖上是韩国人,他的祖父张开地是韩昭侯、韩宣惠王、韩襄哀王时期的相国,而父亲张平则是韩厘王、韩悼惠王时期的相国。后来,秦灭韩之后,张良遣散300家童,变卖了自己的所有家产,用来收买刺客,为韩国报仇。结果刺杀未遂,秦王大为震怒,命令在全国各地大举搜捕,捉拿刺客。无奈之下,张良改名换姓,逃亡到下邳(今江苏睢宁西北)躲藏起来。张良的流亡生活就此开始了,这可能是张良人生的低谷。

张良在下邳,不敢让人知道自己的行踪,心中的抑郁难以舒展,于是就喜欢去住所附近散散步。

有一天,他闲逛漫步,走到一座桥上,迎面走来一个穿布短衣的老者。张良侧身让老者先过,谁知,那个老者走到张良跟前时,竟然故意将自己的鞋子丢到桥下。并且,还毫不客气地喝令张良:"小子,下桥去把我的鞋取上来。"

张良本来见老者故意将鞋扔到桥下,觉得非常诧异。现在又见他命令自己下去拾鞋,心里很是气愤,正想转头就走。后又一想,看在老者年纪很大的份儿上,就强压住心里的怒气,到桥下把鞋子捡了上来,正要递给老者,谁知那老者竟然不伸手去接,还毫不客气地对张良道:"既然捡上来了,就给我穿上吧。"

听了这样的话,张良更是怒气冲天,不过转念一想,既然都已经帮他捡了鞋,再帮他穿上也无所谓。于是,就跪着替老者将鞋穿好。老者也不客气,伸腿去穿。张良"低头"给老者穿鞋却连句谢谢都没有换来。老者只是笑了笑,抬腿就走了。没走多远,老者又背着手拐了回来,对张良说:"孺子可教也,5天后的早上,还在这里会面。"

张良虽然心里觉得有些蹊跷,但也没有多想,就满口答应了。

5天后,天刚刚亮,张良来到桥上,老者已经在那里了。见到张良,老者生气地指责他:"和长者相约,你小子却迟到了,太不像话了!现在回去,5天后,早点过来。"

第二次,鸡刚啼鸣,张良就前往赴约,可等他赶到桥上时,老者又已站在桥上等他。老者转身就走,生气地说:"你的架子好大啊,总要一个老人家等你。过5天再早点来。"

又过了5日,张良半夜就出发了,这一次终于赶在老者的前面到了桥上。

过了一会,老者来了,显得很高兴,笑眯眯地说:"这一次没有失约,这样做才对呀。如果你在长者面前都不能够做到谦卑,那么又怎么能够成大事呢?"说完,他拿出一册书,"你把这本书读透了,就可以胜任帝王的老师了,10年后一定会得到验证。13年后,我们会在济水再次会面,那济水之北谷城山下的黄石公就是我。"说完,老者扭头就走了。天明以后,张良发现老者送的书原来是《太公兵法》。此后,张良常常诵读这部兵书,后来终于成为刘邦的重要谋士,为刘邦六出奇计,为汉室江山立下了汗马功劳。成为西汉杰出的军事谋略家,他与韩信、萧何合称"汉初三杰"。

张良之前没有经过磨炼,行事鲁莽冲动,曾经去行刺秦王,根本谈不上充分发挥自己的雄才伟略。当韩国灭亡的时候,秦国正处在强盛时期,实力雄厚。而一个立法严厉、苛刻的政权,当它正露出锐利的锋芒时,即使有孟贲、夏育再世,也是不能逞强的,而当它的权势受到削弱、走到末路时就可以乘虚而入了。而此时的张良因为肯低头,尊敬老者,得到了《太公兵法》,成为了一代将才,之后为辅佐刘邦打下汉室江山奠定了基础。由于张良懂得适时的低头,以至于后来"封侯拜将"不但没有"跌价",还极大地抬高了自己的"身价"。

巧妙地掩饰是赢得赞扬的最好途径

弯腰哲学

> 永远都要清醒地对自己说:我知道的还远远不够,每个人都是我的老师。就算是对于擅长的东西,我们也不应矫揉造作,因为炫耀易流于自大,自大则不免招致轻视。

古希腊哲学家苏格拉底说过:"我知道得越多,就越发现自己的无知。"古代的大学问家尚且如此谦虚,自认为无知,对于我们这些普通人来说,所知道的东西就更加有限、更加不值一提了。

如果没有一点自知之明,有了点成就就到处炫耀、不再进取,不但是无知,简直是可悲。露才过甚,为智者所不屑,应该是无言胜有言,以漫不经心的态度处之。巧妙地掩饰是赢得赞扬的最好途径,因为人们对不了解的东西总抱有好奇心。不要一下子展露你所有的本领,要慢慢来,逐次增多。成功的人都善于学习,只要有谦虚好学的态度,任何时候、任何地方、任何人,都有值得学习、借鉴的地方。即便是博学多才的孔子,也有不懂的东西。

相传孔子带着自己的弟子周游列国,在去参观鲁桓公的祠庙的时候,注意到一个看起来可用来装水的器皿,很随便地放在地上。庙宇的守护人告诉孔子他们:"这个能用来装水的东西叫'欹器',用处和座右铭差不多,是用来警戒自己的器皿。"

孔子听了,说道:"我以前也听说过这种器皿,只是没有真正见识过,没有想到能在这里见到。听说这个容器在没有装水时就会歪倒;水装得不多不少的时候就会是端端正正、稳稳当当;而里面的水装得过多或装满了,它又会翻倒。"见孔子如此详知此物,守庙的人都赞叹孔子的见识过人,孔子却连连摆手自谦,说这不值得夸耀。

孔子在确定这个东西以后,就让他的学生一个个地倒水进去试试。于是,弟子们一个个舀来了水,慢慢地向这个器皿里灌水。果然跟传说中的一模一样,当水装得适中的时候,这个器皿就稳稳当当地立在那里,一点都不歪斜。但是水灌满以后,它就翻倒了,容器里面的水就流了出来。等到器皿里的水流尽了,就又自动爬起来,跟原来一样歪斜在那里了。

见了这样的情景,孔子也不由得大发感慨,说道:"骄傲自满的人容易栽跟头,就和这个容器是一样的啊,世界上哪会有太满而不会倾翻的事物呢?人也一样啊,为人处世应该谦虚谨慎,骄傲自满是不可取的。"

几千年前的孔子从一个容器里就能有"做人不可以骄傲自满,为人要谦虚谨慎"的认识。恃才傲物不可取,和逊致谦好做人。

哲学家芝诺曾经就"求知"做了一个精当的比喻:他画了一个圆圈,圆圈内的部分代表自己已经掌握的知识,圆圈外代表自己不了解、不明白的知识。圆圈越大则代表自己掌握的知识越多,那么圆的周长也就越长,圆圈和未知世界的接触面也就越多,不知道的东西也就越多。这个比喻是很形象的,每个人的知识都是一个圆,只是有的大一些,有的小一些,大一些的圆自然跟外界的接触就多一些,小一些的就少一些。因此,即使有才华也没有什么值得骄傲的,和无奇不有的大千世界相比,太微不足道了。

往往骄傲自大的人更喜欢见到依附他或谄媚他的人,而不喜欢结交高尚的人。结果这些人把他由一个笨蛋弄成一个狂人,而他自己却一点都不知道。人类有着几千年浩瀚的文明史,与它的博大精深相比,一个人所掌握的知识就如同沙漠里的一粒沙、大海中的一滴水,几乎是微不足道的,就算是再怎么努力的人,也无法掌握其中之万一,更别提骄傲自满、自以为是的人了。只有不断学习,时刻保持

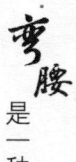
弯腰是一种智慧

谦虚上进的心，才能尽可能地把自己知识的圈子扩大，接触到更多。

所以，不管别人把你评价得有多么高，永远都记得向别人请教，请好好记着这句话："三人行，必有我师焉！"你永远都要清醒地对自己说：我知道的还远远不够，每个人都是我的老师。就算是对于擅长的东西，我们也不应矫揉造作，因为炫耀易流于自大，自大则不免招致轻视。展示也应以谦虚的态度流露，以免流于粗俗。赢得一次辉煌的成功后再进行下一次，获得热烈的掌声后再期待更大的成功。

那些轻易自满的人，只会让自己那艘尚不足以装下大海的"小船"，瞬间倾覆掉。

吾得势而不得心，吾之失也；吾得势而得心，乃人之谦也。

寻常看不见,偶尔露峥嵘
——弯腰是一种城府

深邃之人,如城府,听着好像亦褒亦贬,但却是有谋有略。喜怒埋于心,似端坐云台,又似潜游水底,反正瞧不出个里就。不过凡事都有两面性,肤浅之人显得幼稚但真实,城府之人深邃却多少给人有些不坦诚的印象。这是一个度,全在于你如何把握。

你已经过了"心里藏不住事"的年龄

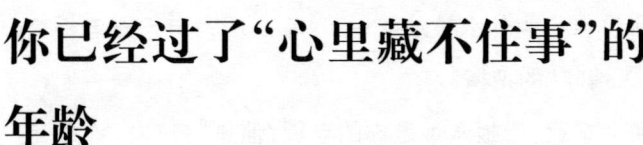

心事是自己的秘密,只可留给自己,千万不能搁不住,成为别人要挟你的把柄。而且心事的倾吐会泄露一个人的脆弱面,有的人会因此而下意识地看不起你。

普通人有一个共同的毛病:肚子里搁不住心事,有一点点喜怒哀乐之事,就总想找个人谈谈;更有甚者,不分时间、对象、场合,见什么人都把心事往外掏。

有这样一个实验,有人在办公室里故意告诉身边一个人一条无关紧要的花边新闻,结果很快,这个新闻就通过别人传开了。

所以,你不要期望别人为你保守秘密,假如你果真有什么秘密的话,请把它保存在自己的心里。尤其应该警惕的是,如果你在事业上有什么想法或者野心,在它成为人所共知的事实之前,决不适于与任何人分享。

李达是一家电脑公司的技术人员,跟老板相处得就像哥们儿。一天下午,李达加班加得很晚,老板请他吃晚饭。几杯酒下肚,李达头脑一热,说他也想开一家电脑公司。

老板一愣,但很快恢复了正常,并鼓励李达说:"年轻人就应该有闯劲,我支持你。"李达说:"我现在的技术还说得过去,但对销售还是一知半解。"老板说:"一边工作一边学习嘛。凭你的能力,再干上两年就能独当一面了。"李达说:"你放心,两年之内我是不会走的。"

一周后,公司又招聘了一名技术人员,李达也接到了解聘通知。李达一脸茫然,找老板询问。老板一本正经地说:"在我的公司里,你已经没有什么需要学习的了。你应该多干几家公司,多积累点经验。我是从你的自身发展考虑才忍痛割爱的。"

李达蓦然醒悟自己为什么被炒鱿鱼了,都是因为自己跟老板交心,才让老板抓住如此"富有人情味"的把柄!

不管关系多么亲密,老板永远是你的老板,他是"资"方,你是"劳"方,你们很难有共同的利益和共同的语言。在老板面前,自然要出言谨慎,那么,对于身边的同事,是否就可以"畅所欲言"了呢?

回答仍然是否定的。

比如,当你刚来到一个新的工作环境,你和一位同事互有好感,两人一起外出午餐,有说有笑,无所不谈。同事可能乐意把公司的种种问题,甚至每一位同事的性格都说给你听,你本人对公司的人事情况一无所知,自然也很珍惜这样一位"知无不言,言无不尽"的朋友,立即把对方视为知己,将平时看到的不顺眼、不服气的事,向对方倾吐,甚至批评其他同事和上司,借以发泄心中的闷气。

如果对方能为你保守秘密,问题自然不大。但是,你对这位同事了解多少呢?你怎么知道他不会把你的话传出去呢?所以,你对自己并不完全了解的人说话要有所保留,能说三分的话,千万不要说到四分。切忌心血来潮时把秘密告诉不合适的人,因为真正的秘密只能由你自己知道,不然,你就可能受到伤害。

当你和别人共同拥有一个秘密时,你往往会因这个秘密同对方拴在了一起。这对你灵活机动地处理事情是一个障碍,在处理一件事时,你往往要考虑他的利益,这往往使你做出违背原则的事。同时,对方可能会在关键时刻,拿出你的秘密作为武器回击你,让你在竞争中失败。

而且心事的倾吐会泄露一个人的脆弱面,这脆弱面会让人改变对你的印象,虽然有的人欣赏你"人性"的一面,但有的人却会因此而下意识地看不起你,最糟糕的是脆弱面被别人掌握住,会形成他日争斗时你的致命伤,这一点不一定会发生,但你必须预防。

其次,有些心事带有危险性与机密性,例如你在工作上承担的压力与牢骚,你对某人的不满与批评,当你快乐地倾吐这些心事时,有可能他日被人拿来当成修理你的武器,你是怎么吃亏的,连自己都不知道。

那么,对好朋友应该可以说说心事吧!答案还是:不可随便说出来。你要说的心事还是要有所筛选,因为你目前的"好"朋友未必也是你未来的"好"朋友,这一点你必须了解。

任何人,若能在保守秘密这个问题上处理得当,就不会因泄露秘密而把事情搞得复杂化,或者使自己陷入身败名裂的境地,从而保持着良好的个人形象,成就一番事业。

即使是对家里人,也不可把心事和盘托出。假如你的配偶对你的心事的感受与反应并不是你能预期的,譬如说,他因此对你产生误解。

然而,闭紧心扉,心事"滴水不漏"也不是好事,因为这样你就成为一个城府深,"心机"沉,不可捉摸与亲近的人了。如果你本就是这样的人,那无太大关系,如果不是,给了别人这种印象是划不来的。

所以,真正有"心机"的人应该这样做:偶尔也要说说无关紧要的"心事"给你周围的人听,以降低他们对你的揣测与戒心。

唯宽可以容人,唯厚可能载物

弯腰哲学

在别人对自己无礼的时候,我们要学会把自己愤怒的情绪隐藏起来,去宽容他们、感化他们。

正所谓"人非圣贤,孰能无过",谁都可能犯错误。就感情而言,有些人的确很令人憎恶和讨厌,但这并不等于非和他闹别扭不可,更不应该置之死地而后快,只要他不是顽固不化、不可救药的人,就应当真诚地接近他、提携他、感化他、帮助他。这并不是降低人格,而恰恰是你具有高尚品德的明证。相反,要是人家一有缺点和不足,就把人家往死里打,往绝路上推,这不但暴露了自己人格的低下,而且显得心胸也太过狭窄了。在别人对自己无礼的时候,我们要学会把自己愤怒的情绪隐藏起来,去宽容他们、感化他们。李·邓纳姆就是这样做的。

现在很多人都知道麦当劳的连锁店在全美,乃至全球遍地都是,但是很多人不知道的是纽约老城区的第一家由麦当劳授权的快餐店的经营者叫李·邓纳姆。当李·邓纳姆决定放弃稳定的警官职业,在犯罪猖獗的哈莱姆黑人住宅区投资麦当劳店的时候,朋友们都说他疯了。但是拥有一家餐馆一直是李·邓纳姆的梦想,他先在几家餐馆工作,包括纽约著名的"华道尔夫"饭店。李·邓纳姆非常想开自己的餐馆,为此他还特意报名参加了商业管理学习班,每天晚上去上课,就是为了自己的理想。

但是后来,他在警官职位上干了10多年,在此之间,他一直继续学习商业管理。"我省下了做警官挣来的每一分钱,"他回忆说,"10年来,我没花过一毛钱去看电影、度假、看球赛,除了工作就是学习,我一直在为实现拥有自己的生意这个终生梦想而努力着。"

一直到了李·邓纳姆拥有4万美元存款的时候,他认为已经是实现自己梦想的时候了。麦当劳快餐决定给他一个授权,同时附加了一个条件:李·邓纳姆必须在老城区开店,这算是老城区的第一家麦当劳快餐店。麦当劳其实是想验证他们这种快餐餐馆是否在老城区也能取得很好的收益,而李·邓纳姆看上去则好像是开这样一家快餐馆的最佳人选。而且为了得到授权,李·邓纳姆投入了自己的全部积蓄,另外还借了10万美元。但他知道,那些年他为之努力和奉献的一切就在于此了,他相信自己多年来的准备工作,包括梦想、计划、学习和积蓄都不会付之东流。

后来,美国老城区的第一家麦当劳快餐店在李·邓纳姆的操办下开业了。开始的几个月简直是灾难连连:流氓斗殴、枪战和其他的暴力事件频频在他的餐馆发生,好多次都将他的顾客全都吓跑了。不仅如此,在饭馆内部,雇员们偷食物和现金,他的保险箱经常被撬。而更糟糕的是,他无法从麦当劳总部得到任何的帮助,因为麦当劳总部的代表非常害怕到贫民窟来协调工作。李·邓纳姆别无办法,只有靠自己了。本来他想通过报警来解决这些问题,但是做了多年警官的他明白,这只能够治标不治本,因为这是美国的社会问题。

终于,李·邓纳姆想出了一个策略:对那些不务正业的捣乱者实行宽容、怀柔的策略。

李·邓纳姆同社区的那些小流氓们进行了开诚布公的交谈,他激励他们重新开始生活。然后他做了有些人认为简直是不可思议的事:他雇用那些小流氓,让他们在自己的餐厅中工作。他不得不加强了管理,对出纳员进行突击检查以避免偷窃,这也算得上是恩威并重吧。他每周一次向雇员们讲授为顾客服务和管理方面的知识,鼓励他们发展个人的职业目标。

李·邓纳姆又赞助社区成立了运动队并设立了奖学金,使流浪闲逛在街道上的孩子们走进了社区中心和学校。他的做法看似很愚蠢,但回报很快就加倍而来。李·邓纳姆没有白白付出,在他的宽容之下,店内几乎不再发生流氓闹事的事件,顾客也越来越多了……慢慢地,李·邓纳姆的快餐店发展壮大起来,每天卖掉数万份快餐。纽约老城区的快餐店成了麦当劳在世界范围内利润最高的连锁店,每年利益高达上百万美元。

这一切,不能不说是个奇迹。几个月前还不愿跨进贫民窟半步的公司代表,现在簇拥在李·邓纳姆的麦当劳店门前,他们好奇而急切地想知道他是怎样做的。李·邓纳姆的回答既简单又深刻:"为顾客、雇员和社区服务。"面对那些无礼的流浪汉们,李·邓纳姆宽容了他们,并且帮助了他们,使得他们感恩戴德地回报了自己。

没有他当初对那些无礼的闹事者的宽容、收容,以及对所在社区的贡献,他的麦当劳店根本就开不下去,更别说发展壮大、取得今天的辉煌成就了。古人说"有容乃大",又说"唯宽可以容人,唯厚可能载物"。从社会生活实践来看,宽容大度确实是人在实际生活中不可缺少的素质。做人要胸襟宽广,要有宽容平和之心,这不仅是一种魅力,更是社会成功的一种要素。

如果李·邓纳姆以敌视的眼光看世界、看待那些流浪汉,那只会让冲突事件愈演愈烈。就像我们对周围人戒备森严、心胸窄小、处处提防,他就不可能有真正的伙伴和朋友,只会使自己陷入孤独和无助中;而宽宏大量、与人为善、宽容待人、能主动为他人着想、肯关心和帮助别人的人,则讨人喜欢,易于被人接纳,受人尊重,具有魅力,因而能更多地体验到成功的喜悦。宽容他人的无礼,总有一天他们会对自己的"无礼之举"无地自容,进而以有礼的态度来面对你的。

关键时候要懂得见好就收

弯腰哲学

> 关键时候懂得见好就收,给对方一个台阶。这样,自己的目的已经达到了,又没有给人造成更大的伤害,这是多么明智的举动。

很多人总是妄图控制他人,让他人为己所用,特别是对于自己的下属。但是很多时候,我们连自己都控制不了,如何去谈控制他人?其实首先要控制住自己,才能够影响到他人,不信,看看松下幸之助是怎么做的吧。

日本松下集团的创始人松下幸之助出生在一个贫困的农民家庭。后来因为父母不幸相继去世,他9岁时便辍学当学徒工。在他24岁那年,创办了松下电气公司,历经重重磨难之后,终于兴旺发达。后来该公司每年的纳税额占了大阪市纳税总额60%,松下幸之助连续十几年都是日本最高的纳税人。

20世纪80年代,松下电气公司的营业额超过3万亿日元,在日本同行中居第一位,在全世界居第三位。松下幸之助如此卓越的表现,使之被日本同行尊称为"经营之神"是理所应当的。

但是又有多少人知道,松下幸之助批评人的时候可是毫不留情,有时甚至是破口大骂。他的下属中不知道有多少人被他骂得无地自容。可是被骂的这些人中却没有人因此而辞职,反而更加积极地围绕在松下幸之助的周围,这是不是很让人费解?松下幸之助的员工对他既敬又怕,但是员工们一般都不会因为忍受不了松下幸之助的批评,甚至是责骂而选择主动离职。这都是因为松下幸之助不同常人的控制力,不但能够控制住自己的情绪,还能够控制自己的员工。让我们看看下面一则故事吧,看完之后就会了解松下幸之助到底是用什么力量控制住员工了。

松下幸之助下属工厂的一位厂长做错了事情,给公司造成了巨大的损失。松下幸之助被激怒了,只见他暴跳如雷、破口大骂,并边骂边用握在手里的火钳猛敲火炉,以致最后把火钳都敲弯了。他高亢的声调与语言的恐吓交织在一起,致使那位厂长支持不住晕厥了过去。这个时候,松下幸之助明白,该说的话已经说明白了,该收敛起自己的情绪。于是,松下叫人用酒将这位厂长灌醒,然后温和地对他说:"这火钳是为你而敲弯的,你可以回去了,但是必须弄直它才能够走。"这时候那位厂长才松了一口气,只是把火钳弄直而已,这种体力上的惩戒是愿意接受的,这个时候心里不但没有怨恨,甚至对松下给的台阶有些感恩戴德。

后来,松下幸之助叫秘书护送他走了。秘书送厂长回家后,又按松下幸之助的吩咐,偷偷地告诉厂长的太太千万注意厂长的举动,以免他一时想不开,做出冲动的事情来。

过了几天,松下幸之助就给这个厂长打电话:"那天的事情已经过去了,以后好好干就行,另外我那根火钳你给弄直了没?"

"照您的吩咐,已经弄直了。"那边传来了厂长的笑声。

听到这样的话,松下幸之助又对这位厂长进行安慰。这件事情使那位厂长既为自己的过错而内疚,又对松下的恶骂感到害怕,因此拼命地工作,并且尽量减少纰漏。一段时间之后,他终于成为一个优秀的管理者。松下幸之助不但用批评教育了员工,还控制住了员工的心,首先是源于他能够控制自己的情绪,见好就收。

松下幸之助虽然骂人的时候毫不留情面,但是关键时候懂得见好就收,给对方一个台阶。这样,骂人的目的已经达到了,又没有给人造成更大的伤害,这是多么明智的举动。当他人即使做错了事情,我们即使批评了,也不是万事大吉了,因为发泄了一肚子怨气,这些全积攒到批评的对象那里去了。那应该怎么去化解对方的怨气,让自己的批评有所价值、有所回报呢?要学会转换气氛,而且要留下缓冲时间,不要使自己陷入恶劣的气氛中。停顿一下,仔细想想,或许自己这样做显得有些傻,然后会心地一笑,自己的愤怒在不知不觉中就会消失了。这就需要对情绪的控制力了,如果我们都不能够控制自己的行为,那么又怎么能够控制住他人呢?

弯腰是一种智慧

掩饰起自己的才华

弯腰哲学

> 出类拔萃的人都产生于普通人之中,真正有才学的人不会刻意地去引起别人的注意和议论,从而博取名声,而是为人谦逊,对于许多东西虽心知肚明,却不露痕迹,在关键时刻才会显示自己的本色。

曾国藩曾说:"君子藏器于身,待机而动。"也就是说,即使君子有才华,也不要急着显露,应该等待合适的机会再展示出来,平时应该做到真人不露相。出类拔萃的人都产生于普通人之中,真正有才学的人不会刻意地去引起别人的注意和议论从而博取名声,而是为人谦逊,对于许多东西虽心知肚明,却不露痕迹,在关键时刻才会显示自己的本色。

现实生活中,许多身怀绝技的人都显得谦虚谨慎,把自己的才华隐藏得非常严密。有些人喜欢卖弄才华,不懂得收敛锋芒,结果招惹了一身麻烦,不但机遇没抓到,反而惹得一身不是,这就是不知道"成大事者要懂得深藏不露"的道理。

有句话说得好,"真人不露相,"才智越高的人,学习越刻苦,见闻越广博,越谦虚谨慎,从不炫耀和显示自己,而是会默默地寻求发展机会,在某种程度上说,别人不容易观察你,你却容易观察到别人,并且会根据情况制订自己的计划。在现实生活中,这是一种制胜的策略,尤其是对于身居高位的人,更应该注意这一点的修炼,有时过分显露自己的才学不仅会遭人讨厌,而且还会影响自己的发展,收住自己的性子与小聪明,做一个不轻易露相的真人,才是真正的大智慧。有些人以为自己很出色,结果却往往在"真人"面前贻笑大方。

春秋战国时期,有一位贵族公子,特别喜好琴艺,因此表现得很自负。一次,他外出旅游,在一座寺庙前,他看到一个道人在闭目打坐,身旁的布袋口露出古

琴一角。

他觉得有些好奇，于是走过去问道："难道道长也会弹琴？"

此时，道人微睁双目，语气十分谦恭地回答说："略知一二，正想找个好师傅呢。"

"那就让我来试一试，看能够做你的师傅不？"这位公子一听有人要拜师，就毫不客气地说。

道人拿出琴递给这位公子，他接过琴，随便地拨弄了一首。道人微微一笑，没有说话。这位公子见道人没有表态，便使出生平所学，又弹了一首，道人仍默然。

公子生气地说："你为何不说话，难道是我弹得不好吗？"

道人依然语气谦和地说："你弹得还可以，但你不是我想拜的师傅。"

富家公子终于沉不住气了，他对道人说："既然这样，不妨让我见识一下你的琴艺。"

道人并没有说话，他拿过琴便开始弹奏，他的手指娴熟而轻巧，琴声如流水淙淙，又如晚风轻拂，公子听得如痴如醉，一曲终了许久，他才如梦初醒，道人琴艺极高，却真人不露相，感慨万千之后，立即向道人行起了大礼，拜请为师。

有句话叫"真人不露相，露相非真人"，生活中，往往那些喜欢出风头、喜欢炫耀自己的人其实并不一定具有非常出众的才华，或者只是卖弄而已，为了得到他人的认可与关注，或者赢得他人的尊重与仰慕，这些人大都爱慕虚荣。而那些真正有才学的人却表现得像普通人一样，不仅穿衣打扮上不去刻意张扬，在为人处世方面，也表现得平易近人。这种人积蓄自己的力量，将才华用到大事上，从而做出一番事业。

"是金子总是要发光的"，在熙来攘往的世界，如果轻易地暴露自己的真相，不但表明你的素养不够，有时还会自毁前程。人生就是这样，当志得意满时，不可趾高气扬、目空一切，否则可能会被当做靶子使。无论具有多么出众的才智，一定不要把自己看得太了不起，不要把自己看得太重要，掩饰起自己的才华，待适当的时候再一鸣惊人。所以，所谓真人不露相，只是未到露相的时机。在那些一旦施展才华就能够一举成名的机会面前，千万不能吝惜，要把所有的技能展现出来，使自己脱颖而出。

锋芒太露易招他人嫉妒

弯腰哲学

聪明是一笔财富，关键在于你怎么去使用。真正聪明的、真正有智慧的人是会使用自己的聪明和智慧的。古今中外都是如此，你若不露锋芒，可能得不到他人赏识；你若太露锋芒，却又很容易遭到损毁。所以，一定要把握好"露"与"藏"的尺度和分寸。

鹰立如睡，虎行似病，正是它攫人噬人之手段。故君子要聪明不露、才华不逞，才有肩鸿任钜的力量。这句话的意思是说，雄鹰站立的样子好像睡着了，老虎行走时懒散无力仿佛生了大病，实际上这正是它们取食吃人的高明手段。所以真正聪明的人要做到不炫耀、不显露才华，这样才有能力干大业、做大事。从古到今，似乎有才华的人都不容易被重用，但事实上，错不在"才华"，而是在不知道掩饰自我的光芒。树大招风，这个道理人人都懂。有进取心是件好事，所谓"不想当将军的士兵，不是好士兵。"可是这种心应该做到朴素出场，不可太露。

诸葛亮的故事，从小到大，我们听过太多太多。可是既然诸葛亮如此聪明，那么其基因一定好得不得了，就算无子嗣，其兄弟姐妹或是后辈也应该是出类拔萃之辈，但是为何却从未听闻过他们的传奇故事呢？现在我们来说说三国晚期的诸葛恪，他是诸葛亮的兄长诸葛瑾的儿子、名门之后，家教严格，他在很小的时候就展现出了才思敏捷、天赋过人的特质，大家都认为他的才能超过了其父诸葛瑾。不过，诸葛瑾不为有这么一个好儿子感到高兴，反而觉得诸葛恪会给家族带来不幸。为什么呢？诸葛瑾说："恪性格急躁、刚愎自用，而且太喜欢表现自己，锋芒过于外露,终将引来祸端。"果不出父亲所料,诸葛恪长大掌权后,独断专行、以才压人,认为自己什么都最好,目中无人,最终引起众怒,被大臣们设计害死,连家族也遭到诛灭。

有的时候聪明和愚笨仿佛真的是没有什么明显的界限的。真聪明多,可能仅仅是不张扬的行事方法吧?一个人的能力再强,也会有他不如人之处,如若不想让他人抓住自己的小辫子狠狠地受打击,最重要的可能就是要学会低调为人、俯首做事,别把自己挂在高处当靶子。这样一来,没有过多的人有兴趣去寻找你的弱点,你的弱点也自然不算弱了。最怕的就是自己并不是完人却硬要把自己高估成完人,直到最后体无完肤之时才懂得"强出头"是很傻的炫耀之术。

韩信,历史上有名的自大之徒。有一次,他的主子刘邦曾经问他:"你看我能带多少兵?"韩信略带轻视地说:"陛下带兵最多也不能超过10万。"刘邦有些不悦,接着又问:"那么你又能带多少兵呢?"韩信轻轻一笑,说:"我是多多益善。"刘邦不再言语,脸上却已经乌云密布。再后来,韩信逐渐失去了刘邦对他的信任,最后因他不满于刘邦对他的处置,而最终走上了死亡之路。

在主子面前还要耀武扬威,不知收敛。这是聪明还是笨?人们常说:"真人不露相,露相不真人。"才华虽然是一个人成功的基础,可是上天给予的并不是叫你把它当成1000克拉的大钻戒四处炫耀,而是需要你伏着、积累着,等待时机而后一鸣惊人。相反,如果你定要四处显摆,即使没有人害你、利用你,你也不会有更大的成就。因为这种表现已经把自己的发展空间无形地缩小了,而你伤害的那些人,要么就是招了嫉恨,要么就是伤了他人的自尊,给别人留下的痛都不是能轻易消失的,即使你现在已经位居一定高位了,前途和事业也是危险的,因为有很多人都在等待着拉你下马的机会。收其光、敛其芒,从现在做起并不晚!

承载寂寞，忍耐苦痛
——弯腰是一种坚忍

人的力量如大千世界的一粒微尘，倘若不能以静制动，不能耐住寂寞，必会白白耗费精力，一事无成。像鲁迅笔下描叙的"一群麻木的看客，仿佛一群鸭子，被一只无形的手提着脖子"，此类人物，当然耐不住寂寞，扎在热闹堆里，活灵活现勾勒出麻木空虚且没出息的形象。在这样一群看客中，是没有真正务正业的人的。

只有耐得住寂寞，才能干一番真正的事业，才能成就大事。

在无人问津的寂寞中坚守自己的梦想

弯腰哲学

要真正享受快乐,就一定要耐得住寂寞,这是一种可贵的沉稳风范,是一个人淡泊明志的修养,更是我们追寻梦想的关键。

也许,很少有人能具体地说清寂寞到底是什么,但它却从来不曾消失过,反而如影随形,存在于每个人的心中。

有时,寂寞是一种考验。是否耐得住寂寞,是对坚守的考验:有的人能够守住精神的底线,有的人却成了道德的叛徒。同时,也是对修炼的考验:有的人面对诱惑,从容镇静,能够参悟人生的真谛,有的人却被生活所控,跌到地狱的深渊。

耐得住寂寞不一定都能通向成功,但所有的成功必来自与寂寞奋争的过程。可以说,耐得住寂寞是生命真正成熟的重要标志之一,因为这需要一种对人生高尚的信念,对梦想强烈的追求,以及坚韧的持守力和意志力。唯有此,人生才会终有所成。

李时珍的家族世代从医,世代长者都是远近闻名的"铃医"。李时珍的父亲李言闻是当地的名医。在当时社会中,民间医生的地位很低,李家常受官绅的欺侮。因此,父亲决定让二儿子李时珍读书应考,以便一朝功成,出人头地。

李时珍自小体弱多病,然而性格刚直纯真,对空洞乏味的八股文不屑一顾。自14岁中了秀才后,又3次到武昌考举人,均名落孙山。于是,他放弃了科举做官的打算,专心学医,并向父亲表明决心:"身如逆流船,心比铁石坚。望父全儿志,至死不怕难。"

弯腰是一种智慧

李言闻被儿子的坚诚所打动,终于同意了李时珍的要求,并精心加以辅导。在父亲的启示下,李时珍认识到"读万卷书"固然重要,但"行万里路"更不可少。于是,他穿上草鞋,背起药筐,在徒弟庞宪、儿子建元的伴随下,远涉深山旷野,足迹遍及河南、河北、江苏、安徽、江西、湖北等广大地区,以及牛首山、摄山(古称摄山,今栖霞山)、茅山、太和山等名山大川。

他深入实地进行调查,遍访名医宿儒。每到一地,就虚心向各种人物请教,其中不乏有采药的、种田的、捕鱼的、砍柴的、打猎的。其中,连《神农本草经》都说不明白的"芸苔",就是在一位种菜老者的指点下,经过察看实物而得知:芸苔实际上就是油菜,头一年下种,第二年开花,种子可以榨油,于是,这种药物便在他的《本草纲目》中一清二楚地解释出来。

如此种种,李时珍既"搜罗百氏",又"采访四方",搜求民间验方,观察并收集药物标本。经过长期的实地调查,他搞清了许多药物存在的疑难问题,终于在万历戊寅年(公元1578年),完成了《本草纲目》的编写工作,先后历时27年。

《本草纲目》全书约有190万字、52卷、载药1892种、新增药物374种、载方10000多个、附图1000多幅,成了我国药物学的空前巨著。其中纠正前人错误甚多,在动植物分类学等许多方面有突出成就,并对其他有关学科(生物学、化学、矿物学、地质学、天文学等等)也做出不小的贡献。达尔文称赞它是"中国古代的百科全书"。

由此可见,寂寞不是百无聊赖、无所事事,也不是散漫与停滞,更不是所谓的孤独或寂灭。真正的寂寞是一种不凑热闹、不赶时髦、不追风潮的生活境况和生存方式。只有沉得住气的人,才能收获冷静和智慧,不为浮躁世俗所左右,在充足的思考空间中沉淀、积蓄而后发。

人生不需要急于去发布任何宣言,关键是要诚实而又慷慨地抛洒汗水。特别是在他人与环境对自己尚不理解的情况下,尚能保持住一颗沉稳而平和的心,这便是甘于寂寞的超凡风度。"十年寒窗无人问,一举成名天下知。"这句话正是表现了寂寞与成功的关系。大凡最终达到成功彼岸的人,大都因为他们能够在无人问津的寂寞中坚守着自己心中的梦想。

相比于家喻户晓的名作《围城》,钱钟书先生的《管锥编》似乎并没有引起十分热烈的关注。而更值得我们注意的是,《管锥编》的写作环境正好恰切地反映了钱老为人淡泊、寂寞治学的品格。

《管锥编》是一篇体大思精、享名于世的笔记体学术巨著。在本书中,钱先生对《周易》、《毛诗》、《左传》、《史记》、《太平广记》、《老子》、《列子》、《焦氏易林》、《楚辞》以及全上古三代、秦汉三国六朝文等古代典籍进行了详尽而缜密的考疏,范围由先秦迄于唐前,涉及音韵、训诂、经义、比较文化等多门学科。

1969—1972年,整整3年的时间里,钱钟书老先生不以物喜,不以己悲,在默默无闻的状态下,一字一句地写成了《管锥编》。

千万个普通人,没有人保证将来一定会成功,而他们的选择是:耐住寂寞。寂寞不是消极厌世、颓唐沮丧,而是对追名逐利、浮躁骄矜的一种睥睨,是对市侩俗气、纸醉金迷的一种鄙视,是在宁静淡泊、耿介拔俗中默默耕耘的一种精神境界。

正因为这样,那些耐得住寂寞的人常有着广阔的心灵世界,有自己理想的绿洲和希冀的花朵,更有一颗赤子之心和乐于奉献的情怀。在寂寞中,他们不但默默耕耘,还凭借一己良知和理性,严格地塑造、鞭策并完善自我。如此,人生才不会肤浅,其精彩方才体现。

在沉稳中磨炼身心

> **弯腰哲学**
>
> 耐跑的马脱颖而出,坚持的人笑到最后。十年磨一剑,是一种把控的能力,是认准目标、坚定步伐的毅力,是排除忧扰、甘于寂寞的心态,更重要的是,它是沉而后发、成就人生的一种智慧。

"十年磨一剑",可见此剑凝聚了剑客多年心力,非同一般。"霜刃未曾试",可知剑刃寒光闪烁、锋利无比,却从未一试。虽说"未曾试",而跃跃欲试之意已流于言外。这是一种泰然自若的心态、一种有志竟成的气度,更是一种成就大器的智慧。

然而在如今的快餐时代，很多人都会以社会过于浮躁为借口，有意无意地趋向于急功近利。可是，没有这"磨"的精神，在充满崎岖的人生之路上，又怎能坚定不移地朝着那个既定目标走下去？只有这种"磨"，才能体现出一种人生价值，闪烁出一种人格光辉。

有人说，用十年磨一剑，这时间太长了，是浪费青春、荒芜生命。可是，它并非无谓的等待，更有别于怯懦的忍耐。因为，后者只是为了生存，或是为了安逸地变相逃避，长期的磨砺，是为了实现宏大目标的积淀。只有塌下心、沉住气，才能厚积薄发。

三国时期的司马懿是在曹操赤壁之败后投靠他的，这恰好抓住了曹操大败后求贤若渴的机会。但曹操生性谨慎，看得出司马懿胸怀大志，就故意不近身委以重任，而叫他辅佐曹冲。这时司马懿没有选择离去，而是尽心尽力地留在曹冲身边。

在宫廷斗争中，曹冲死于非命，曹操又命他另侍新主。但这时曹丕、曹植、曹彰等前景未明，于是他继续选择了隐忍，为曹冲守灵3年。数年之久，待曹丕前景明朗后，他才重出江湖，加以辅之。

在朝中，曹氏家族一直对他打击中伤，令他几次三番被贬，甚至有性命之危，但他凭借自身的智慧和坚韧挺了过来，最终奠定了司马家族在魏国的地位，篡得政权。

综观三国，英雄辈出，像蜀国的诸葛亮、关羽、张飞、赵云，吴国的周瑜、孙乾、陆逊等等。但司马懿性格坚韧、不露锋芒。他的隐忍并非无意的等待，纵然在被重臣排挤、不得大势的险恶情况下也能求得自保。因为他时刻不忘自己的抱负，为了终有一日的"薄发"而"厚积"。十年磨一剑，剑一出鞘就能君临天下。

我们练不出关、张、赵的武艺，也没有刘备的皇室血统，更不能达到诸葛亮的神机妙算，但我们可以修炼出司马懿坚韧隐忍的品质。

古今中外，但凡成就大事者，很多情况下都不能大急大躁，而应有足够的耐心等待机会和创造机会——这就是李嘉诚成就辉煌事业的重要法宝。在兴建第一个大型屋村——黄埔花园屋村的项目上，他就是运用"十年磨一剑"的精神，以其惊人的耐力获得成功的。

1981年,李嘉诚就准备推出这一宏伟计划。

黄埔花园所用地盘是黄埔船坞旧址,按港府条例,工业用地改为住宅的商业办公楼用地,应当补交地皮差价。而当时正好是地产狂热的阶段,按协议的价格,需补地价28亿港元。权衡之下,李嘉诚不得不暂缓实施了此项计划。

1983年,香港地产业出现低潮,李嘉诚立即抓住大好时机,与港府进行谈判。结果他仅用3.9亿港元就获得了商业住宅的开发权。这样,李嘉诚就大大降低了开发成本,屋村的每平方英尺成本不及百元。屋村计划尚未实施,李嘉诚就赢取了一笔可观的数目。

1984年9月,中英关于香港问题的联合声明在北京签订。香港前景骤然明朗,恒生指数回升,房地产界又大显神威。因此,1984年年底,李嘉诚领导的"和黄"共投资数十亿港元兴建黄埔花园屋村。这样宏伟的屋村工程在香港地产业史上是前所未有的,即使在世界范围,它也足可称雄。

据行家估计,整个项目完成以后,李嘉诚及和黄集团能获利60亿港元。如此高的回报,实属罕见。地产低潮补地价、地产转旺大兴土木、地产高潮出租楼宇,这就是李嘉诚在香港地产界立于不败之地的秘密所在。

在香港,地盘是商业发展的先锋。兴建大型屋村最关键的困难,在于获得整幅的大面积地皮。为此,李嘉诚总是胸怀全局,整天冥思苦想。1985年,李嘉诚收购港灯,其实他"醉翁之意不在酒",他在意的是港灯的地盘。

港灯的一家发电厂位于港岛南岸,与之毗邻的是蚬壳石油公司油库,蚬壳另有一座油库在新界观塘茶果岭。李嘉诚收购港灯后,想方设法将电厂迁往南丫岛。

这样,在李嘉诚的运筹帷幄下,他获得了两处可用于发展大型屋村的地盘。

1988年1月,全系长实、和黄、港灯、嘉宏四公司,向联合船坞公司购入茶果岭油库后,即宣布兴建两座大型屋村,并以8亿港元收购太古在该项计划中所占的权益。这样,李嘉诚又获得了两大屋村。

两大屋村最后赢利100多亿港元。

丽港城、海怡半岛两大屋村也是如此,对它们的构想萌动于1978年李嘉诚着手收购和黄之时。之后,经过他长期耐心地等待时机、用心策划,在1985年收购港灯,使其构想向前迈了一大步,1988年方才全面推出计划。

李嘉诚是名副其实的"十年磨一剑"。因此,人们在称道"超人"过人的胆识与气魄之时,又不得不佩服他坚持不懈的耐心。

那些成功的人之所以能成功,并不是他们有与生俱来的天分,而是因为他们有志气,更重要的是能够调整自己的心态,在沉稳中磨炼身心。无论何时,遇到怎样的困难,成功者都能为了实现某种目标而采取"磨"的手段,他们具备超凡的忍耐力,总能坦然面对生活中的各种磨难,从而最终走出困境。

成功是"熬"出来的

弯腰哲学

> 从忍受煎熬到享受煎熬的过程,就完成了一个成大事者历经磨砺,进而蜕变腾飞的华彩转身。只有熬得住苦难的沉重,爆发时才能撑得起未来的辉煌。

人生本身就是一种修炼的过程,这种修炼就是一种"熬",煎药般的"熬"、煲汤似的"熬"。璞要经过工匠的千雕万凿,才能成为价值连城的美玉;蛹要经过痛苦的4次蜕皮,才能变成翩翩起舞的飞蝶。渴望成功就不要畏惧"熬"的艰辛。李时珍撰写医药典籍,历时27年,访遍名山大川,尝遍百花野草,终于著成《本草纲目》,造福后代。司马迁为给后人留下公平的历史记载,忍辱负重,煎熬10年,终成《史记》,为后人研究古代历史提供了最详尽的史料。如此,我们可以看出,每一个成功者无不具备坚强不屈、百折不挠的心志,才能熬得住艰辛、挺得起人生。

新东方创始人俞敏洪说:"伟大是熬出来的。别人需要5年做的事,我做10年;别人做10年的事,我做20年。坚持下来,即便不成功,也无悔了。"

"熬"的过程可以增强我们的心智,练就忍耐、沉稳与坚韧。在收获平和心态的同时,我们便会逐渐经得住折腾、担得起风浪。苦尽甘来的感觉很珍贵,就像老酒,经过长时间的酝酿才能历久弥香。一个"熬"了20年的人,会有怎样的结果呢?来看看石悦的故事就知道了。

凭着一种"熬"的韧性,20年来潜心做了一件事,终于让五湖四海的人们几乎在一夜之间承认了他——轰动网络的历史小说《明朝那些事儿》的作者,石悦。

成名之前,石悦是一个再普通不过的人:出生在平凡百姓家,性格偏内向;从上学以后成绩一直都是不好也不坏,没有任何特长,一直被老师、同学视为资质平平的男孩儿。

石悦唯一与众不同的,就是对历史的痴迷。还在上小学时,当别的男孩子整天拿着变形金刚、仿真手枪玩得不亦乐乎的时候,石悦却对历史故事情有独钟。一套《上下五千年》,是他童年、少年时形影相随的"好伙伴"。进入大学,许多同学谈恋爱、玩网游,而石悦仍然将自己的课余时间全都交给了史书。只要一有空,他就会一头扎进图书馆,如饥似渴地阅读着一本又一本厚厚的历史丛书。

大学毕业后,石悦考取了公务员,他依旧躲进史书中与各朝各代的历史人物交友为伴。石悦成了众人眼中的另类,甚至被大家认为有点儿孤僻。

在实际生活中,他不抽烟不喝酒、不打麻将不泡吧,也不爱交朋友,一点儿都不像"80后"的年轻人。下班后,基本上没有任何休闲活动与社交应酬,常常将自己关在狭小的房间里,独自沉浸在那些刀光剑影、富贵浮云的汗青往事中,或者奋笔疾书地记录着一些有趣的历史故事。

直至有一天,一个题目叫《明朝那些事儿》的汗青小说帖,在天涯论坛、新浪网站风起云涌,深受网友追捧,每月的阅读点击率超过百万。当很多出版商赶赴石悦的单位争相要和他签订出版合约时,大家方才发觉这个平时毫不起眼、有点木讷内向的青年就是目前网络中大名鼎鼎的当红笔者"当年明月"。

后来,有媒体记者向石悦讨取成功经验时,他调侃地说道:"比我有才华的人,没有我努力;比我努力的人,没有我有才华;既比我有才华、又比我努力的人,没有我能熬!"

这话回答得何等恰切!石悦的成功确实是熬出来的,正因为他20年如一日地潜心"煎熬",才会换来今天的辉煌成就。

真正潜心做事之人都有体会:成功是"熬"出来的。所谓"熬",就是一个磨炼心性、平肝潜阳、气沉丹田、聚精会神做一件事的过程和态度。一个"熬"字,显示出多少时光岁月流转、多少点滴琐碎。"熬"字就是"难"字、就是"慢"字、就是"痛"字、就是"忍"字。明白了这些转换,才能体会"熬"的无尽内涵。这种"熬"的结果,即便不成功,也诠释了最好的自己。

耐心等待成功的到来

弯腰哲学

> 因为站得高,所以不骄;因为看得远,所以不燥。我们不当莽夫,更不能成为懦夫。花开自有时。当我们面对人生的难题,无须冲动盲目,无须心灰意冷。只要沉心静气地"厚积",终能等到"薄发"的一天。

在生活、工作中,很多人常常会期待凡事能一步到位,当然这仅仅是一种美好的愿望而已。比如,电脑的配置不能一步到位,家电的选择不能一步到位,科技的更新不能一步到位,产品的换代也无法一步到位——天下有成之事都不可能一蹴而就。

历史的经验告诉我们:要成为强者,除了要有坚定的意志,更要拥有一种善于等待时机的心智。楚庄王昏隐3年,越王勾践忍辱也3年。每一个成功者大都有一段低沉苦闷的日子,我们甚至可以想象他们为了基本生存而去挣扎时的窘迫。然而终究一鸣惊人,终究"三千越甲可吞吴",这是胸怀坚忍的结果,更是善于等待的回报。

一鸣惊人的人,肯定是默默无闻地经历过一个相当长的时期;豁然开朗的境界,必然要经过一段昏暗狭窄的路程;领略无限的风光,也一定是通过一番艰辛的攀登之后。

等待并不是静止不动,而是一旦要动,就是一跃千里。等待时机,是怎样的时机?是天时之机、是地利之机、是人和之机。等待时机,体现了一个人深谋远虑的大智。

三国时期的诸葛亮,隐于山林数十年,他是真正如陶潜般陶醉于田园吗?显然不是,他是在等待时机,等待一个可遇而不可求的机会。虽身居山林,却早已将世间姿态尽收眼底,终究等来了"三顾茅庐"的明君。

诸葛亮3岁丧母,8岁丧父,与姐弟一起跟随由袁术任命为豫章太守的叔父诸葛玄,到豫章赴任。而不久后,东汉朝廷派朱皓取代了诸葛玄之职,其叔无奈遂又去投奔故交荆州牧刘表。

建安二年(公元197年),诸葛玄病逝。诸葛亮和姐弟失去了生活依靠,便移居南阳。17岁的诸葛亮与友人徐庶等从师于水镜先生司马徽。但看到刘表昏庸无能,并非命世之主,于是结庐南阳卧龙岗隐居,被人称为"卧龙先生"。

这一隐,就是10年。其间,他广交江南名士,"每自比于管仲、乐毅",爱唱《梁父吟》,结交庞德公、庞统、司马徽、黄承彦、石广元、崔州平、徐庶等名士。其智谋为大家所公认,有匡天下之志。他密切注意时局的发展,故对天下形势了如指掌。

终于在建安十二年(公元207年),诸葛亮27岁时,刘备三顾茅庐,得见诸葛亮,问一统天下之计。诸葛亮精辟地分析了当时的形势,提出了首先夺取荆、益作为根据地,对内改革政治,对外联合孙权;南抚夷越,西和诸戎,等待时机,两路出兵北伐,从而统一全国的战略思想,这次谈话即是著名的"隆中对"。

刘备听了诸葛亮一番精辟透彻的分析,思想豁然开朗,深感诸葛亮是难得的人才,于是恳切地拜请出山。至此,诸葛亮终遇明主,结束了"卧龙十年"的隐居生活,后辅佐刘备匡扶天下,终成帝业。

在我们的生活中,不动声色地等待时机是一种成熟的表现。当我们能力不足、基础不稳时,应努力"蓄势",就像燕子衔泥般地积累。当一只小鹰羽翼未丰时,它一次次飞向矮墙,是在为有朝一日搏击长空而练习;一旦羽翼丰满,定会一飞冲天、振翅翱翔。

《红楼梦》中的贾雨村说:"玉在椟中求善价,钗于奁内待时飞。"他是想借此表达不甘于济济无名的现状,总有一日要飞黄腾达的豪情壮志。我们心怀一个目标,就要想方设法去达到。当遭遇困境无计可施时,就不要再一味鲁莽向前。不妨暂停下来,养精蓄锐也好,韬光养晦也罢,沉下心来看清前后的道路,莫让浮云遮望眼,静待时机的到来。

等待不是消极,更不是怯懦。等待时机的来临,并紧紧抓住,就是为成功而奠基。

在地中海东岸的沙漠中,生长着一种蒲公英。

它并不是按季节来舒展自己生命的,如果没有雨,它们一生一世都不开花。

但是只要有一场雨,无论何时落下,哪怕雨量再小、时机再短,它们都会抓住这一难得的机会,迅速张开自己的花瓣,并抢在雨水被蒸发干之前,做完受孕、结籽、传播等所有的事情。

有时,我们的处境就如同沙漠里的蒲公英,转瞬即逝的机会就是沙漠里珍贵而又稀少的雨滴。只有在每一个干旱恶劣的日子里默默积累力量,才能在得来不易的甘霖中舒展生命。

种子因为努力和等待日益成长,而我们每一个人也只有经过努力并学会等待时机,才能更接近成功。

别倒在成功的终点前

弯腰哲学

拿破仑·希尔说:"幸运之神要赠给你成功的冠冕之前,往往会用逆境来严峻地考验你,看看你的耐力与勇气是否足够。"无论做任何事情,都要沉住气、坚持到最后,否则,虽然只差一点,也等于从零开始。

Jack 集结身体全部的热量,最后颤抖地说:

"答应我活下去。不管发生什么,都要活下去。永远不放弃。"

Rose 趴在仅能容下一人的木板上,忍住巨大的悲伤回应他:

"我答应,永远不放弃……"

这是电影《泰坦尼克号》中最经典的一组对白,最终Rose获救。

当Jack冻死在海洋里时,Rose悲痛欲绝。可她没有放弃,是Jack的生命以及他对爱情的执著与奉献,使Rose决心活下去。

当救生艇第一次开始在海洋上进行搜救而没有发现他们,继而远去的时候,许多同时落水而本来还在挣扎的人们放弃了他们最后的一点希望。但Rose仍然没有倒下,她相信救生艇一定会回来的,求生的成功已离自己不远了。

当救生艇的探照灯再一次照亮Rose眼前的一片海面时,她用尽最后一点气力吹响了哨子——Rose成功获救了。

其实,在救生艇第一次搜救而又远离时,就已经是成功之前的序曲了。除了Rose,其他人都在那一刻倒下了——而他们也就永远地放弃了生的希望,之前所有漫长的等待与坚持都没有了丝毫的意义。而Rose却挺住了,挺到了最后成功的终点。

当我们在为心中的目标而努力时,其实很多时候是看不到自己离成功还有多远的。有些人拼搏了一阵而仍然看不到希望,他们便开始产生怀疑,开始垂头丧气,渐渐地发展成越来越强烈的绝望,直至放弃了努力。

然而殊不知,也许就在放弃努力的那时那地,成功已经离你很近了,只要再向前走几步,便能拨开乌云见晴日了。但就是因为没有坚持到最后一刻而放弃,也就永远与阳光无缘了。我们常常遇到的挫折,其实都只是一种考验。既然生命还没有对你说"不",你又何必未战先降呢?在这里,信念很重要,只要坚定,并为之付出持之以恒的努力,就没有实现不了的理想。

然而另一方面,倒在了终点前也未必都因为信念不坚定,是麻痹大意让之前所有的努力都前功尽弃。古希腊一个凄美的神话故事就足可以说明这一点。

太阳神阿波罗和掌管文艺的缪斯女神卡利俄帕的儿子俄耳甫斯有一副优美的歌喉和一把漂亮的七弦琴,他的弹唱能使岩石落泪,使流水止步。

俄耳甫斯娶了一位美丽的仙女,叫欧律狄克,他们生活得幸福美满。可惜好景不长,妻子在林中游玩时,不幸被毒蛇咬伤而死。

俄耳甫斯悲痛欲绝,于是下到地府,决心把妻子救回来。他拨动着七弦琴,借助歌声向冥王倾诉自己对妻子至死不渝的爱情。备受感动的冥王终于同意让他携妻子重返人间，但条件是他在走出地府之前，都不能畏惧艰险和为情所动，更不能回头看妻子一眼。

俄耳甫斯高兴地答应了这个条件，随即带着自己心爱的人踏上重返人间的道路。他俩历尽艰辛，终于到达了只要再跨上一步就可重返人间的关口。

这时，颇为得意的俄耳甫斯居然忘记了冥王的告诫，深情地回眸看了一眼妻子，欧律狄克因此项刻间便魂飞魄散，只匆匆留下了一句："永别了，亲爱的！"

俄耳甫斯从此郁郁寡欢，4年之后依旧孑然一身。其间无数美女向他求爱，都被他婉言谢绝了。因爱生恨的美女们于是在一次聚会上杀死了他，并将尸体撕成碎块，扔进了波涛汹涌的希伯伦河中。

后来，此事为天神宙斯所知。宙斯怜悯俄耳甫斯这位天才歌手的惨死，于是将其最心爱的那把七弦琴置于星空中，变成了我们现在所看到的天琴座。

俄耳甫斯并不缺少坚韧的信念，也不是没有付出艰辛的努力，但只因其缺乏足够的恒心和毅力而功亏一篑。

我们常常会在前进的路上遇到各种艰难困阻，但任何时候，都不能松懈、麻痹和动摇。正所谓"行百里者半九十"，越接近终点就越难走好。这就告诫我们，做事情要持之以恒、善始善终，愈接近成功就愈要认真对待。哪怕走了99里，剩下最后一里没有走完，也算没有成功。如果坚持不到终点，就会失去差不多全部的意义。

得意之时要低调，失意之时要坚强

弯腰哲学

在牢记"无限风光在险峰"的同时，我们更不要忘记"高处不胜寒"。人生得意时，一定要在内心给自己划一道警戒线，哪些是可以逾越的，哪些是不能触碰的。

从历史的进程中可以看出，我们自古就讲究中庸之道，这个词几乎涵盖了整个儒家文化。不过分地偏左，也不过分地偏右，尽可能保持在中间位置。这个理念如果用在为人处世上，那就是得意的时候要低调，居安而思危；失意的时候要坚强，不能一蹶不振。

失意的问题往往比较好解决。朋友、家人都会在这个时候出现，加油鼓气的话多少会起到一定的作用，因为这个时候的人是脆弱的，能听得进劝。而得意的问题往往很难解决。俗话说：一人得道，鸡犬升天。朋友、家人因为你的得意，高兴还来不及呢，谁会在这个时候泼凉水呢？

得意的人会自觉不自觉地膨胀、自我放大，就像一把开了刃的尖刀。好像没有什么困难能难倒他，没有什么问题他解决不了。殊不知这把尖刀随时可能伤害他最亲近的人，也随时可能受到意外的打击。因为它的锋利，所以它才脆弱，折断可能只是瞬间的事。

明朝有个人叫沈万三，是当时的"全国首富"。他家有田产上万顷，而且在四路八乡的城镇开设有许多的店铺。对于他的商业才能，余秋雨先生有过一句评价：中国14世纪杰出的理财大师。

沈万三太有钱了,就连当时的首都南京城,有一半都是他修筑的。朱元璋定都南京后,准备重修都城。可是由于连年的战乱,造成国库十分空虚,皇帝确实是没有那么多钱,只好向几个大户借钱。财大气粗的沈万三当仁不让,主动表示承担一半的钱粮开销。

商人出身的沈万三自然有他的道理,自己这次出了大钱,而且是帮皇上的忙,这个功劳还小吗?如果靠上皇帝这棵大树,名利双收指日可待。

沈万三的自我感觉好极了,得意之情溢于言表。当今皇上都得靠我接济,这是何等荣耀啊!他与皇帝的工程同时开工,结果沈万三先于皇帝完工,本来对沈万三不满的朱元璋就更不高兴了。

修筑首都3年之后,沈万三觉得"不过瘾",又申请由自己"掏腰包"犒赏三军。全国军队每人银子一两,总共近百万两。看到这种情况,朱元璋更难受了,他本来就出身贫苦,再加上心胸狭窄,终于由妒而恨:"匹夫犒天子之军,乱民也,宜诛之,"从那时起,朱元璋下令收他重税每亩九斗三升,相当于亩产的一半多。

沈万三认为,自己是修建首都的头号功臣,而且还给大明的军队花了那么多钱,皇帝怎么也得向我这个"土财主"表示一下谢意。可是他忘了那句话:功高盖主。大明朝是人家朱元璋的,姓朱不姓沈,朱皇帝哪里容得下你沈万三这样普度众生的"活菩萨"?

朱元璋看到沈万三比自己还富有,本来就很郁闷。后来又主动发钱犒赏三军,朱元璋不得不开始琢磨:花了那么多钱,会不会是想收买我的天下?就算你有再多的钱,我说句话就能给你安个乱民的罪名,把你的财富变成姓朱的!

朱元璋翻脸了,要不是马皇后求情,沈万三真要人头落地,最后还是发配云南,没收亿万家产。

曾经的荣华富贵一下子变成了过眼烟云,一贯养尊处优的他,根本受不了云南的凄凉清苦。身体上的折磨还是次要的,心理上的痛苦才让他不能承受,自己为了大明朝出了那么多的财力,最后却落得这样的下场,太窝囊了,不出3年,沈万三就在愤懑抑郁中死去了。

好事没办好,还惹来了一身祸。这个结果谁都不能怪,只能怪沈万三自己得意忘了形。皇帝缺钱的时候向你开口借,你给的钱比他借的还多;皇帝用来统治天下的军队,你却要上赶着去花钱犒劳。这么夸张的炫耀,这样的盛气凌人,别说是一国之君了,就是普通百姓又有几个能看得过去呢?

相比明朝的全国首富,曾连续13年成为世界首富应该是什么样子呢。他会不会同样不假思索地一掷千金呢?事实上不是的,他不仅为人类社会做出了杰出的贡献,而且,他给财富和财富的拥有者做出了新的定义,他就是比尔·盖茨。

比尔·盖茨出生于美国西海岸西雅图的一个上层家庭,他是一名出色的学生,在高中时就曾断言自己会在25岁时成为亿万富翁。

盖茨的话确实应验了,1975年他创办了微软,微软公司的一系列产品如今已覆盖全世界,只要有个人电脑的地方几乎都有微软的身影。他是人类历史上第一个靠电脑软件积累亿万财富的先行者,也是有史以来最年轻的世界首富,在1996年的时候,他的财产是160亿美元。

生活中的盖茨和普通人没什么两样,他与妻子玫琳达很少去一些豪华的餐馆就餐,有时由于工作的需要,他才不得不光顾一些高级餐厅。通常情况下,他们会选择肯德基或是一些咖啡馆,有时还会一块光顾一些很有特色的小商店。

盖茨在与员工平时相处中,完全不像个有钱人,他不喜欢什么事都与钱挂在一起,有时候出席会议,他会租一辆很普通的汽车前往会场。每次坐飞机,他通常都坐经济舱,没有特殊情况,他是决不会坐头等舱的。在微软,他已经成为每一个员工的榜样,他的作风感染了许多人。所以微软员工的朴素也是很出名的。

盖茨的生活朴素而低调,这并不是因为他吝啬或小气,这些习惯体现了他的价值观和工作作风。他在身体力行的同时,也是在培养员工的艰苦创业精神,这无疑是非常可贵的。

诚然,我们不能要求所有人都像古人所说"无欲则刚",但也并不能如李白所畅言"人生得意须尽欢"。凡事有度,适可而止。"木秀于林,风必摧之"、"枪打出头鸟",这些民谚都是古人留给我们的警示。

到了当今社会,人们的生活品质有了大幅度的提高。很多身居高位的人开始向内敛含蓄的方向转变,得意而不忘形逐渐成为人们处世的准则。这是一种生活技巧,矜持低调、克己奉公、不事张扬,只有懂得这些生活道理并真正做到的人,才能站得更高、走得更远。

在"低就"中积蓄力量

弯腰哲学

没有一条路平整到毫无坑洼,但我们却不能因为坑洼而拒绝前行,只有在坑洼中沉得住气、吸取教训,未来的路才能走得更加宽阔。

尼采曾说:"树之所以能长成参天大树,是因它把根深深地埋入了土里。"大自然赋予了人类太多的象征,大海之所以能广纳百川,不在于其本身的伟大,而是因为它地势的低洼。正所谓"不积跬步,无以至千里;不积小流,无以成江海"。事物发展的规律总是循序渐进的,欲速则不达。所以很多时候,我们需要脚踏实地地去积累,而寄人篱下时又需要积弱图强式地弯腰。

一步登天的情况并非空前绝后,只是凤毛麟角。用当代的话说,那是小概率事件。有目标的忍耐,是忍辱负重;没有目标的忍耐,是苟且偷生。无论出于哪种动机,只要坚持了、努力了,就会形成一种执著的品性,而这种执著反过来会给你提供巨大的能量。就像那压紧的弹簧不是为了永远弯曲在那里,而是为了有朝一日的迸发。

战国时期有这样一个高人,上知天文,下通地理,文韬武略无所不能。这个人收了两个徒弟,师兄是齐国人,少年孤苦,但是聪明过人、为人厚道,拜师学习颇受老师的喜爱。师弟是魏国人,天资学业虽较好,但和师兄比起来就差得很多,而且为人奸猾、善弄权术,又轻易不被察觉。师兄师弟一起学习一起生活,日子一长,两人的差距就越来越明显了,师弟心里很是嫉妒师兄的才能,可在嘴上从未流露过,一再表示将来有了出头之日,一定要举荐师兄,同享富贵。面对同门师弟的好意,心地善良的师兄毫不怀疑。

两人的学业进行了很多年,经过师傅的精心调教,兵法、韬略大有长进。这时,传来了魏惠王招贤纳士的消息。师弟本是魏国人，看到报效国家的机会来了，决定下山应招。临别时，他向师兄保证，此行一旦顺利，马上引荐师兄下山，共同做一番事业。师弟下山后很快就得到了魏王的重用，被拜为军师，指挥魏军东征西杀，屡建奇功，很快就功成名就了，但是始终有一件事让他耿耿于怀，那就是他的师兄。因为在他下山以后，师兄又跟师傅学了3年，而且师兄还有祖传的兵法，若他有一天下山来，便会成为自己的劲敌。

为了防患于未然，师弟思谋良久，忽生一计。他入宫去见魏王，大吹了一通师兄的才能，并自愿修书召他来为魏国出力。于是，魏王大喜，让军师写信请他师兄到魏国共事，并且派了使者带着书信和重金前去相聘。师兄收到书信很是感动，果然欣然而来，想助师弟成就大业。魏王见到这个师兄后认为他才学不凡，想委以重任，便与军师商议。作为军师的师弟当然不希望师兄有机会发挥他的才学，于是推托说师兄虽然学问了得，但是没有半点功劳，不如等有功时再封，以服众心。魏王见他说得有理，就依此而行。

师弟的第一步阴谋得逞了，接着他又施一计，诬陷师兄卖国通敌，魏王信以为真，下令要处斩师兄。这时师弟假意求情，建议将处斩改为大刑，免去师兄一死。于是，师兄双腿的膝盖骨被残忍地挖掉了，成了废人。师弟又假意把残废的师兄接到自己府中，殷勤照顾，并且要求师兄著书立传，将平生所学记录在木简之上，这样才不辜负师傅的授业之恩，师兄答应了。就在他开始写了没多久，一名仆人就看不下去，将实情告诉了他。师兄大吃一惊，他心里非常明白，兵书著成之时，就是自己身首异处之日。

师兄很清楚自己的处境，以残废的身体无法和师弟正面对抗，所以他将计就计，在晚饭时，突然扑倒在地，口吐白沫，昏倒半日后方才清醒，一睁开眼便大哭大闹，将所写的竹书全部投入炉火中，所写之书已尽数化为灰烬。看到师兄突然间疯疯癫癫，师弟自然认为有诈，便命人将其拖入猪圈。师兄随即与猪争食，即使师弟命人端来的酒饭，也被他打翻在地，又去抢猪食吃。师兄就这样整日以猪圈为家，又胡言乱语，时间一长，人们都说他真疯了。就连师弟也信以为真："看来是真疯了。"渐渐地放松了警惕。

师兄就这样日复一日地偷生，终于有一天，齐国大将田忌出使到魏国，见到猪圈里的师兄,非常同情他的遭遇,田忌知道他是难得的人才,于是秘密用车将师兄运到齐国。师兄大难不死,并且回到了自己的祖国,立誓以自己的满腹才学和韬略,寻找时机与"同窗好友"较量,报仇雪恨。

后来,师兄成为齐国的军师,率领齐军在庞陵之战中打败了魏军,杀死了师弟,终于报仇雪恨。从那以后,师兄的才华得以充分的施展,终于成了一代了不起的军事家,他就是孙膑。

大家都知道,这位师兄就是孙膑,中国古代伟大的军事家。孙膑一生不但受到了身体上的折磨,而且遭到同门师弟的迫害,在精神上对他也是不小的打击。在身陷魏国的日子里,孙膑满腹的才学不仅得不到发挥,还有满腔的仇恨无法发泄,甚至连最基本的生存都没有保障,终日朝不保夕。但是他并没有自暴自弃,而决定深藏仇恨,等待时机。睡猪圈、吃猪食,整日地装疯卖傻,这样的磨炼是一般人所不能忍受的。

所谓"扮猪吃虎"讲的就是在强劲的对手面前,"若愚"到像猪一样,表面上百依百顺,嘴边抹上猪油,装出一副为奴为婢的卑恭,消除对方的疑忌。一旦时机成熟,即一举如闪电般地击倒对方。

从古人的成败得失中我们可以看出:任何成功的人都是由低处做起,从小事着手。为完成"高就",就得把重心放低,天天有进步,月月有提升,年年有改变,人生才能有所突破。看看这个年轻人是怎样一步步走向成功的。

美国著名作家马克·吐温曾接到一封刚从学校毕业的年轻人的信。信中说:"我刚刚走出校门,想到美国西部当一名新闻记者。无奈人生地疏,不知马克·吐温先生能否帮忙,替我推荐一份工作?"

马克·吐温回信为这个年轻人设计了求职的"三步骤":"第一步,向报社提出不需要薪水,只是想找到一份工作锻炼自己;第二步,到任后努力去干,默默地做出成绩,然后再提出自己的要求;第三步,一旦成为有经验的业内人士,自然会有更好的职位等着你。"

年轻人认真地按照马克·吐温的"三步骤"去做,结果在职场上不仅得到了"一席之地",而且还获得了他心仪的"好职位"。

起初,不计报酬薪水,可以说是最大程度的"低就"了,但同时,由此获得一个锻炼自己的工作平台,既可以从中获得经验与资历,又可以借此展现自己的能力和才华。因此,对于现在刚刚走入社会的毕业生而言,不要漠视和放弃初始的"低就"。倘若不踏上这个锻炼自己的起点,有岗不上、有业不就、蹉跎岁月,"高成"永远只是可望而不可及的空中楼阁。

懂得在恰当的时候"低就",不是不思进取和沉沦,更非懦弱和畏缩;相反,这在客观上给我们创造了一种机遇,在"低就"中积蓄力量、调整心态、磨炼意志。如此不断地完善自我,"高成"便指日可待。

火到猪头烂，媳妇熬成婆
——弯腰是一种坚守

无论谁的人生，都是一条崎岖之路。这条路充满了艰辛苦难，路上会有太多的荆棘和顽石，有太多的磨难和挫折，人要想坚强地生存下去，就要忍耐。到达成功的过程痛苦而且漫长，但是只要有"磨"的精神，困难就显得微不足道了。

成功全在坚持,功夫全在磨

弯腰哲学

> 如果没有毅力,哪怕是天才,也很难达到胜利的终点;而那些资质平庸的人,也可以凭借恒心,点滴积累,看到成功之日。

"滴水可以穿石,锯绳可以断木。"成功全在坚持,功夫全在磨。这"磨",通常是为了实现某种目标而采取的一种手段。这种"磨",就凸显了一种人生价值,闪烁出一种人格的光辉,它有别于怯懦地忍耐。因为,后者只是为了生存,或者是为了安逸,只是一种动物的本能。而前者是为了实现宏大的目标,在此目标的激励下,别说忍耐,就是付出生命的代价,也在所不惜、不离不弃。

如果没有毅力,哪怕是天才,也很难达到胜利的终点;而那些资质平庸的人,也可以凭借恒心,点滴积累,看到成功之日。愿意坚持的人能笑到最后。很多成功都是等待的结果,很多成功的人都是意志坚韧的人。有句话说得好:只要功夫深,铁杵磨成针。姜子牙就是这样一个能够"磨针"之人,所以他最终为周武王赢得了天下。

西周时期出了一位奇人,他叫姜子牙,也称吕尚、姜尚。西周初年,周文王封他为"太师",并尊之为"师尚父",辅佐文王谋伐商之事。周文王逝世后,周武王继位,姜子牙又辅佐周武王最终灭商。因功封于齐,成为周朝时齐国的始祖,而称"太公望",俗称姜太公。姜子牙是中国历史上最享盛名的政治家、军事家、谋略家,其军事韬略在中国战争史上占有重要地位,对后世用兵有着深远的影响。

相传姜尚的祖上本是贵族,在舜帝时为官,因屡立战功被封在吕地(今河南省南阳),所以又称吕尚。后来家道中落,至姜尚时,家境已经败落,沦为贫民。

无奈之下，姜子牙去商都朝歌投奔一个叫宋异人的结义仁兄。宋异人是朝歌有名的大财主，收留了姜子牙，还帮他娶了妻室马氏。

为了维持生计，聊补无米之炊，在马氏的催促下，姜子牙尝试着做过各种小生意，但均以失败告终。

姜子牙会一些篾匠活，编了些笊篱拿到朝歌去卖，结果，一天下来一个也没有卖出去。

姜子牙又改做面粉的买卖，挑了一担干面粉走遍了整个朝歌城，也没人买。到了傍晚，正准备回去，突然刮来一阵狂风，把面粉扬上了天，一担面粉被刮得一干二净。

后来，宋异人见姜子牙实在落魄，就让他在自己的一家位处闹市街头的酒店当一天掌柜。于是，姜子牙当日宰好猪羊，蒸好了点心，等待客人上门。也真奇怪，平日顾客盈门的酒店，这日竟然没有一个顾客上门，到了门可罗雀的地步。而且因为天气炎热，猪羊肴馔，被这夏日的暑气一蒸，全都臭了，点心也馊了。一天下来，分文的生意没做成，本钱倒是赔了不少。

于是，宋异人又给了姜子牙50两银子，让他去贩卖牛马猪羊。姜子牙本来不愿意再去折腾，可是转念一想："难道活的牛马猪羊也会臭吗？"就决定再去试试运气。

可是，他的运气也实在太差了，这天一大早，姜子牙就赶了许多猪羊，准备进朝歌城卖，却正赶上朝歌因久旱无雨而政府下了禁令不许屠沽。姜子牙因犯禁例，被守门人逮了个正着，后来，姜子牙虽逃脱了，但他牵来的那些猪羊全被入了官，实在是祸不单行。

不久，马氏由于忍受不了清贫，也离开了姜子牙。

姜子牙虽然屡不得志，但他人穷志不短，始终勤奋刻苦地学习天文地理、军事谋略，不倦地研究和探讨治国安邦之道，期望着有朝一日能够大展宏图，充分施展自己的才华，为国效力。但是，因为迟迟没有遇到识才之人，姜子牙虽有治国平天下的雄才伟略，却始终无用武之地。在极度困窘的境况下，他没有灰心丧气，没有"破罐子破摔"，仍耐心等待时机的到来。

"十年磨一剑"，姜子牙一直在潜心修炼自己。直到暮年，这匹"千里马"才遇到伯乐，也就是当时的西伯侯姬昌。从此，姜子牙有了施展才华的机会。

如果当初姜子牙放弃了努力，在漫长的修炼中，失去了那种"磨"的精神，那么他也就注定平庸一生。古今中外，往往那些大师们都是在日复一日地磨炼中，成就了自己。

外交家波尔沃的道路，就是一个磨炼的过程。

最开始，他从事小说创作，失败了。

而后他从事诗歌创作，结果又失败了。

去演讲，他那稚气未脱的演讲也几乎成了对手的笑柄。

然而，他却顶住了所有的挫折，以顽强的毅力将自己的成功生生地"磨"了出来。他凭借不懈的努力，最终向社会证明了自己的价值，成为了鼎鼎有名的外交家。

无独有偶，牛顿先后15次改写他的《古代国家编年史》；史蒂芬森用了15年的时间来改进他的火车头；瓦特用了20年改进冷凝机；吉本辛勤耕耘20年，才写出了他的《罗马帝国盛衰史》；乔治·班克罗夫特穷尽26年的心血，写出了《美利坚合众国史》；韦伯斯特历时36载，才有了《韦伯斯特大词典》的雏形……所有的这些成功都是大师们磨出来的，换一种说法就是：正是有了这种"十年磨一剑"的精神，有了磨的毅力，人们才由平凡变得伟大。

那些伟大的人之所以伟大，成功的人之所以能成功，并不是他们有与生俱来的天分，而是因为他们有志气，更重要的是他们能够控制自己的情绪，潜心磨炼身心。不管什么时候，遇到怎样的困难，成功者都能忍耐，他们具备超凡的忍耐力，总能笑对生活给他们的各种磨难，从而最终走出困境。

坚持到底就能成功

弯腰哲学

人生之路并非一条坦途，我们时不时地会遇到难以冲破的樊篱。轻易放弃或许会留下悔恨与遗憾；只要有一线希望就坚持到底，成功与机遇会在意想不到中来临。

这个世界上有些人很成功，有些人却很平凡，还有一些人更是平庸。其实，所有的人都不甘于平庸，因为碌碌无为的一生是悲哀的。要想不甘寂寞，那就得有所追求，而追求的过程其实就是战胜自我的过程。做一个成功的人是人人都向往的，但是往往难以达到目标。做一个平凡的、清心寡欲的人，这又是许多人不甘心的。但是很多人既找不到成功，也不愿意平凡，于是碌碌无为一生，最后被社会淘汰。

人生之路并非一条坦途，我们时不时地会遇到难以冲破的樊篱。轻易放弃或许会留下悔恨与遗憾；只要有一线希望就坚持到底，成功与机遇会在意想不到中来临。就像唐玄奘那样，只要有希望就不放弃，最终取得了"真经"。

《西游记》是家喻户晓的神话故事，虽然很多情节和人物都是虚构的，但是唐僧却确有其人。唐僧法名玄奘，通称唐玄奘，唐僧是他的俗称。玄奘出生在诗书之家，幼年受父亲教导，学习经书，十几岁就在洛阳净土寺出家当了和尚，皈依佛门。

玄奘潜心向佛，非常刻苦，为了学习到处奔波。他四处学习佛法，在学习的过程中，感到各家对佛教宗旨的说法都不一样，他想探寻一个究竟，就想到佛教的发源地去拜访名师，于是决定到西域印度去求学，取得真经回来。

时至贞观三年，玄奘从长安出发，经过兰州到达凉州。当时唐朝国力尚不强大，常年与西北突厥人打仗，禁止人们私自出关，防止里通外国。

适时，凉州都督李大亮听说玄奘要西行，没有同意他的请求，强令他返回长安。当地慧威法师敬重玄奘,让小徒弟慧琳、道整两人秘密送玄奘出关。玄奘还买了一匹老马,收了一名叫石桨陀的徒弟,连夜赶路。慧琳、道整两人不能忍受长途跋涉的劳累,很快就回了凉州。

玄奘的徒弟石桨陀在过了玉门关之后,也觉得太辛苦,而且前途未卜,宁死也不愿意再陪师父前行了,玄奘无奈只好一个人赶路。走到玉门关外的第一个哨卡,他想在夜间偷渡,但还是被守卫发现了,差点儿被箭射中。校尉王详同情他,得知他坚决要去印度,就劝他到敦煌修行,但玄奘无论如何都不肯停留,王详也只好让他过了哨卡。

因为成了孤家寡人,随后的行程更是充满了艰辛。他路过沙漠,沙漠里没有水,白天黄沙飞扬,晚上到处都是人兽的骸骨。他曾经连续走了5个白天、4个夜晚都没有见到水,然后,干渴难忍,晕倒在黄沙上。半夜忽然刮起风来,把他吹醒,他立即爬起来,又上路了。

终于,走出了沙漠,玄奘到达了高昌。高昌王热情地款待了玄奘,希望他留下来传播佛教,但是玄奘还没有到达自己的目的地,怎么能够半途而废留下不走了呢?所以他婉言谢绝了。

高昌王说:"西去之远,只有很渺茫的希望能够在有生之年到达。"

玄奘却回答:"只要有一丝希望,那就是有希望的,我决不会放弃。"

后来,高昌王以为用扣留的方式可以使玄奘屈服,玄奘就用绝食来回应。最终,高昌王被玄奘的精神所打动,就放他西行了。

随后,玄奘到了康国,由于居民不信佛教,要用火焚烧玄奘,幸而国王出面制止,玄奘才逃过此劫。

不仅如此,玄奘还曾经遇到过强盗,衣服财物都被抢走,同行的人放声痛哭,玄奘劝慰众人说:"人最富贵的是生命,生命保住了,损失的财物又算得了什么?那些身外之物不值得哭泣。"玄奘根本就不会为此放弃,他去印度取经的决心坚定不移。

就此,渡过一道道难关之后,玄奘走遍了印度各地,搜集和学习了各种佛学经典。贞观十九年,经历了17个春秋,玄奘携带梵文经书357部回到长安。随后在弘福寺、慈恩寺翻译佛经,译书75部,共1335卷,并著有《大唐西域记》。

玄奘的坚忍不拔、不达目的誓不罢休的精神使他获得了成功。

人生也同样如此,要想达到自己的目的,就要克服很多困难。当你获取成功的时候,当初的那些艰辛也就算不上什么了。我们不可否认机遇和命运对人生的影响,那只是客观为我们的主观创造了一些有利的条件,而主观因素也同样决定着我们自己的命运。有所追求,就难免有失败,面对失败,有的人往往选择的是放弃和逃避。从而导致了前功尽弃、一无所有。

不要轻易放弃,只要有希望就要坚持,不然会给自己留下永久的遗憾,也许会使自己在后来的人生道路上懊悔不已。人在生活中,或远期或近期、或大或小都有一些目标,必须要掌握好。当我们遇到不测或受到挫折时,坚持什么、放弃什么,要审慎地想一下,然后再做相应的调整,而不能轻易放弃或改弦易辙。左右飘忽不定,实际是在走弯路,看似是聪明实际上是愚笨的选择。

山穷水尽时再坚持一下

弯腰哲学

坚持到底,也许成功就在前面招手。人要往前走,鸿沟终究要跨过去,山穷水尽时再坚持一下,或许你会发现前面是柳暗花明。

不管是谁,人生的道路总会有曲折,不会一帆风顺,为了达到自己的目标,必须坚持到底,这是所有成功者的共同经验。

对于一个积极乐观的人来说,应该笑对磨难,在漫漫的人生征途中,沉着、冷静,以积极的心态和坚忍的意志,不断地超越自我。能够昂首面对困难的人,往往忍耐性极强,面对困境时,能够沉得住气,坦然面对困难和挑战,积极与困难做斗争,直至最终成功。面对难以克服的困难,放弃是一种解脱,也是一种诱惑,特别是自己的另一边就是荆棘丛生的苦难的时候。

面对一些对手,抑或是掺杂了一些人为因素的时候,我们往往就更加难以坚持了,或许很轻易地就在别人面前举起了白旗,但是钟隐却有办法让对方的防线土崩瓦解。

五代时期,南唐的钟隐是著名画家,他从小就喜欢画画,他为了学习画画,不惜"卖身"到郭乾晖家里做奴仆,最终,他的勤奋感动了郭乾晖,收他做了自己的徒弟,事情的经过是这样的。

钟隐经名师指点,自己又刻苦学习,年纪不大就声名远扬。但是钟隐很好学,对自己的成就从来都没有满足过,他总是对自己的画不满意。因为勤于作画,钟隐将自己的妻子也冷落了。

妻子面对这种现状表示不理解,对他说:"你已有万贯家财,才华也是有目共睹的,为什么就不想过清闲的日子呢?"

"你看这上面的鸟画得怎么样?"听了妻子的话,钟隐从书架上取出一幅画,在妻子面前打开。

"说得可能不对,因为我也不太懂画,但我觉得那鸟像活了似的,翅膀正在动,好像正要展翅高飞。"妻子回答。

钟隐又拿出另一幅画让妻子看,问道:"你再看看这幅画怎么样?"妻子仔细地看了看另一幅画,然后说:"这幅画与刚才的那幅相比就差了很多,这鸟就好像是假的,丝毫没有灵气。"

钟隐笑着说:"你虽然对画不了解,但却看得很准。那第一幅画是别人画的,第二幅才是我画的。虽然在画山水画上我已经有了点成绩,但是画花鸟还差得很远呢!"

妻子知道了丈夫的心思,从此以后就不再劝他停止画画了。钟隐到处打听擅画花鸟的画家,一心想拜师学艺。后来一个偶然的机会,他听说一个叫郭乾晖的人花鸟画画得很好,但是这个人性格古怪,从来都不收学生,就连自己画的画也轻易不给人看,似乎是并不想将自己的技艺外传。

钟隐想尽了一切办法打听郭乾晖的消息,功夫不负有心人,他打听到郭乾晖要买一个家仆,他就打扮成仆人的样子,到郭府应聘去了。郭乾晖见钟隐人很聪明勤快,就留下了他。

就这样钟隐在郭府做起了仆人,每天端茶送水,打扫卫生,什么杂活儿累活儿都干。他本来出身于富贵人家,从小一切生活起居都是由别人照料的,从来也没干过这些活儿,一天下来,累得浑身酸疼。唯一使他觉得安慰的是他看到了一些郭乾晖的画,那简直就是极品,让钟隐觉得能够欣赏到那些世间罕见的书画作品,就算苦点儿累点儿也是值得的。

钟隐去郭乾晖家做奴仆的事情,就连家里人都不知道,他走的时候只跟妻子说是出远门会朋友。时间长了,家人也开始担心钟隐,而他的妻子更是着急,开始四处打探他的消息。在郭府,钟隐尽量不离郭乾晖左右,希望能亲眼看见他作画。但是郭乾晖每次作画,都要把钟隐支开。钟隐的这场"持久战"持续了两个月后,还是一无所获。他几次都心灰意冷,产生了离开的想法,但最后还是不甘心,就继续留了下来。

有一天,郭乾晖外出游逛的时候,听人家说名画家钟隐失踪两个月了,再听人家描述钟隐的年纪和相貌,觉得这个人跟家里的那个年轻人很像。

于是,郭乾晖急忙回到家里,把钟隐叫到书房,对他说:"你的事情我全知道了。为了学画,你不惜卖身为仆,让我非常感动。我多年来不收学生,自有我的道理,今天遇到你这样勤奋好学的青年,正是我所喜爱的,没准将来你会超过我呢。"就这样,钟隐用自己的恒心打动了郭乾晖,使得他如同坚冰一样的防线土崩瓦解了。至此,钟隐就做了郭乾晖的学生,跟着郭乾晖学习作画。

钟隐在这场"持久战"中成功地取得了郭乾晖的信任,也因此得偿所愿。为了学到画画的技艺,钟隐不惜采取迂回的方式来"瓦解"郭乾晖的"防线",虽然辛苦了些,但最终还是达成所愿。人只要坚定自己的信念,并为自己的理想而付诸努力,总会有成功的希望,关键是要有百折不挠的精神。

在困难面前,在挫折面前,很多人举手投降了,这是不可取的。坚持到底,也许成功就在前面招手。人要往前走,鸿沟终究要跨过去,山穷水尽时再坚持一下,或许你会发现前面是柳暗花明。

以蚂蚁啃骨头的精神去追求成功

弯腰哲学

如果认准一个目标,那就朝着那个目标一步一步地靠近,不管困难有多大、对手有多强,只要别轻易放弃,那么成功的希望就会大于失败。

往往量的积累才能带来质的巨变,我们认定一个目标,就要凭着愚公移山和蚂蚁啃骨头的精神,持之以恒,坚持到底。做件小事并不难,难的是一辈子坚持去做小事。要知道,即使是小事也需要有足够的耐心和细心。

但是生活中有很多事情并不是小事,比如说遇到强劲的对手、巨大的灾难,如果针锋相对的话,无异于鸡蛋碰石头。道理其实和做小事一样:硬碰不是好办法,僵持未必不是一件好事,用自己的耐心去和对手周旋。年仅20岁的康熙,面对来势汹汹的三藩之乱,非常沉着冷静,制定了"熬"的应对策略,表现了政治家的一种稳健和从容的气魄。

顺治初年,东南沿海及两广、云、贵地区,是当时抗清斗争的主要活动地区,情况错综复杂,危及清朝的统治。为了适应当时的政治和军事斗争的需要,汉官名将吴三桂受命以平西王的身份镇守云、贵,尚可喜以平南王的身份管理广东,耿精忠以靖南王的身份统辖福建,当时并称"三藩"。可以说三藩的设置,并不是出自清政府的主观愿望和要求的。

当东南地方安定下来后,清政府的统治集团认为,只有以吴三桂等声名远播的军事将领镇抚这些地区,才能长治久安。因此当定南王孔有德要求解职欲引退北归时,顺治帝一再挽留,以南疆未平为理由,没有批准请辞。另外,尚可喜于顺治十年、十二年也两度申请北归,顺治帝则以广东刚刚安定,许多事务需要处理加以

弯腰是一种智慧

挽留，此事就告一段落了。

这其实是顺治帝的缓兵之计，三藩当时还有很大的价值，对于当时清政府的稳定有重要意义。顺治帝深知"熬"字诀——想等到熬出头，借三藩消灭那些反对势力之后再做打算。

随着三藩在地方时间的延长，三藩兵权在握，各拥兵自重。于是，随着三藩势力的不断增长，形成了一股与中央抗衡的强大力量。

在兵力上，耿精忠、尚可喜各有八旗汉军15佐领、绿旗兵六七千人，这仅仅是他们的嫡系部队。其中以吴三桂的兵力最强，他有53佐领、上万余甲士、绿旗兵12000人，还有前、后、左、右抚剿四镇，总计丁口10余万。到了顺治十七年，吴三桂拥有7万人的强大武装力量。由于三藩掌握重兵，实际上已形成了与中央政权相对立的军事割据状态。

顺治帝在建藩的初期，为了安抚他们辅佐皇室，赐与三藩政治上的种种特权，他们以此不断扩充各自的实力，不断壮大自己。耿精忠利用海运同荷兰及东南亚各地做走私贸易，将全部所得归为己有，尚可喜则在广州私自征收苛捐杂税。

吴三桂比尚、耿两藩享有更多的特权。顺治十六年，他总管云南军民一切事务，康熙元年，索尼四辅臣又命吴三桂兼辖贵州，总领其境内的一切人事财政，当时云、贵两省成了吴三桂的独立王国，一方面，他把自己赏识的人从外省调至云南，以充实实力，另一方面，又把自己的亲信派往他省任职。不仅如此，他还采取各种手段聚敛财富，征收重税，牟取暴利，进一步扩充自己的力量。

同时，三藩的财政开支也已成为清朝国库的巨大负担。三藩不但不把其在藩镇所得上交，还都窃为己有，而且还从朝廷索取大量饷额和经费。顺治十七年，据户部统计，清政府全国正赋只有白银1700余万两，而云南一省就需要900万两，为了减轻朝廷负担，朝廷曾经多次计划裁减三藩军队，但三藩寻找各种借口予以抵制，最终未能实施。

在索尼四辅臣辅佐康熙执政时期，为了利用三藩的力量对付南明、农民军余部，及其他抗清的力量，朝廷对三藩采取笼络、包容之策，如此一来，则更助长了三藩势力的迅速膨胀。

随着三藩势力的日益增长，与清廷的矛盾也更加尖锐。康熙皇帝在亲政之初，就把三藩同河务、漕运列为三件大事,他把解决三藩列为必须解决的三件大事中的第一件事,时刻思虑撤藩的时机与办法。

虽然康熙帝早有了撤藩的意向,但由于三藩实力强大,不便贸然采取行动。康熙十二年3月,已经看出朝廷意图的尚可喜首先提出撤藩,上疏朝廷,请求归老辽东。这为久思撤藩的康熙帝提供了一个难得良机。康熙帝趁势顺水推舟,立即批准,并对他大加赞誉。尚可喜本来的意图是自己回东北以保善终,让儿子尚芝信留镇广州,承袭自己的位置。但康熙认为撤藩必须彻底,不能留下后患,于是拒绝了他的要求。尚可喜无奈,只好服从了命令,开始准备迁移。

吴三桂得到尚可喜撤藩的消息后,非常震惊。这时吴三桂的儿子吴应熊在京师迅速派人驰书给吴三桂,要他依计而行,吴三桂经过反复思忖,只好上疏请求撤藩。但吴三桂认为自己势力大,而且功劳多,朝廷不会撤去他的位置。与此同时,耿精忠也给朝廷上了一份撤藩奏疏。

康熙帝认为这是难得的机遇,准备一概批准奏疏。但对是否撤吴三桂在朝臣中产生了不同意见。只有户部尚书米思翰、兵部尚书明珠等人赞成康熙帝的决策,大多数廷臣持反对意见,大学士图海、索额图等元老大臣担心引发兵变,反对让吴三桂撤藩。这个时候,康熙帝令议政王大臣会同户、兵两部讨论,但始终没能取得统一意见。而康熙早就考虑了详熟,他明白三藩蓄谋已久,不早撤,必然养痈成患。康熙帝力排众议,正式作出撤藩的决定。

于是康熙帝下诏给吴三桂,在肯定他的巨大功绩之后,便以吴三桂年事已高等允许了他的奏疏,他向吴三桂保证,撤藩后,可使吴三桂保荣誉,共享太平之福。

但是,由于吴三桂申请撤藩并非出自真心实意。当撤藩的诏旨送到云南后,他震惊、失望,更气恼。吴三桂立即与其党羽密谋起兵。于是他开始为起兵做准备,调集人马,断绝邮传,封锁消息,暗令境内只许入而不许出。

同年11月21日,吴三桂杀死云南巡抚朱国治,逼使云贵总督甘文焜自杀,同时扣留了康熙的使臣折尔肯等,正式起兵反清。为了笼络民心,他脱下清朝王爵的穿戴,换上明朝将军的盔甲,打起了为明王朝报仇雪恨的旗号。当吴三桂起兵的消息传到北京后,清廷上下一片震惊。

吴三桂的叛乱早在康熙皇帝的意料之中。刚刚20岁的康熙,与久经疆场的吴三桂对峙,初期不免有些紧张。但他很快就冷静下来,着手从容应对。

康熙帝首先杀死在京的吴三桂的儿子,以坚定削藩抗吴的决心,同时增派八旗精锐前往咽喉要地荆州固守,并通知广州与福州两藩停撤,以孤立吴三桂,另一方面,将散处各地原属吴三桂的官员一律赦免,以利大局稳定。

当吴三桂挥军北进时,清政府在军事上并没有充分的准备,所以进军速度很快,福建的耿精忠举兵攻略江西、浙江等地,吴三桂的前锋已抵长江南岸,与清军形成了隔江对峙的局面。在一年的时间里,吴三桂就占据了江南。而与此同时,四川、山西、陕西、甘肃诸省也发生了叛乱。

面对复杂的形势,康熙帝处变不惊、运筹帷幄、指授方略,决心赢得战争的完全胜利。他也准备用"熬"来瓦解强劲的对手,因为他深知吴三桂年事已高,而且他又后继无人,只要"熬"下去,吴三桂的势力必然会土崩瓦解。

战争发展到康熙十四年,吴三桂军的战略进攻达到了顶峰,形成了耿精忠控制的福建、浙江、江西为东线;四川、陕西、山西、甘肃为西线,陕西提督王辅臣的叛变对京师的威胁最大,湖南则为正面战场。正是在这种形势下,康熙制定了战略方针:清军以荆州为战略立足点,与湖南战场的吴军主力周旋,不攻;决定先解决耿精忠、王辅臣两股势力,然后再集中兵力同吴军决战。

王辅臣,山西人,强盗出身,骁勇善战,顺治年间就已反叛过清廷,后来归降,到了吴三桂手下当差,吴三桂待他不薄。

但是王辅臣却对吴三桂不满。一次酒后,王辅臣骂了吴三桂的侄子吴应麒。吴三桂让人捎话责备王辅臣,说:"你这是什么意思?惹得别人笑话我,说我吴三桂平日对王辅臣爱如亲子,现在反要吃他的脑髓,岂不贻笑天下!再也不要说这种话了。"

王辅臣听后不以为然,就找机会离开了吴三桂,到陕西任提督。吴三桂对此很理解,还送给他两万银子做路费。

吴三桂反清后,极力拉拢诱惑王辅臣,王辅臣感念吴三桂的旧恩,又回头上了吴三桂的贼船。根据这一情形,康熙认为王辅臣虽然是第二次叛变清朝,但居心不坚,假如再度宽容,相信会招抚成功。为此他专敕慰勉,最终感化了王辅臣,使他重新归顺了朝廷。

继西北招抚成功之后,福建的耿精忠也被招抚归降,致使闽、浙相继平定。十六年4月,后叛的尚之信也被招抚归降。同年6月,康熙向各地统帅、督抚部署:凡在贼中文武官员兵民,悔罪归正,前事悉赦不问,仍照常加恩。如果有擒杀贼者,投献军前,或者以城池兵马归抚者,仍论功行赏。依此形成制度,每到战役关键时刻,康熙帝都发招降敕书,由专门负责招抚的人掌管送达。可说是攻心战。

康熙帝采取又一项重要政策重用汉兵汉将,他们为平叛发挥了重大作用。吴三桂在失去耿、尚两藩之援后,处境孤立,匆忙于康熙十七年3月在衡州称帝,国号大周。8月,74岁的吴三桂得病暴亡。吴世璠即位,但他根本无力统领军队,纷纷大溃败。康熙则有条不紊地指挥,命令各路军队乘胜追杀。

这时,清军已进入湖南,已将长沙之敌包围,并从水陆两路攻取岳州。在派兵几路围讨的同时,为了尽快结束战争,康熙采取了恩威并施的策略,劝诱叛军投降。他给叛将写了招抚的谕旨,争取他们投降,并取得了明显的效果。康熙二十年11月,清军终于攻克昆明城,吴世璠服毒自杀,其党羽也四散。这场历时8年的三藩叛乱,以吴三桂的覆灭而告终。康熙帝用"熬"解决了这场危机。

在这场生死攸关的战争中,康熙沉着冷静,从容应对,最终取得了决定性的胜利。当我们面对自己的劳动成果时,一方面是在享受着成功的喜悦,另一方面也在庆幸自己没有放弃而获得了成功。当然我们的努力未必都会得到满意的结果,但当我们做到了尽力而为,那就不会有悔恨和遗憾。在这时,我们可以坦然地说:我确实尽全力了。

很多时候放弃就是懦弱的表现,顽强的意志也是来自于日常的自我磨砺,如果认准一个目标,那就朝着那个目标一步一步地靠近,不管困难有多大、对手有多强,只要别轻易放弃,那么成功的希望就会大于失败。其实比拼到最后,比的往往已经不单单是实力,而是谁的意志力更坚强、谁最能够"熬"。

只有"坚如铁"的忍耐力，才会有"出头之日"

> **弯腰哲学**
>
> 一个人只要对自己的目标专注并且有热情，就会形成一种执著的品性，而这种执著反过来又能铸造你巨大的忍耐力。只有"坚如铁"的忍耐力，才会有"出头之日"。

想要成功的人，是需要一点精神支柱的。比如说锲而不舍的精神、持之以恒的精神、顽强拼搏的精神。这些精神都是战胜自我的法宝。凡是拥有这些"法宝"的人，都有"坚如铁"的内心，拥有了它们，离成功就不远了。

一个人在他追求人生梦想的旅途中，不可能一帆风顺，会遇到很多困难挫折或不幸。只有当一个人树立了远大的目标，才会有战胜这些不幸和困难的勇气。司马迁也正是因为有了著作《史记》这个远大的目标，才能忍常人所不能忍，终于完成巨著，成为后人敬仰的伟大历史学家，流芳千古。

西汉年间，司马迁继任父亲司马谈的太史令一职。做了太史令以后，司马迁更是大量阅读文献资料，为著史做准备。

不仅如此，司马迁还做了一次为期两年的漫游，再加上他做史官时，也作为使者到过很多地方，这些经历，使得司马迁也成了封建时代空前绝后的、历程最长的漫游者。

司马迁在这次旅程中，从不放过任何了解历史的机会，关注当地的民间故事，获得了许多古籍中得不到的历史资料。每到一处，司马迁就着手对当地的历史古迹进行实地考察，并尽力搜集相关数据，以备著作之用。

司马迁曾经漫游到汨罗江畔，寻访屈原投江自尽的地方，是我国历史上第一个为屈原立传的人。为了写好韩信，司马迁专门去韩信的故乡淮阳收集资料，一切资料准备好后，司马迁开始着手撰写《史记》。

但是天有不测风云，正当司马迁专心著书的时候，巨大的灾难降临到他头上。当时，匈奴多次南下入侵，匈奴也与汉军之间发生过多场激战。一次，朝廷得知大臣李陵兵败被俘后投降匈奴，汉武帝大为愤怒，一气之下，竟下令诛杀李陵全家。朝中有一名武将为其求情，汉武帝盛怒之下，也下令将其斩首。

从此以后，满朝文武再无人敢站出来为李陵说话。汉武帝吩咐司马迁将此事载入史书，以警后世。

司马迁于是开始四处寻访，收集相关的材料，他很快找到了李陵的旧部，了解到很多真实情况。他得知李陵素来一心杀敌报国，这次以区区5000名步兵，深入沙漠与11万名匈奴骑兵对抗，最后因没有后援而不幸战败。司马迁认为决不能让忠良之人蒙受不白之冤，于是毅然决定要写出真相。司马迁的朋友得知他要为李陵澄清事实，认为这一举动很可能会给他引来杀身之祸，提醒司马迁要三思而后行。

但司马迁丝毫不改自己的初衷，他说："先父在世，曾谆谆教诲我，史须采实，著史须以事实为准，我也深知此理，所以，我又怎么能违背父训，泯灭良知，不让事情的真相大白于天下呢？"于是，司马迁在史稿中，将自己了解到的真实情况如实地写了进去。

汉武帝看了司马迁的手稿之后，勃然大怒，以包庇降犯的罪名将司马迁关入大牢，并将司马迁定为死罪。老丞相得知后，冒死向汉武帝求情，并要求与司马迁同担罪责。无奈之下，汉武帝只好应允：司马迁可以用钱财或接受宫刑来替代死罪。

老丞相得知可以免去司马迁的死罪后，立即跑到大牢，把这个好消息告诉了司马迁，但是司马迁听后，却是一脸的无奈：自己向来为官清廉，家徒四壁，根本没有钱财来抵罪；而接受宫刑是对自己、对家庭的一种极大的摧残和侮辱，士可杀不可辱，自己无法接受，宁可死……

司马迁在生死面前从未畏惧过，如果选择死，对他反而是一种解脱。但是司马迁仔细一想,自己著述史书,是为了让后世了解事实真相。如果自己就这样撒手而去,还有谁能担当著史的重任呢?思虑再三,只有忍辱方能负重!

为了著写《史记》,司马迁只得忍受了宫刑。受宫刑之后的司马迁,无论在身体上还是精神上都受到了异常沉重的打击,饱尝了死亡一样的人生况味。

此时的司马迁想到了死,但他懂得"人固有一死,或重于泰山,或轻于鸿毛,用之所趋异也"。从而认清了人生的真正价值所在。

于是,他"就极刑而无愠色",决心"隐忍苟活",以完成自己著作的宏愿。出狱后,司马迁被升为中书令,名义上比太史令高,但也只是"埽除之隶"、"闺合之臣",与宦者无异,这更容易唤起他被损害、被污辱的记忆,"每念斯耻,汗未尝不发背沾衣"。但是,司马迁著作《史记》的事业,也从这里吸取了更大的力量,他忍辱负重,发愤写作,终于完成了不朽的史学巨著《史记》。

"写史须以事实为准"、"不能以个人好恶而隐匿真相",是司马迁一直以来所坚持的原则,为了坚持这一原则,为了完成著作《史记》这一目标,司马迁承受了一般人难以忍受的酷刑,忍受了常人所不能忍受的耻辱。可见司马迁内心坚如磐石,始终坚持实事求是,终于熬出了头,写出了《史记》,以致被后人广泛称颂。

东汉著名的史学家班固曾这样称赞《史记》:"其文直,其事核;不虚美,不隐恶,故谓之实录。"从司马迁忍辱负重著作《史记》的例子可以看出,如果司马迁没有树立著作《史记》的宏大目标,以他刚烈、正直的个性,宁可选择去死,也不会选择受刑,更不会苟且偷安、忍耐下去。就是因为他内心的坚强,坚持写出一部真实的史书,才会以超常的毅力去"熬"出人生的芳华。

人生需要忍耐,但是忍耐并不是目的,而是手段。有目标的忍耐,是忍辱负重;为了活命的忍耐,是苟且偷生。一个人只要对自己的目标专注并且有热情,就会形成一种执著的品性,而这种执著反过来又能铸造你巨大的忍耐力。只有有"坚如铁"的忍耐力,那么总会有"出头之日"的。

在危险之前伪装自己

在困难面前,有的人丧失了斗志,停滞不前;有的人不堪重负,选择逃避;有的人被困难吓倒,陷入困境不能自拔;而坚强的人则昂起头、挺起胸,勇敢面对。

在生活和工作中,困难是不可避免的。在困难面前,有的人丧失了斗志,停滞不前;有的人不堪重负,选择逃避;有的人被困难吓倒,陷入困境而不能自拔;而坚强的人则昂起头,挺起胸,勇敢面对。当然后者值得我们推崇,只是有时勇气固然可嘉,可也要看现实的状况。如果时机未到,轻易地暴露自己是不妥的,要学会隐藏自己。这样才不会把自己暴露在危险之中。

明天启皇帝熹宗朱由检驾崩后没有子嗣,遗诏命朱由检进宫继承皇位。明熹宗在位时,朱由检被封为信王,按祖制居留在外藩。朱由检正式即位后改元崇祯,朱由检就是明朝最后一个皇帝明思宗。

由于明熹宗没有读过多少书,在位 7 年,他最大的乐趣就是干木匠活,不理朝政,把大大小小的内政事务都交给太监魏忠贤处理。所以,明熹宗在位期间,魏忠贤集团权倾天下,而魏忠贤则是一人之下、万人之上的"土皇帝"。

魏氏集团活动最猖獗的时期,就是在明熹宗驾崩、思宗即位之际,魏忠贤的党羽遍布朝廷内外,自内阁、六部乃至四方总督、巡抚到处都有魏忠贤的人。明熹宗驾崩以后,魏忠贤尚不敢公然加害朱由检。

但是,朱由检为了防备魏忠贤暗中毒害,在进宫为明熹宗守灵期间,夜里不敢长眠,还向前来巡视的宦官要来佩剑以防身;不仅如此,朱由检连为自己准备的膳食都不敢食用,只是吃自己偷偷带的干粮,以此度过最危险的几天。

崇祯帝即位之初，也由魏忠贤这些太监伺候，名义上他握有天下之权，实际上连自身的安全也未必有保障。对魏忠贤的专权，崇祯历来深恶痛绝，但是此时自己毕竟羽翼未丰，力量不够强大，还不足以跟魏氏集团直接抗衡，所以他一直不动声色，韬光养晦，等待时机。

崇祯皇帝深知，要除去魏忠贤，首先必须要稳固自己的地位，并保证自己的安全。他一边像兄长一样优待魏忠贤，一边将自己王府中侍奉自己的宦官和宫女逐渐带到了宫中，以保证自己的安全。等到觉得自己的人身安全有了基本保障后，他还是不敢得罪魏忠贤。他想如果及早地暴露了自己，会让魏忠贤他们警觉，给自己带来危险。于是，决定先隐藏自己。

魏忠贤始终无法揣透崇祯帝的心思，于是便采取投石问路的方法，故意让另一个权监王体乾提出辞呈。为了稳住魏党，崇祯帝故意多番好言挽留。当时很多无耻的大臣们不断向崇祯帝上疏，要求为魏忠贤大唱颂歌，每次读到这些奏疏，崇祯帝只是边看边笑，从不发表任何评论。魏忠贤觉得崇祯皇帝只是一个懦弱的皇帝，于是猜忌便减轻了不少。

后来，为了进一步试探虚实，魏忠贤向崇祯帝上了一道奏疏，请求停止为自己建造生祠的活动。崇祯帝的批复不愠不火："以后各处生祠一概停止。"

这一次顺水推舟之举，有效地遏制了朝野上下对于魏忠贤的进一步崇拜，又没有引起魏忠贤公开的恼怒。其实，一方面，崇祯静静地等候时机，另一方面，又在慢慢地剪除魏忠贤的爪牙，暗中削弱魏忠贤的势力。

比如将魏忠贤的对食（太监和宫女结成非实质性的伴侣关系）——天启帝的乳母客氏遣送出宫，而这个客氏是魏忠贤掌握大权的关键人物；又把上疏主张将魏忠贤的名位移入国子监和孔子一起拜祭的两位监生逮捕。

后来，御史杨维垣向崇祯帝上疏，弹劾崔呈秀（魏忠贤门下有5名得力干将，号称"五虎"，崔呈秀是其中之一）。静候了7天之后，崇祯帝毅然决定免除崔呈秀的兵部尚书一职，令他回乡守制。

崇祯的这一番举动，拉开了倒魏的大幕。敏锐的大臣们觉察到政治局势的动向，于是，揭发和弹劾魏忠贤的奏疏，开始接二连三地出现，但崇祯帝还是不动声色。

一次,一个叫钱嘉征的贡生上疏弹劾魏忠贤,列数其10大罪状。此疏并不是空洞的议论,10条罪名都可以坐实。于是,崇祯命令太监当着魏忠贤的面宣读了钱嘉征的奏疏,魏忠贤大为震惊。

回去后,好友徐应元劝魏忠贤辞去爵位,也许可以保住富贵。次日,不得已之下,魏忠贤只能以退为进,请求引疾辞爵,崇祯顺水推舟,答应了。

这下子真是墙倒众人推,弹劾魏忠贤的奏章雪片般地飞到崇祯帝的案几上,几乎人人皆说魏忠贤该杀。

崇祯趁热打铁,将魏忠贤贬到凤阳看守皇家祖陵,魏忠贤看到大势已去,在半路上自缢身亡。从此,树倒猢狲散,魏忠贤的余党很快就被清理掉了。

后来的事实证明,崇祯皇帝给自己披上的伪装取得了很好的效果。在险恶的环境下保全了自己,为以后能够准确地抓住时机,进行有效的反击做好了准备。

在崇祯即位初期,他隐藏好自己是很有道理的:当时正值魏党当权,面对一个危机四伏的政局,他并没有草率行动,而是不动声色、忍耐静观,先是逐步把自己府中的侍奉宦官和宫女调到身边,然后静候良机,最终将魏忠贤集团彻底铲除。

倘若崇祯皇帝即位伊始就大开杀戒,动手铲除魏忠贤集团,那么,很可能连自己的性命都会丢掉。因为魏忠贤的爪牙太多,牵一发而动全身。崇祯皇帝却理智地采取隐藏自己的策略,静观对手的一举一动,然后再筹划相应的对策。

可见,学会在危险之前伪装自己,对于一个追求成功的人,是多么的重要。因为,当逆境不期而至时,就连皇帝也要忍耐,也须等待时机,也须给自己蒙上一层"不具雄心和实力"的假象。

文火熬煎,能淬其筋骨,磨其心志也。

要坐高位置,先坐"冷板凳"
——弯腰是一种策略

孔子曰:"百行之本,忍之为上。"大千世界,事物相生相克,做人不可随心所欲、无所拘束。"忍"不是忍气吞声,更不是懦弱与胆怯,"忍"是大智大勇者的无敌心法,是宽广博大的胸怀,是包容一切的气概,更是做人留有余地的大策略、大智慧、大能力。

要想人前显贵，须得背后受罪

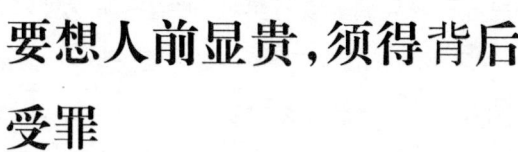

弯腰哲学

一个人要保全自身，成就大业，就必须谦虚谨慎，力戒骄奢淫逸，做到凡事以忍为先。这样才能使你的人生更丰富。

韬光养晦是一种低调的策略，它是自然界物竞天择、优胜劣汰的普遍制胜规律，是千年万载修身、齐家、治国、平天下的一大法宝。常言道："要想人前显贵，须得背后受罪。"没有背后的忍耐与低调历练，没有暗中的努力与等待，是不可能实现厚积薄发的。有人懂得这个道理，所以成功；有的人不懂，傲气十足，结果就掉入了万劫不复的深渊。

庄子说："至人无己、神人无功、圣人无名，"这可谓人生的最高境界，它用于生活中，可以说是一种达观透彻的低调处世哲学，有智慧的人应该掌握这门哲学，时时刻刻提醒自己，无论处于多高的位置上，都不要被其所迷惑。立于这个世界上，骨气不能无，傲气不能有。众所周知，一代骁将关羽，素有万夫不当之勇。但是，在与吴国交战时，却因为不该有的傲气，结果惨败于吴将吕蒙手下。

当年魏、蜀、吴三分天下，而在魏国和蜀国在樊城作战的时候，吴将吕蒙找孙权商量趁此机会偷袭荆州，这建议和孙权所想不谋而合。孙权把这个重任交予吕蒙，他欣然领命。

但是，吕蒙知道镇守荆州的是大将关羽，所以也不敢轻举妄动。而且，他见荆州军马整齐，沿江还有烽火台警戒，如果强攻，根本没有攻下的可能。于是，他按兵不动，苦思偷袭之策。正在这时，陆逊来访，见吕蒙一筹莫展，便教他一条诈病之计。陆逊告诉吕蒙说："关羽自恃英雄，无人可敌。唯一惧的就是将军你了。见你前

弯腰是一种智慧

来攻打荆州,他定会加强防范,所以你可以利用他的这种心理,假装有病把陆口的职务交予他人,并让接替你职务的人假装畏惧关羽的英勇,这样一来,关羽就会洋洋自得、骄傲轻敌,很可能把自己的兵调去攻打樊城。此时将军就可以借关羽轻敌之机偷袭荆州,如此不需太多兵力便可以攻下荆州,如此便是事半功倍之举。"

如此,吕蒙果然采纳了陆逊的计策,后来真的称病辞去将军职务,举荐陆逊守陆口。关羽听到此消息非常高兴,想吕蒙不在还有何惧?遂起轻敌之心,几天后,他收到了陆逊送来的礼物,并且还附有一封言词卑谦、恳切的信函,信中的大致内容是这样:"您在樊城一役中,把曹将于禁俘虏过来,水淹七军,远近赞叹,都说将军的功劳足以流芳百世。即使晋文公大胜楚军的英勇,韩信打败赵兵的谋略,也不及您老人家。这次曹操失败了,我们听到也很高兴。但是,曹操很狡猾,他不会甘心失败,恐怕会增调援兵,以求一逞野心。虽说曹军师老,还是很强悍的。况且战胜之后,一般都会出现轻敌的观念。所以古人用兵,胜利之后就应更加警觉。希望将军您多方面考虑计划,以获全胜。我只是一介书生,没有能力担任现职,幸好有您老人家这样强大的邻居,愿意把想到的贡献给将军作参考,希望将军能不吝赐教。"

读此信后,关羽更觉无后顾之忧,一介书生有何足惧哉?遂仰面大笑,心中有了主意。不久,便将防守荆州的军队陆续调往樊城前线。与此同时,曹操派使来到孙权处,意在同吴国共同灭掉关羽。早有吞荆州之意的孙权当然表示同意。因此,三国便形成新的局面,即由孙、刘联盟速改为曹、孙联盟,形势急转直下。关羽大军将面临着一场生死决战。

果不其然,孙权很快拜吕蒙为大都督,统率江东各路兵马,突袭关羽的后方。不明所以的关羽根本没有防范,吕蒙军到浔阳,命将士们扮做商人,偷偷潜入烽火台,迅速攻下荆州。关羽这时才恍然大悟,原来是中了吕蒙的计,羞愧不已。但是为了挽回败局,便重整旗鼓,准备南下收复江陵。但是,吕蒙、陆逊的大军已经将他的军队瓦解了,关羽的兵力越来越少,自然节节败退,最后困守麦城,等待救援。

此时,关羽在麦城根本无法送出消息,所以根本不会有援兵救助,他只能带军突围,就在他退往西川的路上,被埋伏在那里的吕蒙击败,关羽被生擒活捉。同年,关羽被斩首,荆州各郡县皆归东吴。响当当一世英雄,因为傲气,不但失掉了军事重地荆州,还白白地断送了性命,实在是可惜。

关羽本来是一位英雄，但是因为自视清高，不得善终，虽然令人感慨，但更为后人敲响了警钟。无论自己的战功多么显赫，还是要谨慎地对待每一次的战役，时时提醒自己不要骄傲自满，以免因忘乎所以而不得善终。韬光养晦的基本要求是掩饰自己的目标和动机，也即必须把目标和动机"藏之胸臆，秘而不宣"，而且，时间上要足够长，忍的功夫要练到家，这样才可以实现厚积薄发。而吕蒙就是能够谦谦低调、韬光养晦，才使得关羽大意失荆州。

可见，做人要遵守"骨气不能无，傲气不能有"的原则。傲气冲天是做人做事之大敌，也是惹事招祸的元凶。一个人要保全自身，成就大业，就必须谦虚谨慎，力戒骄奢淫逸，做到凡事以忍为先。这样才能使你的人生更丰富。如若不然，就算关羽那样的英雄，也不得不留下千古之恨。

小不忍则乱大谋

弯腰哲学

做人要能够控制自己的情绪，冷静地对待所发生的事情，并理智地采取对策，使自己立于不败之地。

人生在世，要面对很多困难和挫折，一个追求更大成功的人，要不得不忍受一些小的失败和挫折。忍，在一个人事业成功过程中起着举足轻重的作用。做人要能够控制自己的情绪，冷静地对待所发生的事情，并理智地采取对策，使自己立于不败之地。从古至今，多少豪杰败于此，也有多少英雄因为能忍小事终成大谋。

暂时的忍耐、一时的屈服，往往可成为成就大事者的一种进取策略。如诸葛亮所提倡的：大丈夫困窘难堪的时候忍得辱、负得重，屈居人下而不负青云之志；得志获势的时候不癫狂、不忘形，要抓住时机施展自己的才华。一般人往往是"小不忍则乱大谋"，但是将"忍"功运用得炉火纯青的恰恰是诸葛亮一生的敌人——司马懿，他曾经多次和曹操以及曹丕周旋。

曹操在官渡之战中打败了不可一世的袁绍，统一了中国北部后，欲挟天子以令诸侯。这个时候，曹操对司马懿之才有所耳闻，想把他收到自己帐下做官。但是，司马懿对曹操挟天子以令诸侯的行径颇为不满，不愿意应召，但又不敢得罪曹操，就推说身患瘫疾，不能起身，以此为借口予以拒绝，企图蒙混过去。

可惜他面对的是生性多疑的曹操，曹操认为司马懿借故推托，为刺探真假，就派了一个刺客深夜闯进司马懿的卧室察看。司马懿果然直挺挺地躺在床上，刺客不相信，拔出利刃，架在司马懿的身上，作出要劈下去的样子，看看司马懿有什么反应。

司马懿只是瞪着眼望了望刺客，强忍着，避免情绪失控，露出破绽，可是身体却一动也不动。刺客这才相信司马懿确实瘫痪了，收刀回去向曹操禀报。司马懿面对利刃仍能够保持冷静自若，这样的忍耐，是一种多么令人惊叹的定力啊！司马懿此刻表现出来的冷静，实在非常人所能比，使"诈术"表演得天衣无缝，刺客看不出破绽，放心而去。

但是此时司马懿就放心不下了，虽然在这件事上，他临危不惧，体现出非同寻常的"大勇大忍"，面对刺客砍过来的利剑，他作出了准确的判断，认为是曹操的试探之意，便当机立断，放弃了一切必要的反抗和自卫。但司马懿明白，自己骗得了一时，却骗不过一世。他知道曹操不会轻易放过自己，所以不久就放出消息，说自己的病已经治愈。后来，曹操当了丞相之后，再次请司马懿出仕，而且发出了威胁说，如果还假言推脱、故弄玄虚的话，就马上杀掉他。这时，司马懿自知不足以与权势显赫的曹操相抗衡，只得先屈从于曹操。他知道这个时候，"忍"是必须要做的事情。

但是司马懿效力于曹操以后，曹操对他的猜忌之深，已经达到了"必欲除之而后快"的地步。在这种情况下，司马懿决定"韬光养晦，瞻前顾后，明哲保身"。于是，他决定用务实和苦干换取曹操的信任。曹操看到司马懿废寝忘食、尽心尽力，对他的猜忌之心也慢慢地淡去，后来还是重用了司马懿。

在与曹操共事的11年里，司马懿凭着自己的心计和努力，得到了曹操的信任，但曹操也是一世枭雄，长于谋略，容不得张狂之人。虽然多次采用司马懿的计策，也对他加以重用，却迟迟不给司马懿以实际兵权，但司马懿一直隐忍着，密切关注实际情况的发展变化,做好了随时面对挑战的准备。

但是,司马懿高明的地方,在于他能够根据时势的需要及时采取措施,比如说扶持曹丕。在曹操时期,司马懿看似悄然无声,实际上他"以静制动",当他一朝崛起时,便显得不可遏制了。

建安二十五年春,司马懿当时40岁,汉丞相、魏王曹操于洛阳病逝,形势非常危急,"及魏武薨于洛阳,朝野危惧"。当时的魏王府,外有欲夺权的曹彰问罪之师,内有诸路兵马暴乱之迹。同时,汉室遗臣们也有蠢蠢欲动之相。曹操的两个儿子曹丕和曹植之间的夺嫡之争,也愈演愈烈,一发不可收拾。

司马懿在这个时候毅然挺身而出,冷静地作出决策,"纲纪丧事,内外肃然",用自己的卓异才识,镇住了岌岌可危的时局,稳定了人心。他采取了一系列策略,说服汉献帝正式册立曹丕为丞相、魏王,使曹丕顺利地登上了太子之位。

司马懿这次的举动,进一步赢得了曹丕的信任和重用。当曹丕成为魏王后,立即封司马懿为封津亭侯,并转任丞相长史,成为魏王府中的核心人物之一。从此,司马懿也从当初刚入丞相府的"文学掾"(文牍之官),逐渐向魏国的最高统治阶层迈进。曹丕对司马懿心怀感激,给了他宽松的发展环境,提供了广阔的政治、军事舞台,此时的司马懿,不再像曹操时期那样处处受到压制,也不用再畏惧曹操那般的猜忌了。

于是,司马懿开始大显身手,"留守许昌,内镇百姓,外供军资",为魏文帝南征,被魏文帝称为"萧何"之才。魏文帝病重时,仍不忘封他和曹真、陈群为顾命辅政大臣,并诏太子曹叡,"有间此三公者,慎勿疑之。"此时的司马懿,终于跻身于曹魏政权最高决策阶层。

在魏文帝时期,司马懿的政治生涯虽然开始走上坡路,但还是无处不见其"忍":魏文帝曹丕一向好大喜功,并无突出的军事才能,却喜欢耀武扬威,总爱征战杀伐。同时,这个时候,虽说曹丕对司马懿极为信任,但在军事大政方面,曹丕还是偏向于自己曹氏宗亲的意见。

因此,在武事方面,司马懿一直很低调,从来不暴露自己的才干,任由曹丕大出风头。于是,他低下头来,担负起了丞相的重任,在文治方面扎扎实实地工作,并屡有建树。

魏文帝曹丕死时，司马懿47岁。在曹丕为帝的7年里，司马懿默默地夯实着魏室的基业，此时的司马懿在政治上开始崭露头角，朝其目标大步前进，始终立于不败之地的他，此时已不再甘于在幕后，更渴望走向历史前台。

机遇很快就到来了，公元227年，魏太和元年，曹丕的儿子曹叡登基为帝，他就是魏明帝。也是在魏明帝时期，司马懿深藏不露的军事才能开始得到了淋漓尽致的发挥。

当时，东吴孙权率领数万雄师，魏国的江夏城被重重围困，东吴还派大将诸葛瑾、张霸攻打襄阳城。司马懿果断率军出击，大败吴军，立下了赫赫战功，被任命为骠骑大将军。在魏明帝当政的13年里，司马懿的威望日渐隆盛，开始了他在魏国军政界独领风骚的时期……

司马懿在曹操执政时期隐忍，在曹丕时期收敛，以一生的忍耐、一生的屈辱，终于换来了伸展的一天，不可谓不是大智慧。在人生的关键时期，司马懿一直都把"忍"做到极致，总会耐心等待，总能把握住最适当的时机出手。其实隐忍，并不是摒弃自己的人格、放弃自己的原则，而是坚持自己的理想、保存自己的实力。最后，他终于如愿以偿，大权在握，曹氏江山也就此危矣。

成功者在某些方面总是有他的独到之处，但也不可能什么事情都顺心顺意。因为，人在发展某一方面的同时，也在忍受其他的方面。忍受屈辱、耐心等待，未必就是怯懦无能的表现，未必就是遇难畏惧、临阵脱逃的借口。有时候，忍耐恰恰是心灵高度的跨越，是睿智思索的最佳抉择。学会忍耐，而后获取，不是看破红尘、与世无争，而是淡泊明志、宁静致远。这是人生的一种智慧，一种为人处世的哲学。

好汉不吃眼前亏，惹不起还躲得起

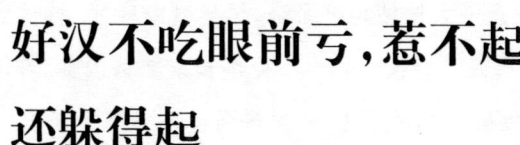

弯腰哲学

如果没有一点忍耐的度量，只会影响大局，难成大事。所以，遇到特别强势的人，没有必要去"硬碰硬"，要懂得"不吃眼前亏"，才能够为将来的成功蓄势。

如果我们对小事都不能够忍受，就成不了大事。小与大，是相对的，既相互联系，又相互转化。试想，如果一个人面对小事，总是烦心不已，总是怒发冲冠、拍案而起，那就不会养成忍耐的好习惯，也就是说，此人缺乏忍耐的品格。很难想象一个缺乏忍耐品格的人，能够做成大事。

一个人遇事要忍耐，对事包容一点，对人大度一些。如果仅凭意气用事，不能忍耐，就会坏了大事，得罪好些能人。许多大事失败，常常都是由于一些小事造成的。正所谓"小不忍则乱大谋"，如果没有一点忍耐的度量，因为一点小事就冲动地大发脾气，只会影响大局，难成大事。所以，遇到特别强势的人，没有必要去"硬碰硬"，要懂得"不吃眼前亏"，才能够为将来的成功蓄势，韩信就是这方面的典范。

韩信是中国历史上伟大的军事家、战略家、统帅和军事理论家。他本人是淮阴人，西汉开国功臣。

他出身平民，少年时丧父，家境贫穷，他既不会种田做买卖，又不能去当官。很多人可能都想不到，韩信年轻时性格放纵，从来不拘小节，整天过着游荡的生活。为了填饱肚子，不得不常常借故到别人家里去蹭饭，许多人都讨厌他，但他一点儿都不在意。

后来，他的母亲去世了。母亲死后，韩信更是游手好闲，四处游荡。有个亭长与韩信有过往来,他便常常到这个亭长家里去蹭饭,一开始,亭长的妻子还热情招待他,当他是客人。但是一连好几个月,韩信几乎天天都去白吃饭,她就很不高兴了。

有一次,亭长的妻子故意一大早便烧好了饭,早早就吃完了。韩信到了吃饭时间,又去了亭长家,可是这次等了好长时间也不见亭长家准备饭食。韩信看出了他们的用意,觉得很是屈辱,便转身愤然离去,并发誓再也不去亭长家了。

韩信为了能填饱肚子,便常常到淮阴城下的河边去钓鱼,以鱼为生。河边有一位洗衣老妇人见韩信总是面有饥色,很同情他。一次,这位洗衣老妇人的家人送来午饭,老妇人就把自己的午饭分了一点给韩信,韩信接过饭,立即狼吞虎咽地吃起来。一连很多天,那个老妇人都把自己的饭分给韩信。

韩信非常感动,一次,韩信在吃过老妇人分来的饭后,向那个老妇人深深施了一礼,说:"我将来富贵了,一定要重重地报答您老人家!"

那个老妇人听了很生气,斥责韩信说:"大丈夫不能自食其力,我看你相貌堂堂,好一个王孙公子,不忍你挨饿,才给你点饭吃,哪里想到要你报答!"说罢,拿了洗好的衣服就离去了。

其实,给韩信最大打击的不是亭长夫人的羞辱,也不是施舍他饭食老妇人的斥责,而是他当年所受之胯下之辱。

话说当年韩信虽然落魄,但是腰间却总是挎着一把宝剑。当时在淮阴城里,有一个杀猪宰羊的无赖,经常当面耻笑韩信:"别看你个子长得高大,喜欢带着刀剑四处招摇,其实你是一个怯懦之辈。"

有一天,这个无赖堵在韩信面前,当着街市上很多人的面,不让他通过,又开始羞辱韩信,"你若不怕死,就一剑把我杀了,如果贪生怕死的话,就从我胯下钻过去,我就放你过去。"韩信抬头看了看那无赖,注视了对方良久,什么也没说,慢慢低下身来,真的从他胯下钻过去了。从此,韩信钻胯一事成了众人的笑柄,大家都认为他是个怯懦之人,说他是"胯夫"。

陈胜、吴广起义后,项羽、刘邦相继起事,韩信先投奔项羽,不被重用,后归刘邦,亦不被重视。于是,韩信乘马而逃。萧何得悉,月夜追之,将其追回。萧何再三劝说刘邦登坛拜将,以提高韩信的威望。刘邦照办了,韩信得到重用以后,果然为刘邦死命血战,攻下齐国后,韩信要求做代理齐王,刘邦听从了张良的劝告,封其为真齐王。后来等到天下平定,韩信又被改封为楚王。

面对亭长夫人的奚落和冷遇,韩信并没有去争辩,他只是安静地走开;面对老妇人的施舍和指责,韩信并没有就此消沉下去,他也离开,然后去实现自己的抱负;面对无赖的挑衅和侮辱,韩信没有去奋起反抗,他不吃眼前亏,躲开了无赖的锋芒,最后终于获得了成功。

一个人要能成就大事业,就要能忍小事,眼光须放远点儿,不要把一时的屈辱放在心上。当年,倘若韩信面对淮阴无赖的恶意挑衅不能忍,挥剑杀死恶少,虽然会出一时之气,图一时之痛快,但他必然要为此付出代价,轻则有牢狱之灾,重则丢掉性命。韩信忍得一时胯下之辱,却赢得将来在战场上的胜利,反观当年的胯下之辱,就显得微不足道了。

人生之中我们会遇见很多不平之事,如果非要去拿"鸡蛋碰石头",只会自取其辱。好汉不吃眼前亏,惹不起就躲,这在很多时候都是明智之举。

人在屋檐下,一定要低头

弯腰哲学

一个人要想安身立命于世,成家立业于社会,就不得不学会忍。人在屋檐下,不得不低头。时机不利时,低下头,委屈一下自己,是十分必要的。

百战百胜,并非完全是好事。因为即使能取胜,取胜也必然"取怨",而"忍"则不会留下后患,所以学会忍是很有必要的。一个人要想安身立命于世,成家立业于社会,就不得不学会忍。人在屋檐下,不得不低头。时机不利时,低下头,委屈一下自己,是十分必要的。尤其是在小事情上,能忍耐就尽量忍耐,否则,小事也可能变成大问题。有的人就是由于没有克制一时的冲动和愤怒,做出了导致终生懊悔的事情。要想成功必须有忍耐之心,这样才能够找到属于自己的那根"竹竿",顺着爬上去。这根竹竿就是我们所说的机遇。

机遇这个东西,就像夜幕之中一闪而过的流星。它不是什么时候都有的,转瞬即逝。如果没有充足的耐心,即使出现了机遇,也未必能把握住。每个人都企盼"一朝成名天下知",渴望功成名就的辉煌,但在此之前,还需要有"十年寒窗无人问"的努力,有把冷板凳坐热的耐心。放低姿态,平和心情,耐心寻找机会。

有一位女大学生,某重点大学经济学院毕业,在一家外贸公司里面当职员。这位女大学生基础扎实,很有才学,漂亮能干,刚进公司时就很受老板赏识,人际关系处理得也很到位,同事们都很喜欢她。但不知是怎么回事,整整一年多的时间,老板从未过问过她的情况,也不交给她重要的工作,更没有与她有过什么沟通,只是让她干一些不起眼的事情,对于公司来说,她简直是可有可无。

可是,这个女孩并没有放弃努力,也从未抱怨过,更没有因为自己是科班出身、专业对口,而向领导讨个说法,她只是认为自己还是个新员工,做不起眼的工作,坐"冷板凳"是应该的。终于,一年后,老板找她谈话了,不但肯定了她一年多来默默无闻工作的成绩,还依据她的实际能力为她晋升了职位,她的耐心等待总算得到了回报。

如果这个女大学生放弃了,没有耐心坐"冷板凳",没有用尽责的表现获得老板的赏识,那么人生必定暗淡下去。每个人都不希望坐"冷板凳",可是世事难料,如果没有耐心,急于求成,难保会四处碰壁。而耐心做好眼前的事情,兴许就能把握走向成功的机会。说到冷板凳,就很容易想起球场上的"板凳队员",他们可能最能够体会到耐心等待对于人生的重要性。

一般来说,每支球队的人数大多都超过了上场的人数,因此很多人都是要坐"冷板凳"的,只有少数的主力能够登场。除了主力队员之外,就是坐在板凳上等待机会的替补球员。在一场比赛中,这些板凳队员有的只能上场几分钟,有的连上场的机会都没有,即使一个赛季,一些替补也没能上场几分钟。如此时光,可谓难熬至极,但是如果熬不下去的话,也许连坐冷板凳的资格也没有了。

看看球场上,有些人现在叱咤风云、风光无限,可是几个月前也许他还在冷板凳上苦熬岁月。人生就是这样,不可能什么时候都是耀眼的明星、观众的焦点、机遇也不可能时刻都有。很多时候,都得坐在冷冰冰的板凳上,等待着机遇的出现。

退一步才会海阔天空。不管是大事小情都要学会忍受,在忍耐里负重前行,人就会变得睿智、变得豁达。生活中不能没有忍耐,人们居家生活,最重要的也是善于忍耐。忍耐并不是懦弱,而是一种积极的人生态度。

人们都喜欢抱怨命运的不公,埋怨自己没有获得良好的发展机会,但是事实上,如果对自己所做的每件事情进行细致地分析,也许会发现,机会不是没有,只是在不自觉中把它浪费掉了。成功不只是需要热忱的干劲儿,还需要足够的耐心。

如果一个人没有一点忍耐的精神,很可能会造成可悲的结局。生活中,因为一时冲动而做出傻事的人还少吗?人必须忍耐,忍耐虽然不是解决问题的唯一良方,但在很多时候,仍不失为一种好方法,小则可以消灾,大则可以建功立业。

今天短暂的匍匐,正是为了明天长久地站立

弯腰哲学

一个追求更大成功的人,眼光更长远,他能在关键时刻忍气吞声,能够屈身匍匐,最终成就大业。

面临困难和逆境时,如果一时没有办法扭转不利的局势,那么,最好的选择,就是暂且匍匐。匍匐着前进,不但能够隐藏自己,而且能够避开敌人的攻击。

匍匐是一种明退暗进,忍耐到极点,便是柳暗花明;匍匐更是一种蓄势待发,今天短暂的匍匐,正是为了明天长久的站立。忍耐眼前一时的痛苦和不快,正是为了更快地到达长远的目标。

一个人如果能够做到匍匐,终有一日能成就大事。匍匐不是逃避,更不是懦弱,而是一种有目的、有意识的忍耐,匍匐的目的是为了有朝一日东山再起。一个追求更大成功的人,眼光更长远,他们能在关键时刻忍气吞声,能够屈身匍匐,最

终成就大业。

伍子胥就是这样一个人,在《史记》中,司马迁称伍子胥是一个有血性的刚烈丈夫。的确,伍子胥身负国耻家仇,忍耐着巨大的悲痛,遏制住自己彻骨的愤怒和仇恨,艰苦奋斗几十年而矢志不渝,终于等到机会除掉了仇人。

伍子胥,名员,春秋时期楚国人。他的父亲伍奢得罪了楚平王,遭灭族之祸。伍子胥只身逃往吴国避难。不久,伍子胥帮助阖闾夺得吴国王位,在伍子胥的辅佐下,吴国的军事力量得到了极大的发展。

事情还得从头说起:楚平王有个太子叫建,楚平王命伍子胥的父亲伍奢担任建的太傅,让费无忌做建的少傅,两人共同辅佐太子建。伍奢尽心尽力,潜心教导太子,但费无忌却一直对太子建不忠心,一直说太子建的坏话,说他要篡夺王位。

楚平王把太傅伍奢召回来审问。伍奢知道费无忌在楚平王面前说了太子建的坏话,就说:"大王,您怎么能听信一些小人的挑拨是非,对至亲骨肉疏远呢?"

可是,费无忌这个时候添油加醋地说:"大王如果现在不加以制止,他们的阴谋可能很快就得逞了,到了那个时候,大王的处境就非常危险了,再加强防备也来不及了呀!"费无忌屡进谗言,楚平王对太子建更加疑忌,于是大怒,下令把伍奢囚禁起来,同时命人去杀太子建。

太子建得到消息后,只好逃离楚国,到宋国避难。费无忌又用计除掉伍奢这个"眼中钉",还有他的一个儿子。另一个儿子逃脱了,他的名字叫伍员,就是后来大名鼎鼎的伍子胥。

逃走了的伍子胥忍辱负重,一路跋山涉水,受尽了磨难。他听说太子建逃到宋国避难,就前去宋国找他。伍子胥到宋国以后,经过一番艰辛,终于找到了太子建。

可是,当时宋国也正值内乱,也不是避难的理想之地,他只好和太子建一同逃到了郑国。虽然郑定公待他们很客气,但是当时的郑国国力非常弱,不足以对抗楚国,他们便离开郑国,来到了晋国。

晋顷公接待了他们,对太子建说:"既然太子跟郑国的关系一直很友好,郑国应该也很信任太子,如果太子能到郑国,我们会伺机进攻郑国,到时太子给我们做内应,一定能够灭掉郑国。等灭掉了郑国,我就把它封给太子。"

于是,太子建又回到了郑国,可是起事的时机还没成熟就败露了,郑定公令人杀了太子建,伍子胥闻讯,只好带着建的儿子胜逃往吴国。到了昭关,官兵要捉拿他们,伍子胥和胜各自逃跑,在义士的帮助下巧过昭关,好不容易才脱身,逃出虎口。

但是,伍子胥还没逃到吴都就得了病,不得不在中途停下来。这个时候,伍子胥的盘缠已经花光了,想到父兄无辜被杀,他就悲愤难忍、痛不欲生,真想一死了之。可是,又想到大仇未报,只能咬牙忍耐,他一路上讨饭、露宿野地,吃尽了千辛万苦,终于来到吴都。

这时,吴王僚刚刚当权执政,公子光做将军。伍子胥通过公子光的关系求见吴王,吴王僚见了伍子胥以后,觉得他相貌不凡、谈吐高雅,便加以重用,赐他为大夫。接下来的几年里,吴国和楚国之间爆发了一场大规模的战争,起因却非常简单,吴国的边境有一个叫卑梁的小镇,与卑梁接壤的是楚国的小镇钟离。有一次,为争采桑叶,两地的女子相互撕打起来,双方的边民也因此发生争斗,争斗中,卑梁镇的人被杀了好多。这件事被楚平王知道了,楚平王盛怒之下,派兵一举铲平了卑梁镇。

楚国的行为让吴王僚无法忍受,于是吴国以牙还牙,派公子光率领大军攻打楚国,吴军不费吹灰之力,就铲平了楚国的钟离和居巢,之后,又乘势直逼楚国的腹地,楚军连连后撤。这个时候,在吴国的宫廷里,伍子胥也感到处处都充满了险恶。公子光一心想夺吴国王位,四处招兵买马,准备有朝一日取代吴王僚。

而且,上次在攻打居巢的时候,伍子胥曾劝吴王僚:"楚国是可以打败的,应该乘胜追击,再派公子光去,就可以一举攻破楚国。"伍子胥还劝公子光乘胜破楚。

公子光表面上虽然没有反对,私下里却对吴王僚说:"我看不能再向前进攻,伍子胥的父兄都被楚王杀害,他这是想趁机报仇,可对我们吴国却不一定有好处。况且,如果我们攻打楚国,也未必有把握将楚国打败呀。"吴王听从了公子光的话。

伍子胥知道公子光的野心,他一直在伺机想杀死吴王僚,自立为君。他认为如果在这样的人身边,可能不但报不成仇,还会招来杀身之祸,就向公子光提出请求,说自己想到山里去种地。

一直以来,伍子胥帮公子光做了许多事,公子光也一直把伍子胥视为上宾,希望他能协助自己夺取王位,自然不会轻易同意伍子胥的请求。

伍子胥为了脱身,也为了公子光成就大事,便推荐了自己的好朋友——专诸。

后来,公子光觉得专诸很合自己的心意,便同意了。于是,伍子胥就离开朝廷,和太子建的儿子胜一起去了乡下,以种地为生。

伍子胥的这一举动,可谓一箭双雕:一方面,自己能脱身;另一方面,自己还可以通过朋友专诸了解宫廷里的动向。

伍子胥在山里种地只是借口,而他无时无刻不在想着为父兄报仇雪恨,他之所以一直忍耐着,只是为了寻找报仇的机会。

公元前516年,吴国趁楚平王去世、楚国内政混乱之机,派兵攻打楚国,吴王僚把兵马都派去对楚作战。公子光和专诸商议,认为这个时候正值国内空虚,于是,很快就废掉吴王僚,自立为王,他就是吴王阖闾。

阖闾自立以后,就召回伍员,官拜为行人,和他共同策讨国事,伍子胥开始帮助吴王阖闾讨伐楚国。伍子胥长久的匍匐总算有了站立的机会,总算有了报仇雪恨的机会。

在阖闾九年的时候,吴军向楚国不断挺进,一直打到了郢都,楚昭王出逃,吴兵很快就攻进了郢都。吴兵攻进郢都后,伍子胥四处搜寻楚昭王,没有找到,就掘开楚平王的坟墓,鞭尸三百,终于解了心头大恨,报了楚王杀父兄之仇。

伍子胥的兄长伍尚虽然忠义孝顺,但他目光过于短浅,为了不背上不孝顺之名,明知自己去送死,却甘愿同父亲一起赴死,白白葬送了自己的生命。伍尚看似死得有忠有义,但司马迁将伍尚的为父赴死形容为"蝼蚁之死"。伍子胥的忍辱偷生,则被司马迁形容为大丈夫的作为,因为大丈夫是能屈能伸的。如果伍子胥也和其兄一样去赴死,那正好中了楚王的圈套,死得毫无价值。

伍子胥为报父兄之仇,忍受了人间太多的苦难。他懂得"留得青山在,不怕没柴烧"的道理,懂得"君子报仇,十年不晚",只有活下去,才有机会报仇。逃亡之后,伍子胥将杀父之仇暂时掩藏了起来,饱受眼前的侮辱,匍匐下去,等待反扑的时机。

终于,他利用吴国的力量,圆了自己报仇雪恨之梦。

哪怕是他人的一点点给予，也要懂得感恩

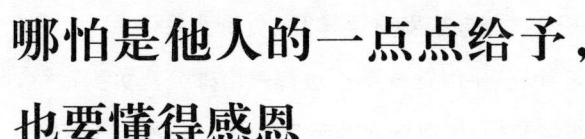

我们应该对一切美好的事物心存感激，由此我们将会获得力量、获得信念，一生都会被美好的事物包围着。

如果一个人懂得对生命、对生活，甚至对一切美好的事物都心存感激，灵魂就会得到不断升华。对于身边所拥有的一切，我们都应该倍加珍视并心存感激。对自己的事业心存感激，就会忠诚敬业，事业才会有发展，个人才能成功；对自己的平凡生活心存感激，也就不会有太多的抱怨，才能幸福地生活着；对那些帮助我们的人心存感激，那么我们就会得到更多的帮助。

因此，我们应该对一切美好的事物心存感激，由此我们将会获得力量、获得信念，一生都会被美好的事物包围着。也许我们还无法做得那么完美，但我们必须知道，无论何时都要有一个良好的心态和一颗感恩的心，那么幸福快乐就会伴随着我们走下去。像小王就是一个懂得感恩的人，哪怕是他人的一点一滴给予。

有一批10多个人的应届硕士毕业生，小王也是其中一员，他们实习时被导师带到某科研单位的实验室里参观。在全体学生坐在会议室里等待负责人到来的时候，有位秘书给大家倒水，同学们表情木然地看着她忙活，有一个同学问了句："有解暑的绿茶吗？天太热了。"

秘书很有礼貌地回答说："不好意思，刚刚用完了。"小王看着有点儿别扭，心里嘀咕："人家给你倒水还挑三拣四的。"轮到他时，他轻声说："谢谢您，辛苦了。"秘书抬头看了他一眼，满含着赞赏的目光，虽然这是很普通的客气话，但这却是她这天听到的第一句，也是唯一听到的一句。

过了一会,单位的负责人走进来和大家打招呼。可是不知怎么回事,静悄悄的,没有一个人回应。小王左右看了看,犹犹豫豫地鼓了几下掌,同学们这才稀稀落落地跟着拍手,由于不整齐,越发显得零乱。负责人挥了挥手,示意大家停下:"欢迎同学们到这里来参观。平时这些事一般都是由办公室负责接待,因为我和你们的导师是老同学,非常要好,所以这次我亲自来给大家讲一些有关情况。"

"可是,我看同学们好像都没有带笔记本,这样吧,刘秘书,请你去拿一些我们部里印的纪念手册,就算是送给同学们做纪念吧。"单位负责人对刘秘书说。

接下来,更尴尬的事情发生了,大家都坐在那里,很随意地用一只手接过负责人双手递过去的手册。负责人脸色越来越难看,走到小王面前时,已经快要没有耐心了。就在这时,小王礼貌地站起来,身体微倾,双手握住笔记本恭敬地说了一声:"谢谢您!"负责人闻听此言,不觉眼前一亮,伸手拍了拍他的肩膀:"你叫什么名字?"他照实作答,负责人微笑着点头回到自己的座位上。早已汗颜的导师看到此景,微微松了一口气,这句很简单的"感谢"避免了尴尬。

半年后,毕业分配表上,小王的去向栏里赫然写着该机关单位的实验室。有几位颇感不满的同学找到导师:"他的学习成绩一般,而我们很多人都比他优秀,为什么选他而没选我们?"

导师看了看这几张尚属稚嫩的脸,笑道:"是人家点名来要的。其实你们的机会是完全一样的,你们的成绩甚至比他还要好,但是除了学习之外,你们需要学的东西太多了,修养是第一课。如果一个人都不懂得对他人的善意感恩,光学习好又有什么用呢?"

小王由于对一些小小的善意都报以感恩之心,所以才能够得到录用单位的赏识,得到机会的青睐。人的修养是无形的,有修养的人,能够给人好的印象,这让你在与其今后的相处上占尽了优势。当然,这种从骨子里散发出来的东西是不可以用一时的奸巧诡计来比拟的。与人为善、学会感恩,无论在什么时候都会为自己的形象加分。往往懂得感恩和不懂感恩的人命运也有天壤之别,下面这笑话就充分诠释了这一点。

有两个人一起结伴去见上帝,希望到天堂去,见到上帝后就问上天堂的路怎么走。上帝见两人饥饿难忍,先给他们每人一份食物。一人双手接过食物,很是感激,一个劲儿地道谢;而另一人接过食物,无动于衷,仿佛就是欠他似的。没想到,上帝只让那个说"谢谢"的人上了天堂,而另一个则被拒之门外。

那个被拒之门外的人不服气地说:"我不就是忘了感谢你吗?你也太小气了。"

上帝看了他一眼,说:"这不是忘没忘的问题,而是有没有感恩之心的问题。如果没有感恩之心就不能够有发自肺腑的感谢。而那些不知感恩的人,就不知'爱'别人,所以就得不到别人的'爱'。"

尽管如此,那人还是不服:"只是少说一句'谢谢',结果的差异这么大也不公平!"上帝又说:"事实就是如此,通往天堂的路是用感恩的心铺成的,而天堂的门只有用感恩的心才能叩开,而下地狱则不用,地狱比较适合那些不知感恩的自私之人。"

笑话毕竟是笑话,上天堂或许对于我们这些平凡的人有些虚枉。但是除此之外,感恩还能够给我们带来什么呢?看看下面这个百岁老人的感慨吧。

有一位百岁老人谈起长寿的秘诀时说:"首先要学会幽默,其次是学会感恩。"从孩提时代起,每天她说的最多的一个词便是"谢谢"。她感谢父母、感谢儿女、感谢丈夫、感谢邻居、感谢大自然给予她的种种关怀和体贴,感谢每一个温暖、快乐、幸福的日子。别人每对她说一句亲切的话语,每为她做一件平凡的小事,每送给她一张问候的笑脸,她都忘不了感恩。她对于接受的每一点馈赠,都怀有感恩之心。所以,长寿也就是自然而然的事情。"感恩"有此功效,其实并不奇怪。

也许谁都知道要有感激之心,可往往人们由于过于忙碌或者粗心,而忽略了表达这份感激之情。人们有时会只顾想着自己的那点烦恼、那点痛苦、那点不快,总是感觉别人对不起自己,亏欠自己很多,经常站在自己的角度去考虑问题,而不会宽容、不会善解人意,这就很容易烦恼并时常会处于痛苦之中。这些,都是因为他们失去了感恩之心。

对他人的善意也要心存感激,要有慈爱之心和慈悲之心,多给予、少掠取,这样就能够使自己心灵富足。感恩能够使我们得到更多机会的青睐,就像故事中的小王一样;感恩能够让我们得到上天的青睐,就像那位上天堂的人一样;感恩也能够让我们得到长寿的青睐,就像那位长命百岁的老人一样。

白梅易折,翠竹难断
——弯腰是一种韧性

伟大成就源自厚积薄发和坚韧不拔,成功路上总会有荆棘困扰,最大的挑战其实就是源于自我的惰性。如果我们在年轻的时候就懂得坚韧不拔,懂得千里之行始于足下,懂得志存高远需要脚踏实地,则实为大幸,则实为可贵,则必然迈向成功。

吃得苦中苦，方为人上人

弯腰哲学

> 当苦难来临时，弯下腰，让它落在我们宽厚的脊背上，这便是接受苦难；随后，用我们坚韧的脊梁顶住它，这便是承担苦难；而这一切都是为了最后的积蓄力量，用我们挺拔的身躯压过它，这便是战胜并超越了苦难。

要想尝到甜，就先要知道苦的滋味儿。我国民间有一个习俗：给新生儿先喂大黄，然后喂甘草汁，之后才是正常喂食。这包含着一定的人生哲理：先苦后甜。当苦难来临时，弯下腰，让它落在我们宽厚的脊背上，这便是接受苦难；随后，用我们坚韧的脊梁顶住它，这便是承担苦难；而这一切都是为了最后的积蓄力量，用我们挺拔的身躯压过它，这便是战胜并超越了苦难。

一个苦难，就是一级新的台阶，只要愿意，任何一个障碍都会成为一个超越自我的契机。在人生路上，无论我们走得多么顺利，只要稍微遇上一丁点儿的不顺利，就会习惯性地抱怨，进而祈求上苍赐予我们更多的力量，帮助我们渡过难关。但实际上，老天是最公平的，每个困境都有其存在的正面价值。

从某种意义上来说，"吃苦"是人一生中无法避免的，这是因为"苦"是客观存在的。人们在做事的过程中，总会遇到各种各样的困难，很多都是实际中本身就存在的。但是，虽然环境是客观的，而人的生命是具有无限的韧性和耐力的。只要拥有吃苦耐劳的个性，外界任何的困难都无法阻挡我们前进的脚步。

从前，有一个年轻人，因为家境贫困，从小就没读过多少书。

后来，他想进城找一份工作糊口，也好贴补家用。但他到了城市之后才发现，这几乎比登天还难：城里没有一个人看得起他，大家都向他投去鄙夷的目光，因为他没有在城市立足的基本通行证——文凭。就这样辗转了几天,他最后仍然没有被一家单位雇用。

就在他灰心丧气之时,忽然想到要给当时很有名的银行家罗斯写一封信。他在信里抱怨了命运对他是如何不公,他甚至提出:"如果您能借一点儿钱给我,我会先去上学,然后再找一份好工作。"

信寄出去后,等待回信便成了他每天生活的唯一内容。他隐约觉得,这封信不会石沉大海。或者说,他只能将自己渺茫的希望寄托在这封几乎不可能收到的回信上。可是,几天过去了,他已经用尽了身上的最后一分钱,但还是没有盼到罗斯的回信。无奈,他只得收拾行李,准备离开这个不能接纳他的城市。

就在这时,房东跑进来说有他一封信,是银行家罗斯写来的。这个青年欣喜万分,像抓住了救命稻草一样赶快拆开。可是,罗斯并没有对他的遭遇表示同情,而是在信里给他讲了一个故事。

罗斯说:"在浩瀚的海洋里生活着很多鱼,除了鲨鱼之外,所有的鱼都有鱼鳔。没有鱼鳔的鲨鱼照理来说是无法生存下去的,因为这会使它行动极为不便,在海洋里只要一停下来就很容易沉入海底而丧生。所以,为了生存,鲨鱼只能不停地游动。没有人能想象鲨鱼为了生存吃了多少苦,付出了多大的努力!从它们出生开始,面对的就是永不停歇的游动,直至死亡。其他的鱼类都为自己拥有鱼鳔而感到无比庆幸。然而,很多年以后,鲨鱼却因此拥有了强健的体魄,成了同类中最凶猛的鱼。正是这样苦难的生活成就了鲨鱼在海洋中的霸主地位。"

最后,罗斯说:"这个城市就是一个浩瀚的海洋,拥有文凭的人很多,但成功的人很少。你现在就是一条没有鱼鳔的鱼……"

那晚,青年躺在床上久久不能入睡,耳边一直在回响着罗斯的话。突然,他改变了决定。

第二天,他跟旅馆的老板说,他可以留下来当服务生,只要给他一碗饭吃,不要一分钱工资。旅馆老板当然为获得如此廉价的劳动力而高兴,便很痛快地答应了。

10年后,这个青年拥有了令人羡慕的巨额财富,并娶了银行家罗斯的女儿。

他就是石油大王——哈特。

苦难是强者和弱者的分水岭。法国作家巴尔扎克说："苦难对于天才是一块垫脚石，对能干的人是一笔财富，而对弱者是一个万丈深渊。"的确，对于弱者来说，苦难是一道难以跨越的门槛，是泯灭意志、甚至导致沉沦的深渊；而对于强者而言，苦难则是磨炼意志的训练场，是助其成长的必经之路。

"吃得苦中苦，方为人上人。"这句流传千百年的至理名言告诉我们一个这样的道理：吃苦耐劳是成功的秘诀。苦吃惯了，味蕾便不再觉得苦涩。遇到危机能泰然处之，遇到挫折也能积极进取。这样能吃苦耐劳的人，很少有无所建树的。

王永庆，从一个米店的小学徒做起，历经苦难，一步步发展，成为闻名世界的"塑料大王"。他的成功秘诀是什么呢？

王永庆小时候家里十分贫穷，由于他在兄妹中排行老大，从小就担负着繁重的家务。从6岁起，他每天一大早就起床，赤脚担着水桶，一步步爬上屋后有200多级台阶的小山坡，再赶到山下的水潭里去汲水，然后再从原路再挑回家，一天要往返五六趟，十分辛苦。

小学毕业后，为了维持一家人的生计，王永庆没有继续去读初中，而是来到嘉义一家米店当学徒。干了大概一年的时间，父亲见小永庆有独立创业的潜能，就向亲戚朋友借了200块钱，帮他开了一家米店。

米店虽小，但对于王永庆而言，这是他人生中第一家自己的"产业"，所以经营起来特别用心。为了建立客户关系，他用心盘算每家用米的消耗量。当他估计谁家的米差不多快吃完的时候，就主动将米送到顾客家里。这种周到的服务一方面确保那些老主顾家里从来不会断米，另一方面也给顾客提供了方便。尤其那些老弱病残的顾客更是感激不尽，这些人自从在王永庆的米店买过米后，就再也没到别家去过。

王永庆的胸怀大志让他并不满足于只是开一家卖米的铺子。为增加利润，他减少了从碾米厂进货这一中间环节，添置了碾米设备，自己碾米卖。在王永庆经营米店的同时，他的隔壁有一家日本人经营的碾米厂，一般到了下午5点钟就要停工休息，但王永庆则一直工作到晚上10:30，结果可想而知，日本人的业绩总落后于王永庆。

正是由于从小培养了吃苦耐劳的精神，后来在经营台塑企业时，王永庆便得心应手,即使遭遇挫折,也能坦然面对。王永庆曾深有体会地说:"对我而言,挫折等于是提醒我某些地方疏忽、犯错了,必须进行理性分析,并作为下次处世的参考与借鉴。这样便能以正确的态度面对人生所不能忍受的挫折,并从中获益,挫折的杀伤力就等于锐减了一半。因此,我成功的秘诀就是4个字——吃苦耐劳。"

苦难是催人奋进的源泉。"自古英雄多磨难,从来纨绔少人杰。"李嘉诚曾经说过:"一个人只有面对和忍受逆境带来的痛苦,这个人成功的机遇才能表现出来。很多人要是没有遇到逆境,他们是不会发现自己的强项的。"身处逆境,吃的苦本身就要比别人多。然而,"苦"则思变,苦难就会成为摆脱困境、奋力崛起的动力。

如果能忍受一般人忍不了的痛,吃一般人吃不了的苦,想一般人想不到的事,坚持一般人坚持不了的信念,那么终究有一天,你会走出困境、享受人生。只有弯得下腰、历经并能承受无数苦难的人,才能不断提高自身能力,成就一生的伟业。

海明威曾说:"生活总是让我们遍体鳞伤,但到后来,那些受伤的地方一定会变成我们最强壮的地方。"正在经历的苦难或许正孕育着未来的希望,过去的创伤或许正是我们应对生存危机的力量。今天不愿弯腰,明天或许就得折腰。不愿吃苦、不能吃苦、不敢吃苦的人,往往要苦一辈子。与其怨天尤人,不如将打击变为奋进的催化剂,助我们向成功的巅峰迈进。

成功就是沉下心地坚持

弯腰哲学

河蚌忍受了沙粒的磨砺,坚持不懈,终于孕育出绝美的珍珠;铁剑忍受了烈火的赤炼,坚持不懈,终于炼就成锋利的宝剑。一切豪言壮语都在空中飘浮得云雾缭绕,唯有坚持才是迈向成功的基石。

"再坚持一下,成功与失败就在于能不能挺住这一会儿。"可是往往坚持的姿态并不是很壮观,因为它常常需要我们把腰弯得很低,于是,就不可能气宇轩昂,就不可能放眼四海,就不可能慷慨陈词,只能以一副艰难的样子维持自己的不屈。

然而,每一个成功的人都知道,取得成功并不是一个简单的过程,它需要不断付出艰辛的努力。但只要坚持到底,必能采摘到胜利的果实。

歌德曾说:"只有两条路可以通往远大的目标:力量与坚韧。力量只属于少数得天独厚的人;但是苦修的坚韧,却艰涩而持续,能为最微小的我们所用,且很少不能达成它的目标。"就像下面这个耗时20年培育出白色金盏花的老妇人,因为有她源源不断的心血,再艰难的种子也会如愿地发芽、开花。

美国一个园艺所贴出征求纯白色金盏花的启事,高额的奖金让许多人趋之若鹜。但是,20年过去了,因为培植的难度,没有一个人培植出白色的金盏花。

一天,园艺所意外地收到一封热情的应征信和一粒纯白色金盏花的种子。寄种子的是一位年逾古稀的老妇人,她是一个地地道道的爱花人,20年前当她看到启事的时候便怦然心动,于是,她撒下了一些最普通的种子,精心侍弄。

一年之后,金盏花开了,她从那些金色的、棕色的花中挑选了一朵颜色最淡的,任其自然枯萎,以取得最好的种子。

次年,她又把它们种下去。然后,再从这些花中挑选出颜色更淡的花的种子来栽种。日复一日,年复一年,春种秋收,周而复始,老妇人的丈夫去世了,儿女远走了,生活中发生了很多事,但唯有种出白色金盏花的愿望在她心中根深蒂固。

终于在20年后的一天,她在那片花园中看到一朵金盏花,它不是近乎白色,也并非类似白色,而是如银如雪的白。于是,一个连专家都解决不了的问题,在一个不懂得遗传学的老人长期的努力下,最终迎刃而解。

曾经那么普通的一粒种子,也许谁的手都曾捧过,却因为少了一份以心为圃、以血为泉的培植与浇灌,才使得自己的生命错过了一次最美丽的花期。坚持是一种耐心,是一种矢志不渝的追求,即使一粒最普通的种子种在心里,也能长出奇迹。

愚公锄锚移山,终得天帝相助;达摩静坐参禅,石壁为之感化。这样的效果,虽是不可企求的,但毕竟是坚持者才会得到的礼遇。

历史如大浪淘沙,自将磨洗。是坚持,让刘禹锡历经了"二十三年弃置身"的悲苦后,终修炼成"出淤泥而不染"的清莲;是坚持,让苏子瞻身陷"乌台诗案"而坚持写出"老夫聊发少年狂";是坚持,让柳永全然不顾衣带渐宽,而流传下了千古佳话。曹雪芹举家食粥却坚持写下了不朽巨著《红楼梦》;欧阳修年幼丧父而笃学成材;匡衡家境贫寒而坚持凿壁借光,终成大器。圣贤们正用亲身经历向我们诉说着一个真理:坚持,是通向成功必不可少的条件。

坚持体现了忍耐,如同常人是否能弯得下腰一样。为了实现某一预定目标,人们往往容易心浮气躁、火烧火燎,这实际只不过是一种轻浮和慌张而已。滴水不求朝夕之效,故能坚持到穿石的日子。穿石之后,依然平心静气,保持着自己的步伐,这就是一种恒久的忍耐。它拒绝急功近利,所以才能勾起人们长久的怀念,才能永远地发挥作用。

发明大王爱迪生在研制白炽灯时,尝试了上千种材料,均告失败。有人嘲笑他说:"你永远不会成功。"但爱迪生不为所动,沉下心,坚持废寝忘食地进行研究。终于,他成功研制出世界上第一只电灯,使人类的生活得到一次重大改革。

在爱迪生的发明中,遇到困难最多、耗费时间最长的要算是蓄电池了。他一共花费了15年的时间才研制成功,在这个实验中共失败了5万多次。当所有人都灰心丧气时,他却乐观地说:"我想,'自然'它并不是无情,它一定不会永远深藏着蓄电池的秘密。"终于,他成功了!他的蓄电池被用于火车、轮船上,成为发电厂的电力,甚至直到今天人们还在使用这种蓄电池。

而蓄电池之所以能够成功,就在于爱迪生能够坚持。他一生坚持研究,创造了一系列使后人获益匪浅的发明。他的名字熠熠生辉地烙印在史册上,经岁月流洗而不褪色,盛名流传至今。是坚持,让他一生光彩。

能坚持下来是件极不容易的事。鲁迅先生就非常赞赏虽然是最后一个但仍然要坚持跑到终点的人。这样的人在赛程中自然不会被荣誉的光辉所照耀,但却是最能鼓舞我们这些虽然平凡但拒绝平庸的人。其实,如果我们能以这样的竞技状态来应付日常所有平淡无奇的生活,这本身就是一种奇迹。

锲而舍之,朽木不折;锲而不舍,金石可镂。河蚌忍受了沙粒的磨砺,坚持不懈,终于孕育出绝美的珍珠;铁剑忍受了烈火的赤炼,坚持不懈,终于炼就成锋利的宝剑。一切豪言壮语都在空中飘浮得云雾缭绕,唯有坚持才是迈向成功的基石。

与其处处挖坑处处空，不如一生只挖一口井

弯腰哲学

永不放弃是一种志在必得的坚定，是压力下反弹出的韧劲。生命决胜于质量，哪怕一生只挖一口井，也要弯下腰坚持到底，直到清泉涌出、源源不断。

先来看这样一幅漫画：

一个人失望地扛着铁锹走着，身后有许多被挖得深度不等的坑。

这个人在挖水。可是尽管地下有丰富的水，他却没有挖到，最后失望而归。

这引发了我们的思考：坑多无水，必定是浅尝辄止的结果。在挖井的时候，也许挖至几米、十几米甚至几十米，都还没有见到有水源冒出，就像我们在追求理想的道路上前期迈出的无数步伐。这时我们会感到压力越来越大，甚至被压得抬不起头。但事实恰恰是，压力越大，井打得越深，冒出的水也就越甜。所以，此时的弯腰便体现了在压力下的韧性。

与其处处挖坑处处空，不如一生只挖一口井，专注而不放弃，即使只有一种本事，也可以称得上是专家。就像法国画家雷杜德，用了整整20年的时间只专注于一件事情，最终成就了他"玫瑰画家"的美誉。

雷杜德一生动荡。他出生在封建制度下等级森严的社会里，成长在法国大革命纷乱的战火中。虽然也曾有朋友要他投身于人民解放的革命中，用鲜血染红一片奋斗的历程。但他没有答应。

后来朋友威名远扬，成了赫赫有名的将军，而雷杜德却默默无闻，在历史上几

乎找不到他的踪迹。

但热爱艺术的人们会永远记住他。雷杜德用了半生的时间来研究玫瑰，研究各种姿态美妙的玫瑰，整整20年，以一种"将强烈的审美加入严格的学术和科学中的独特绘画风格"记录了近200多种玫瑰的姿容，集成了《玫瑰图谱》。在此后的180年里，以各种语言出版了200多种版本，平均每年都有新版本的芬芳降临人世。

雷杜德用半生的专注来挖一口玫瑰之井，让那些美妙的花儿艳丽多姿。这就是雷杜德的真本事，虽然只有这一份贡献，但他依旧彪炳史册。

在历史的长河中，用毕生精力挖一口深井的人屡见不鲜：曹雪芹倾注毕生心血，终留传世之作《红楼梦》；鲁迅先生弃医从文，一生以文字作为和敌人对抗的匕首，针锋相对；钱钟书一生治学，终成当代中国少有的学贯中西的文学大家。凡是有所作为的人，往往都是全神贯注、倾尽身心去追求既定的理想。浅尝辄止，是挖不成一口深井的。

生活中有许多看似匆匆忙忙、手脚终不得闲的人，整天没有一刻休息，但却总也见不到任何显著的成效。究其原因，想必就是做事浅尝辄止，刚刚上手去做这件事，而心里却又开始惦记着下一件事，到头来只能像抓蝴蝶的小猫，仍然两手空空。

浅尝辄止的人之所以会显得异常忙乱，是因为他们没有坚定目标，这无疑是对生命与资源的最大浪费。人生短暂，精力与时间都有限，我们应紧紧把握住自己独有的优势和志在必得的方向，凭借永不放弃的努力，执著而专注地干下去，这样才能有所作为。

在美国，曾经有一位年轻人，穷得连一件像样的衣服都买不起，然而在他心中，始终怀揣着一个坚定的梦想：做演员、拍电影、当明星。

当时的好莱坞有500多家电影公司，他根据自己划定的路线与排列好的名单顺序，带着自己为每一家公司量身定做的剧本前去一一拜访。但第一遍下来，所有的500家电影公司没有一家愿意聘用他。

面对100%的拒绝，这位年轻人没有灰心。从最后一家被拒绝的电影公司出来之后，他又回去从第一家开始，继续他的第二轮拜访与自我推荐。

可是，在第二轮拜访中，他仍然遭到了500次拒绝。

接下来,第三轮的拜访结果仍与第二轮相同。

这位年轻人咬牙开始他的第四次行动。当他拜访完第 349 家后,第 350 家电影公司的老板破天荒地表示让他把剧本留下来,先看一看。

几天后,这位年轻人获得通知,电影公司请他前去详细商谈。就在这次商谈中,这家公司决定投资开拍这部电影,并请这位年轻人担任男主角。

这部电影名叫《洛奇》;这位年轻人叫席维斯·史泰龙。现在当我们翻开电影史,这部叫《洛奇》的电影与这个日后红遍全球的巨星皆榜上有名。

那些出类拔萃的人,无论身处何种境地都不会轻言放弃。或者忍受不幸,或者战胜它。而每个人的体内都蕴藏着惊人的韧性,如果把它挖掘并充分发挥出来,那么,在前进的道路上就没有克服不了的障碍和渡不过去的难关。

做事情需用心,尤其是对于此生志在必得的事情更不可朝三暮四、见异思迁。人生并不是技巧的竞赛,长路的终点更需要坚持不懈的努力去一点点逼近。如此,生命的价值才体现得更加淋漓尽致。

为自己构筑一道防火墙

弯腰哲学

> 当压力已经大到超过我们脊柱所能承载的最大负荷时,适时地弯腰和躲避便是为了不致永久的折断。

俗话说得好,"惹不起总躲得起。"这是一种保全自身的处世方法。当压力已经大到超过我们脊柱所能承载的最大负荷时,适时地弯腰和躲避便是为了不致永久的折断。为了避免自己受到伤害,就必须避免和对手发生正面冲突,就必须远离危险,并且为自己构筑一道防火墙。

在战场上作战也好,在生活中为人处世也罢,如果力量对比过于悬殊,那就只能采用游击战术,敌进我退、敌困我扰。退避不是认输,更不是放弃,为的是保存实力、迷惑敌人,等待时机成熟的时候才能反败为胜。

凡事要能够控制自己的情绪,在自己明显处于劣势的情况下,能够主动退后一步,没有必要去"硬碰硬",这样才能够为将来蓄势,如果一定要明知不可为而为之,那么吃亏的只能是自己。

书法家颜真卿是三朝老臣,他为人忠贞、正直敢言,官至太子太保,在当时的社会上名气很大。但正是因为他刚直不阿的性格,在不知不觉中得罪了宰相卢杞,卢杞总想把他排挤到外地去。

论书法和气节,颜真卿堪称为当世一流,但要对付卢杞这样的奸诈小人却是苦无良策。其实,颜卢两家是世交,父辈曾携手并肩浴血沙场,是同生共死的兄弟,但即使如此,卢杞也不放过他。

颜真卿的脾气倔,他知道卢杞要整治自己,一天,他特意赶到中书省对卢杞说:"我曾经被小人陷害,长期被排斥在外地。你我二人往日无冤,近日无仇,当年安史之乱时,我与你父亲血战平原,恩深情笃,今天你就忍心不念旧情,就真的不能容我吗?"突如其来的一番话说得卢杞脸色绯红,从那时起,卢杞心中更痛恨他了。

没过多久,李希烈发动叛乱,叛军攻陷了汝州,卢杞见机会难得,就向德宗建议派颜真卿前去劝降。卢杞不怀好意地说:"如果陛下派一位德高望重的老臣去劝说李希烈,他一定会改过自新,不费一兵一卒就平息叛乱。颜真卿就是最合适的人选,他名闻海内,德高望重,如果派他前去,李希烈不久就会归顺朝廷。"这显然是蓄意陷害。

没有主见的唐德宗听信了卢杞的话,命令颜真卿去汝州安抚李希烈。诏书下发之日,举朝震惊,很多文武大臣都看出这是有人存心为难颜真卿。结果颜真卿被叛军扣留,最后被其所害。

卢杞就是一个小人,他要想陷害什么人,一定会处心积虑地寻找机会。而颜真卿明明知道卢杞是个得罪不起的小人,可是他"惹不起"却偏偏不"躲",怒形于色,让对方毫无顾忌地与之相斗,最后遭到对手的暗算,实在不是明智之举。

争勇斗狠是匹夫的鲁莽行为,即使是身居高位的人,也免不了会犯这样的错误。适时地弯腰并不是一种屈服,而是为了不直面强力、以免折损。这才是有勇有谋的表现,需要糊涂的时候不要逞强是非,方是大智者。

春秋时期,晋献公听信了谗言,把自己的太子申生杀了,又派人捉拿申生的弟弟重耳。重耳闻讯,逃出了晋国,在外流亡十几年。

重耳经过了千幸万苦,来到了楚国。楚王知道重耳曲折的经历后,十分看好重耳日后的发展,因此,楚王为了稳住重耳,以国君之礼相迎,待他如上宾。

有一天,楚王设宴招待重耳,两个人推杯换盏,聊得十分高兴,气氛也十分融洽。聊着聊着,楚王突然问了重耳一个问题:"你若有一天回到晋国当上国君,该怎么报答我呢?"重耳心里突然一震,但是表面上并没有表现出来,他平静地说:"大王待我如同上宾,每日华服美食款待十分周到,重耳来日若能得势,一定会知恩图报的。只是楚国物产丰富,人杰地灵,大王真是无所不有了。晋国是地薄人穷,要什么没什么,哪有什么珍奇物品献给大王呢?"

楚王听了重耳的话很高兴,他又说:"公子过谦了,话虽然这么说,可总该对我有所表示吧?"重耳笑笑回答道:"要是真如大王所料,重耳能够回国当政的话,我将与大王和平共处,无不侵犯。即使有一天,晋楚之间不得不发生战争,我一定命令军队先后退90里,然后和大王坐下来谈和,如果还不能得到您的原谅,我再与您交战。"

重耳的话说得软中带硬,隐隐的带有杀气。重耳当时已经意识到,将来如果他夺回晋国国君之位,很可能会跟楚国开战。4年后,重耳果真回到晋国当了国君,就是历史上有名的晋文公。晋国在他的治理下日益强大。

公元前633年,楚国和晋国的军队在作战时相遇。晋文公兑现了他当年许下的诺言,下令军队后退90里,驻扎在城濮。楚军以为对方害怕了,马上追击。晋军利用楚军骄傲轻敌的弱点,集中兵力,大破楚军,取得了城濮之战的胜利。

重耳当时非常明白自己的处境,那叫寄人篱下,而且他们之间的力量对比是非常悬殊的,自己的生死存亡完全在人家的掌控当中,他是完全惹不起楚王的。因此,他在言语上尽量敷衍,不仅称赞和恭维楚王,还许诺将来发生矛盾时主动撤退,能躲的时候他选择尽量躲避。

重耳后来的胜利证明了他过人的胆识和谋虑。需要躲避的时候一定要躲避,否则就如同拿鸡蛋往石头上碰。在这方面我们要向重耳学习,而不能学颜真卿。留得青山在,不怕没柴烧,今天的躲避是为自保,更是为将来的图强。

以屈求伸、以弯求直、以退为进

弯腰哲学

大丈夫要像虫蛇一样能弯能直。弯得下腰又抬得起头,达到出神入化的地步,就能够安身立命,趋向尚德功成的境界。

在世人的心目中,所谓的"君子"一般是指那些正气凛然、刚正不阿,且不肯随波逐流、虚与委蛇之人。但是,最容易折断的也是最直硬的。其实,真正的"君子"应当是深谙弯直之道、懂得适时的弯腰、能够随机应变之人。因为,世间万物总是千变万化,衡量事物时也就不能拘泥于某一个固定的标准。

弯者,不是阿谀奉承的谄媚,不是溜须拍马的嘴脸,更不是俯首称臣的屈辱,而是韬光养晦的大智慧。韩信受胯下之辱,不为苟且偷生,只为日后"韩信带兵,多多益善"积蓄原始能量;司马迁受宫刑,忍辱负重,留将正气冲霄汉,终成信史照尘寰。弯,是压迫,更是积蓄。

直者,不是飞扬跋扈的桀骜不驯,不是目空一切的自傲自大,而是积蓄力量后的爆发,是直挂云帆济沧海的自信。从物理学的角度来讲,适度的"弯曲"能够增强自身的动能和势能,往往就会引发出许多奇特的创造和出人意料的效果。

以屈求伸、以弯求直、以退为进是力量薄弱、身处逆境、于我不利时的处世方式和成功招术。在客观条件不允许的情况下,如果硬去蛮干,那只能变成一个莽汉,结果也只能是自讨苦吃。如果能够尊重客观事实,弯腰弓背,示弱于强,以减少对方的戒备,取得喘息、休整、积蓄力量的机会,往往能够取得最后的成功。

三国时期,董卓进京,坏事做尽,国人皆欲除之而后快。曹操发诏联军,几番厮杀,都未能损其毫发。反而是手无缚鸡之力的王允,几个回合,竟然将董卓活活致死,不能不让人叹服。后人评说王允老谋深算,可谁又注意到他是在步步为营、机巧重重中掌握了屈伸之机、弯直之道,最终大功告成。

王允知道董卓和吕布都好色,且董卓本身也武艺高强,杀手、刺客恐难成事,能接近董卓的也只有吕布。离间董卓和吕布,即使吕布刺杀不成,也好叫董卓少了一员天下第一的猛将。

王允身为朝中重臣,竟然屈身讨好董卓的干儿子吕布,先送笔大礼,引他登门答谢。吕布尊他是朝臣,询问"何故错敬"。王允把吕布的虚荣心满足到了极致,一板正经地说:"方今天下别无英雄,惟有将军耳,允非敬将军之职,实敬将军之才也。"这已让吕布飘飘然不知所以了。后又故意叫出天生丽质的养女貂蝉出来陪酒,虽然王允将其视若己出,但却允诺把她嫁给吕布。吕布大喜。

没几天王允又宴请董卓来家,弯腰作揖,谦卑地吹捧:"允自幼颇习天文,夜观天象,汉家家数已尽,太师功德震于天下,若舜之受禹,禹之继舜,正合天心人意。"董卓笑得合不拢嘴。王允趁势又说:"自古有道代无道,无德让有德,岂过分乎?"此时的董卓已放言:"若果天命归我,司徒当为元勋。"王允已被董卓承认为"自己人"了。后让貂蝉起舞助兴,董卓自然被迷得七荤八素,王允趁机献貂蝉给董卓。

吕布闻听大怒,找王允算账,王允说董卓是借为吕布娶亲的名义把人接走的,从而轻松骗过吕布。此后貂蝉更是周旋于董卓和吕布之间,凭借自己的聪慧,终于挑反吕布,成功刺杀了董卓。

弯直之道,就是在复杂的政治环境中,特别是在自己力量尚不充足、羽翼尚未丰满、战机尚未成熟的时候,通过各种弯腰的手法,断然退避,像把箭收藏起来那样暂时隐匿自己的才能和锋芒,隐蔽自己的真实意图或目的,甚至隐辱忍痛,借以掩藏自己政治上的野心和志向。这样方可养精蓄锐,保存自己的力量,以待日后削弱或消灭对方。

大丈夫能进能退,能够在弯直之间自由驰骋。古有蔺相如,只身持璧入虎穴,后完璧归赵,渑池赴会,与秦王斗智斗勇,何其"直"也!而面对廉颇,甘心以礼相让,以诚感人。廉将军也不愧为大丈夫,感召之下,留下负荆请罪的佳话。何其"弯"也!弯直之间,自由取之,能进能退,所向无敌。

不会因时制宜的人是鲁莽的。对于那些我们一时难以办到的事情,千万不能孤注一掷、一意孤行。否则,只会在那一刻"竹篮打水一场空",徒耗精力和体力。怀着一颗弯直之心,进退有度,懂得"该出手时才出手",这才能"屡战屡胜",才是大丈夫所为。

学会在黑暗中欢笑

弯腰哲学

> 世界上没有无边的黑暗,只要拥有坚强的毅力和不惧黑暗的勇气,终究会看到黎明时喷薄的太阳,要相信自己是完全有足够的能力去经历黑暗并探寻光明的。

昼夜交替,福祸相依,这本来就是自然运转的规律。黎明之前必然要经历黑暗,因为有了黑暗,探寻光明的价值才会充分体现出来。黑暗只是实现梦想的必经之路,因为黑暗的侵袭而放弃希望的人,最终只会被黑暗所吞噬。相反,那些在黑暗中仍然仰望光明并孜孜以求的人,终究会把无法事先布置的生命舞台前的那条黑色布幔拉开,看到色彩斑斓的宏图。

在黑暗中仍能探寻光明,就像在重压下的竹子,那铮铮竹节亦然弯腰,而并非直挺而折。但往往竹子的韧性是和压力大小成正比的,压力越大,竹节越弯,就越能体现竹子不屈坚贞的品格。

她是无数个"中国盲人第一"的创造者:中国第一位女盲人钢琴调律师、第一位骑独轮车的盲人、第一位开卡丁车的盲人、第一位盲人跆拳道黄带选手、第一位加入世界杰出华人协会的盲人……很难想象这些成就,是一位双眼视力仅为0.02、患有先天性白内障的盲人所创造的,她叫陈燕。

童年时父母因她的先天性白内障而抛弃了她,但姥姥留下了她,并给予她全部的爱。姥姥用尽全部心力来培养她、教育她、磨炼她,是姥姥的支持让小陈燕勇于面对困难,勇敢而坚强地一直走来。

生活中,陈燕是一个乐观开朗、爱好广泛的人。她游泳考过了深水证,跆拳道晋升到黄带,她还喜欢弹钢琴、骑独轮车,喜欢猫,也喜欢画猫。

但作为一名盲人钢琴调律师,陈燕在找工作时却处处碰壁,刚开始,几乎所有人都不相信盲人还会调律。一架钢琴,8000多个零件,闭着眼睛一一触摸,再调出精准的音律——这听起来是件多么难以完成的事啊,但陈燕却把这种不可能变成了可能。她凭借自己坚韧执著的精神、熟练的技术、严谨的工作态度,最终赢得了客户的信任和肯定,开创了事业的新天地,成立了中国第一家盲人调律网。

阴影恰好证明了阳光的存在。陈燕并没有因为自己视野的盲区而遮住人生绚丽多姿的风采。世界上没有无边的黑暗,只要拥有坚强的毅力和不惧黑暗的勇气,终究会看到黎明时喷薄的太阳,要相信自己是完全有足够的能力去经历黑暗并探寻光明的。

海伦·凯勒,是一位生活在黑暗中却又给人类带来光明的女性,一位度过了生命的88个春秋,却熬过了87年无光、无声、无语的孤独岁月的弱女子。

然而,正是这么一个幽闭在盲聋哑黑暗世界里的人,用顽强的毅力克服生理缺陷所造成的精神痛苦,竟然成为哈佛大学的毕业生,竟然在大学期间就和老师合作发表了她的处女作《我生活的故事》,讲述她如何战胜病残。这本书给成千上万的残疾人和正常人带来鼓舞,被译成50种文字,在世界各国流传。

后来海伦·凯勒到美国各地,到欧洲、亚洲发表演说,为盲人、聋哑人筹集资金。建起了一家家慈善机构,为残疾人造福,被美国《时代》周刊评选为20世纪美国10大英雄偶像。

第二次世界大战期间,她又访问多家医院,慰问失明士兵,她的精神备受人们崇敬。1964年,她被授予美国公民最高荣誉——总统自由勋章,次年又被推选为世界杰出妇女。

她告诉人们:假如给"我"3天光明,第一天要用眼睛去看朋友,看我熟悉的环境;第二天去博物馆看看人类进步的奇观,欣赏这世界历代的艺术之美;第三天想到城市去看人们的日常生活。

相比之下,在那些"光明人"的世界里,如今又有多少"跳楼门"事件!也许,有意轻生的人真的是陷入了他们自己人生中一段最黑暗的沼泽之中,但其实我们每个人的一生中都会经历这样的阶段:外面的世界如同暗夜下的大海般深不可测、险象环生,而我们每一个个体就如同那一叶扁舟——面对浩瀚的大海,显得是如

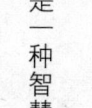

此的渺小、孤独和迷茫。然而,每个人的心灵救赎最终还是要靠自己。我们依然要有所期待、有所探寻,期待熬过黎明前最冷最暗的黑夜,探寻东方第一缕曙光的方向指引,我们将扬帆远航!

跌倒了再爬起来

弯腰哲学

> 被打弯了腰并不可怕,可怕的是自断中间那根支撑的脊梁,再没有挺起之意。只有屡败屡战,斗志才会一次比一次更强大;愈战愈勇,信心就会一次比一次更坚定。

人生的成功秘诀之一,就在于如何面对失败。有些人将失败看作是毁灭与灾难,那么他的前一次失败就已经种下了下一次失败的种子,那才是真正的失败者。还有一些人,把失败看作是一种恩赐和机会,他们每一次的失败就增加了下一次成功的机会。

被打弯了腰并不可怕,可怕的是自断中间那根支撑的脊梁,再没有挺起之意。只有屡败屡战,斗志才会一次比一次更强大;愈战愈勇,信心就会一次比一次更坚定。

作为开国皇帝,和朱元璋等人相比,刘邦在军事上的才略着实相差甚远。但刘邦屡战屡败,屡败屡战,却为后世树立了值得称颂的典范。

刘邦曾数次败于项羽,而且打败仗不但丢脸,还很危险。有一次在敌兵追逼之下,刘邦差点儿丢了性命,还有一次是由于别人替死,他才幸免于难。鸿门宴上,若非项羽大发妇人之仁,一缕阴魂早已飘落黄泉。在楚汉相争的动荡年代,刘邦留给人们的印象就是,一直在挨打,一直在逃跑。在项羽巨大身影的笼罩下,刘邦是那样的卑弱可怜。

然而,心态积极豁达的刘邦承受住了屡战屡败的打击。他不但没有消沉气馁、一蹶不振,失败的耻辱反而激起了他更大的斗志。死亡的威胁与对手的挑战,把刘邦的潜能最大限度地激发了出来。正是在与强敌的殊死较量中,刘邦才成功地实现了自我超越,最终于垓下一战,四面楚歌的项羽以自刎把江山拱手让于刘邦。

"人生下来不是为了被打败,一个人可以被毁灭,但不可以被打败。"刘邦多像海明威笔下那个同大海搏斗的倔强老者。作为大汉王朝的缔造者,刘邦对汉民族的形成与发展作出了不可磨灭的重大贡献,以屡败屡战的不屈意志留下了宝贵的精神财富。

心理学上把不怕失败、愈挫愈强的心理变化规律称做"奋起效应"。毫无疑问,刘邦就是一个"奋起效应"的成功典型。顺风好走路,逆水难行船,多少人一下子摔倒之后,便再也爬不起来。遇挫奋起、知耻而后勇是一种强者的品质,只有内心强大的人才是真正的强者。

清朝名臣曾国藩组建的湘军在誓师出战太平军时,因这支新军大都是以其家乡的乡勇为基础,招募的士兵多为质朴的农民,以当地儒生为军官,不曾受过正规的军事训练,故而两军初战时,湘军在岳州、靖港就连战连败。

曾国藩痛不欲生,试图投水自杀,被部下救起。

痛定思痛后,曾国藩重整旗鼓,后攻占武昌重镇,奉诏任湖北巡抚。其后,曾国藩率湘军水师进攻九江、湖口。太平军让翼王石达开搬兵来救,诱使湘军水师的轻便快船先进入鄱阳湖,再一举封锁湖口,使仍在长江中湘军的笨重大船成为"无翼之鸟、无足之虫",再用火攻。果然,湘军水师的数十艘大船被毁,曾国藩率残部狼狈退至九江以西,其座船也被太平军围困。曾国藩第二次投水自杀,又被随从捞起,他只得退守南昌。

其间,曾国藩因指挥湘军与敌交战无功,在给朝廷的奏章中用了"屡战屡败"之语。但实际上最后让远在京都的皇帝与重臣们读到的却是"屡败屡战"。满篇陈奏虽悲壮却精神振奋,气度朗朗朝日。原来,是曾国藩的部下李元度见到最初的折子,建议改为"屡败屡战",字无不同,但顺序如此一倒,则满篇精神大变,境界也就大不一样了。果然,朝廷读完呈上来的奏章,只觉曾国藩及其率领的湘军精神可嘉,不觉其屡屡失败有罪。

更重要的是,正因为其具有百折不挠的精神,屡败屡战,总结教训,才使湘军不断地走出逆境,不断地积小胜为大胜。曾国藩终于率领湘军会同左宗棠、李鸿章等人指挥的部队,逐渐实现了对太平天国"天京"的战略包围,并于同治三年6月攻破了天京,取得了最终胜利。

"屡战屡败",突出的是一个"败"字,说明战者无能,次次战败,让人对其能力产生极大怀疑;而"屡败屡战"突出的是一个"战"字,说明战者勇猛,次次战败但却次次卷土重来、不肯认输。

只要决心和毅力不倒,一时弯下了腰又怎样?爬起来,一切都可以重新来过。拿破仑说过:"人生的光荣不在于永不失败,而在于能够屡败屡战。"成功的人不是从未被击倒过,而是在被击倒后,还能够昂首挺胸、积极地向成功之路不断迈进。跌倒了再爬起来,这才是能够实现自我价值的人生态度。

吃得眼前亏，舍得眼前利
——弯腰是一种舍得

其实每个人在生活中，时刻都在取与舍中选择，我们又总是渴望着取，渴望着占有，常常会忽略了舍，或者说没有舍弃的勇气。每一个人都需要懂得放弃，因为不会放弃，也不会得到什么。只有懂得放弃、敢于放弃、果断放弃，才能把握住机会，获得更大的成功。

舍"君王"之尊,得"天下"之势

弯腰哲学

> 人生说起来很复杂,其实有时又很简单,甚至简单到只有取得和放弃。取得往往容易心地坦然,而放弃则需要巨大的勇气。若想驾驭好生命之舟,每个人都面临着一个永恒的主题:学会放弃。

屈原在"路漫漫其修远兮,吾将上下而求索"中感叹人生任重而道远。人生在世,不可能总是一帆风顺,难免会遭遇各种挫折和磨难。面对各种磨难,应该如何应对呢?我们应该懂得取舍,懂得暂时地隐忍,才能够渡过难关。

因为一个人只要善于忍耐,就能突破心理障碍、冲破困难的处境。一个善于忍耐的人,必然也是一个成熟稳重的人。这样的人,意志坚强、志向远大,能忍常人之所不能忍,能成常人之所不能成的事,因而常常能够在逆境中转败为胜。

忍耐,在很多时候都是需要舍弃一些看似重要的东西,这样才能够达到长远的目标。就像勾践那样连尊严都可以舍弃,卧薪尝胆,最后一举报了一箭之仇。

话说春秋末年,吴王阖闾在伍子胥、孙武等人的辅佐下,最终打败楚国,成为南方霸主。吴国与越国(都城在今浙江绍兴)山水相连,风俗相近,可是互相争斗,大有你死我活之势。

吴国成为南方霸主后不久,越王允常去世,其子勾践继位。吴王阖闾认为越国正值国丧,有机可乘,决定出兵攻越。老臣伍子胥是阖闾的得力大臣,认为时机不成熟,一再劝阻阖闾不要出兵攻越。可是,阖闾不听劝告,轻敌大意,执意起兵攻打越国。

于是,吴越两国在边境兵戎相见,发生一场大战,这就是历史上著名的槜李之战。吴、越两军战于槜李(今浙江嘉兴县西南),在越弱吴强的不利形势下,勾践下了一步险棋,派敢死队在吴军阵前自杀,趁吴军目瞪口呆之际,越军突然出击,吴军一击即溃。吴王阖闾满以为可以打赢,没想到却吃了败仗,大军落荒而逃。吴王阖闾也被击伤脚趾,再加上又上了年纪,回到吴国后,病情加重,不久就不治而亡。临死前,阖闾对儿子说:"不要忘记为我报仇。"吴王阖闾死后,儿子夫差继位。

　　吴王夫差为了牢记这个嘱咐,还专门安排了一个侍从提醒自己,每天只要一看见他经过,就大声说:"夫差,你忘记越王杀死你父亲的事了吗?"夫差一听,就含着眼泪回答:"没有。夫差不敢忘。"可以说是槜李之战揭开了吴越两国之间长达30多年战争的帷幕。吴王夫差时刻不忘报仇,天天做着复仇的准备。他让伍子胥、伯嚭在太湖里操练水军,自己在灵岩山日夜苦练本领,等待着复仇的那天。

　　而此时,越王勾践认为,吴国比自己强大,如果不趁吴王阖闾刚刚去世、夫差还不是特别强大的时候及早出兵胜之,便后患无穷。

　　于是,勾践不听大夫文种、军师范蠡等人的劝告,发兵偷袭吴国。吴王夫差命伍子胥为大将,亲率大军进攻越国。吴军士气大振,越军招架不住,连连后退,最后只好退守固城。夫差率军队将固城团团围住。越王勾践命令范蠡坚守固城,自己则与大夫文种带5000残兵拼力突围,逃到会稽山(在今浙江绍兴附近)。眼看越国即将遭到灭顶之灾,越国江山难保,勾践十分着急,他为自己在关键时刻沉不住气而懊悔不已。

　　文种对勾践说:"现在形势非常危急,当下之计,惟有向吴王夫差求和,才有可能暂时保全越国。"

　　"现在我们已经成为瓮中之鳖,对方哪会有讲和之意?"勾践觉得求和只是自己一相情愿的想法。

　　文种又说:"吴国的太宰伯嚭是个贪财好色之徒,而且还忌贤妒能,但是这个人深受夫差宠信。相国伍子胥功高自负,持严太急,二人素来志趣不合,相互之间经常有冲突和抵触。如果能私下贿赂太宰伯嚭,讨他的欢心,请他向吴王表示求和之意,吴王便没有不听的道理。即使伍子胥劝谏,吴王也一定不会采纳。他们君臣越是不同心,就越对越国有利。"

　　于是,越王勾践马上派人到王宫里选了一些美女,另外还有上好的玉石和黄金,派文种连夜送到吴国太宰伯嚭的军营内,请伯嚭帮助自己向吴王说情讲和。伯嚭这个贪财好色之徒,果然悉数收下,并带文种晋见吴王,诉说越王勾践的求和之意。

伯嚭对夫差说:"越王愿意向大王称臣。越国愿意把全部的珍奇宝贝都贡献给大王。只求大王保留他们的宗庙,不要灭掉他的国家。"

夫差当然不会答应,"我与越国有不共戴天之仇,我的父王就死在他们手上,怎么可以讲和呢?"

伯嚭不慌不忙地继续说:"勾践愿意做大王的臣仆,带妻子前来吴国赎罪,他的生死都操在大王的手里,大王您想,连越国君王的性命都掌握在您的手里了,这和得到越国又有什么两样啊?同意讲和也只是为大王留下个宽仁的名声罢了。这是两全其美的好事,如果不答应岂不是错过了好机会?"

伯嚭一向对夫差投其所好,百依百顺,因此,一直以来,夫差十分相信他。见他这么说了,夫差也就欣然点头同意了。在伯嚭的极力劝说之下,夫差同意了越国的求和,要求勾践及其妻入吴为人质,做臣奴3年。伍子胥得知消息,非常愤怒,极力反对。但夫差一意孤行,断然拒绝了伍子胥的提议。

伍子胥气得七窍生烟,无奈之下,只得退出中军帐,对天长叹说:"唉,等越国10年休养,10年生聚,20年后,吴国就要亡国了!"这些话到了吴王夫差耳朵里,并没有引起他的重视。而且从此以后,夫差对伍子胥渐渐地疏远了。

吴国没有灭掉越国,越王委托文种和诸大夫治理国家,自己则带着妻子、大臣范蠡等人到吴国服苦役。吴王命人在阖闾的墓地附近造了一间小石屋,让勾践夫妇住在里面,让他们为自己喂马,勾践夫妇穿着奴仆的衣服,整日蓬头垢面,一心锄草喂马,在马厩里挑水清理马粪。范蠡就一直在勾践夫妇旁边,为他们拾柴做饭。

在吴国服役期间,为了博取夫差的信任,勾践凭着常人罕有的忍耐力,一直十分小心地侍奉夫差。这时,吴王夫差为了确认勾践是否真有臣服之意,便在乘车外出时故意让勾践给他牵马,勾践就低着头,恭恭敬敬地牵着马在前面步行,十分尽心尽力。渐渐地,吴王放松了对勾践的警惕,甚至还生出了同情之心。

时间过得很快,一晃3年过去了。一天,夫差生病,勾践夫妇多次请求前去探视。一次,夫差要大便,勾践就赶忙把便桶拿到床前,还帮夫差擦身。在众目睽睽之下,勾践跪在地下用手指蘸着便桶里的粪便放到嘴里去品尝,还装出很高兴的样子,对夫差说:"病人的粪便如果不臭,就有性命危险,如果是臭的,就表示生理正常。现在,大王的粪便是臭的,我看一定会很快痊愈。"勾践放弃了"尊严"就是为赢得吴王夫差的信任,让他觉得自己是真心实意地臣服。

果不其然,夫差大为感动,他感叹道:"为了医治寡人的病,勾践不惜亲尝粪便,他真是一个仁至义尽的人。对于一个人来说,至重的是生命,最苦的就是疾病,能够得到越王如此厚待,我却一直把他当囚犯对待,实在是惭愧。"这次夫差下定决心要释放勾践回国。于是当他病好了以后,就将勾践提前放回国了。

勾践回国后吸取了教训,并没有马上就想报仇。他知道如果沉不住气,结局就只有真正的亡国了。为了进一步迷惑夫差,他做的第一件事,就是在国内挑选了一位绝世美女送给吴王夫差,这位美女便是后来与杨贵妃、王昭君、貂蝉并称为中国古代四大美女的西施。西施天生丽质,很快就成了吴王最宠爱的妃子。夫差还特地为西施在姑苏城外修建了一座最豪华的宫殿——姑苏台。从此以后,夫差更是迷恋美色,日夜销魂于姑苏台的轻歌曼舞之中,却将军国大事完全置之脑后。

而此时的勾践立志报仇雪耻,兢兢业业地治理国家,一心为复国进行着紧张而秘密的准备。勾践将都城迁至会稽,自己还亲自到田间拉犁耕种,并让夫人自己动手织布。同时奖励生育,以增加人口;7年不收赋税以发展生产。同时,勾践还让范蠡秘密地训练军队,以准备复仇。

勾践唯恐眼前的安逸消磨了志气,为了激励自己,让自己时刻不忘在吴国受苦的日子,勾践还将苦胆吊在床头,每逢吃饭的时候,都要先尝一尝苦胆的味道,问自己:"你难道忘了会稽的耻辱了吗?"

不仅如此,为了不忘报吴国之仇,勾践吃东西非常节省,穿衣服也很朴素,还把席子撤去,用柴草当做褥子。这就是历史上著名的"卧薪尝胆"的来历。

越国在勾践和文种的治理下,国力一天比一天强盛起来。

公元前482年,吴王夫差亲率大军北上争夺霸权,在黄池大会诸侯,争当盟主。此时吴国的大军主力全被派往黄池,勾践抓住这个有利时机,率军突然袭击吴国,很快就包围姑苏,焚烧了姑苏台。

夫差得知消息后，立刻匆忙赶回救援。在姑苏城外，由于之前和各诸侯连日交战，吴军已经非常狼狈，很快就败下阵来。无奈之下，夫差向勾践求和，勾践说："20年前，苍天把越国赐予你，你不接受。现在苍天又把吴国赐予越国，我不敢拒绝。"夫差见求和无望，被迫自杀。吴国就此灭亡了，勾践卧薪尝胆总算得到了完美的回报。

越王勾践在取得"槜李之战"的侥幸胜利之后，头脑发热，性情也变得浮躁了。他不听大夫文种的劝告，执意要攻打吴国。结果，在"夫椒之战"中，被吴王夫差打得惨败，差点丢掉性命。经此一劫后，越王勾践选择了忍耐，他知道如果沉不住气只会导致亡国的下场。

苏轼有一首诗歌是这样写的："苦心人，天不负，卧薪尝胆，三千越甲可吞吴。"越王勾践在长达20年的忍耐后，终于厚积薄发，将吴国灭掉。在这20年中，他不是消极地忍气吞声，而是舍掉了君王的"尊严"，舍弃掉了君王的奢华生活，做攻打吴国的各种准备，这是一种积极的忍耐。这种舍弃，除了需要智慧和意志，还需要宽阔的胸襟。

人生说起来很复杂，其实有时又很简单，甚至简单到只有取得和放弃。取得往往容易心地坦然，而放弃则需要巨大的勇气。若想驾驭好生命之舟，每个人都面临着一个永恒的主题：学会放弃。尽管有的人并不明白这个道理，但并不妨碍事实就是如此。即使在一个具体的生活或工作方面，有所得亦有所失，有意识地放弃往往是争取更大成功的前提。即使是贵为君王，也要懂得此理才能够成就万世之基业。

不懂得舍弃失败，实际上就是在放弃成功

弯腰哲学

懂得放弃的人，知道该放弃什么、不该放弃什么，在任何情况下都能坚持自己的信仰，把准人生的方向。

有一篇古文被选做中学的语文教材，说的就是鱼与熊掌的问题：面对鱼与熊掌不可兼得的矛盾，人们常常要面临舍鱼而取熊掌，抑或是舍熊掌而取鱼的困惑。倘若我们懂得果断放弃，这种困惑其实是不难消除的。处在当今令人眼花缭乱的精彩世界中，我们面对的"鱼与熊掌"的选择越来越多。"鱼与熊掌"的寓意演绎到"成功和失败"上就是：如果不懂得舍弃失败，实际上就是在放弃成功。

懂得舍弃失败，是人生的一大财富。懂得丢弃失败记忆的人，不会过分计较眼前的得失，他们的心胸宽广、目光远大，把暂时的放弃当成更进一步的阶梯，为发展积蓄能量，为成功奠定基础。而懂得放弃的人，知道该放弃什么、不该放弃什么，在任何情况下都能坚持自己的信仰，把准人生的方向。人在回忆里徘徊，也在回忆中扑空，而生命也就在同时悄悄流逝。一时的失败并不代表什么，你还可以重新来过。忘记失败、忘却痛苦，我们才能够坚定地前进。

爱迪生就是一个善于舍弃失败的人，因为没有几个人失败的次数有他那么多，所以也没有几个人能够企及他的成功。

众所周知，托马斯·爱迪生是一位伟大的发明家。他是一个异常勤奋的人，喜欢做各种实验，发明创造出许多巧妙机械。他对电气特别感兴趣，自从法拉第发明电机后，爱迪生就决心制造电灯，为人类带来光明。他一生总共获得上千项发明专

利,是专利制度实行以来获得个人专利最多的人。但实际上他也是尝试失败最多的人,暂且不谈别的,就说他在做灯丝实验的时候就经受过无数次失败。

　　事情是这样的:在很早以前,人们一般用各种油灯或蜡烛来照明。到后来,人们普遍使用的照明工具是煤油灯或煤气灯。这虽已冲破黑夜,但仍未能把人类从黑夜的限制中彻底解放出来,这个时候,电灯已是呼之欲出了。爱迪生认为,在他众多的发明中:电灯是最重要的发明,虽然他自己最喜欢的是留声机。电灯是人类征服黑夜的一大发明。只有它才使人类的世界大放光明,把黑夜变为白昼,扩大了人们活动的范围,赢得更多时间为社会创造财富,使得光明能够延续。

　　时至19世纪初,一位英国的化学家制成世界上第一盏弧光灯。但这种弧光灯有一种缺点:光线太强,只能安装在街道或广场上,普通家庭无法使用。无数科学家为此绞尽脑汁,想制造出一种价廉物美、经久耐用的家用电灯,爱迪生也是其中的一员。

　　爱迪生很早就开始了改革弧光灯的实验。他提出了要搞分电流,变弧光灯为白光灯。但是这项实验要达到令人满意的程度,就必须找到一种能燃烧到白热的物质做灯丝,这种灯丝要经受热度2000度以及1000小时以上的燃烧。

　　与此同时,电灯的用法要简单,能经受日常使用的击碰。不仅如此,要想普及,价格要低廉,还要使一个灯的明和灭不影响另外任何一个灯的明和灭,保持每个灯的相对独立性。这在当时是极为大胆的设想,需要下极大的功夫去探索、去实验。但是爱迪生无疑有这个勇气去实验。

　　寻找灯丝用的物质是一个棘手的难题,爱迪生先是用炭化物质做试验,失败后又以金属铂与铱高熔点合金做灯丝试验,还做过上质矿石和矿苗共1600种不同的试验,结果都失败了。但这时他和他的助手们已取得了很大进展,已知道白热灯丝必须密封在一个高度真空的玻璃球内,而不易熔掉的道理。失败并没有让爱迪生放弃希望,他只是放弃了那些"失败",把那些"失败"丢到脑后,继续进行着自己的实验。

　　尽管爱迪生昼夜不息地实验,然而他的白炽灯实验仍无结果。爱迪生在发明电灯的过程中,认真总结了前人制造电灯的失败经验。前后经历了无数次的失败,但是他毫不气馁,终于用棉纱变成了焦炭。他小心地把这根炭丝装进玻璃泡里,一经试验，效果果然很好。灯炮的寿命一下子延长13个小时，后来又达到45个小时。就这样，世界上第一批炭丝白炽灯问世了。1889年岁末的晚上，爱迪生电灯公司所在地的那条街道灯火通明，这就是爱迪生的杰作。

后来有一次，他把试验室里一把芭蕉扇边上缚着的一条竹丝撕成细丝，经炭化后做成一根灯丝，结果这一次比以前做的种种实验都理想，这便是爱迪生最早发明的白炽电灯：竹丝电灯。最后，爱迪生把炭化后的竹丝装进真空玻璃泡，通上电后，这种竹丝灯泡竟连续不断地亮了1200个小时。这种竹丝电灯继续了好多年，直到1908年发明用钨做灯丝后才代替它。爱迪生把自己的精力投入到炭化试验上，仅植物类的炭化试验就达6000多种。不知道经受过了多少次失败，多少次他都将失败的阴影抛到了九霄云外。

就这样，爱迪生和自己的助手苦心孤诣地研究了近10年的时间，经历了许许多多的艰辛与失败，但他从来没有动摇过。大约经过5万次的实验，写成实验笔记150多本，方才达到目的。他没有一次被失败打倒，没有一次因为失败而舍弃掉前进的希望。所以，他成了举世闻名的发明家。

无疑，爱迪生发明的"炭丝"电灯与以往的电弧灯相比，无疑显得实用多了。它的出现，标志着人类使用电灯的历史正式开始。它是在爱迪生实验过无数种材料失败后得到的。在炭丝电灯诞生30年后，美国通用电器公司的库里基发明了以钨丝做灯丝的电灯泡。这种电灯与炭丝电灯相比，又前进了一步，这是后话。爱迪生的发明已经是一个里程碑。

其实，放弃失败应该是我们的必修课。如果失败了，我们也应该像爱迪生那样，选择忘记，把那些失败忘记。千万不要害怕失败，要相信自己，因为人生的意义就在于勇于尝试。有人为了避免失败，就不去尝试，那就连成功也放弃了。有道是"好事多磨"，其实，失意是一种磨炼的过程，心即使在冰冻三尺之下也不会凉的。

所以，人生不求无过，但求无悔。要把握成功的机会，不要等失去了而去后悔，那是最没有意义的。舍弃失败，才能够拥抱成功的希望。

暂时的吃亏是一种精神投资

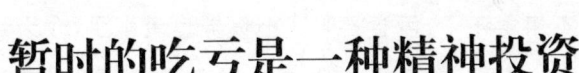

人与人之间总是有所不同的。别人的境遇如果比你好,那你无论怎样抱怨也无济于事。最明智的态度就是避免提及别人,避免与人比较吃亏的多少、占便宜的多少。

史学家范晔曾经有一句名言:"天下皆知取之为取,而不知与之为取。"一般是没有无回报的付出,也没有无付出的回报。正常的情况是:付出越多,得到的回报越大,只想别人给予自己,而自己只等着接受,那么回报的源泉终将枯竭。有一句话说得好:"爱出者爱返,福往者福来。"人世间的绝大部分事情,给予了付出才会有回报。

勇于付出,就会让对方觉得,他欠你的太多,在需要的时候,他必然首先想到你。常言说"吃亏是福",一辈子不吃亏的人是没有的,问题在于我们如何看待"吃亏"。人际关系中,无法做到绝对公平,总是要有人承受不公平、要吃亏。倘若人们强求世上任何事物都公平合理,那么,所有生物连一天都无法生存。而真正肯吃亏的人,往往都是最终的受益者。比如说孟尝君门下的冯谖就是这样做的。

春秋战国时期,孟尝君求贤若渴。他待人真诚,感动了一个具有真才实学而十分落魄的士人,这个人名叫冯谖。冯谖在受到孟尝君的礼遇后,决心为他效力。有一天,孟尝君要叫人为他到其封地薛地讨债,问谁愿意去,没有人出来应答。

半晌,冯谖站了出来,说:"我愿去,但不知用催讨回来的钱需要买什么东西?"孟尝君说:"如果要买的话,就买点我们家缺少或没有的东西。"众人听后都为他捏了一把汗,因为世间稀罕之物,孟尝君应有尽有。

但是冯谖好像没有考虑那么多,马上领命而去。他到了薛地后,见到老百姓的生活十分穷困,听说孟尝君的讨债使者来了,均啧啧有怨言。于是,他召集了邑中居民,对大家说:"孟尝君知道大家生活困难,这次特意派我来告诉大家,以前的欠债一笔勾销,利息也不用偿还了,孟尝君叫我把债券也带来了,今天当着大伙的面,我把它烧毁,从今以后,再不催还!"说着,冯谖果真点起一把火,把债券都烧完了。薛地的百姓没有料到孟尝君是如此仁义,个个感激涕零,觉得无以为报。

冯谖说:"用不着大家回报,既然孟尝君连钱都不在乎,又想要大家回报什么呢?"

后来冯谖回去复命,孟尝君问他:"你讨回来的利钱呢?"冯谖回答说:"不但利钱没讨回,借债的债券也烧了。"孟尝君便大不高兴,觉得冯谖没有经过自己的允许就擅自做主把债券烧了,实不应该。

冯谖对他说:"您不是叫我要买家中缺少或没有的东西回来吗?我已经给您买回来了,这就是'义'。焚券市义,这对您收归民心是大有好处的啊!"数年后,孟尝君被人谮谗,齐相不保,只好回到自己的封地——薛地。薛地的百姓听说恩公孟尝君回来了,倾城出动,夹道欢迎,表示坚决拥护他、跟着他走。孟尝君甚为感动,这时才体会到冯谖"市义"的苦心。这就叫"好与者,必多取",小的损失可以换取大的利益。

冯谖用那些根本就难以收回的债券挽回了民心,使得孟尝君年老回归自己的封地,大受拥戴,不得不说冯谖当初的举动是很高明的。但是更加高明的是田成子,他用一些粮食就换来了天下。

春秋末年,齐国的国君荒淫无道,横征暴敛,逼民无度。齐国的贵族田成子看到这种情况后,对他的僚属说:"公室用这种榨取的手段,虽然得到了不少财富,但这种取是'取之犹舍也'。仓储虽实,但国家不固,终是'嫁衣'。"于是田成子制作了大、小两种斗,打开自己的仓储接待饥民,用大斗出借谷米,用小斗回收还来的谷米,以这样的方式来赈济灾民。

于是,不少齐国人不肯再为公室种田,反而投奔于田成子门下。田成子用这种大斗出小斗进的方式,借出的是粮食,收回的却是民心。虽然给予了粮食,实则得到了更多的东西。果然,齐国的国君宝座最后为田氏家族所得。那些粮仓的米为田家换得了天下,不可不谓是"大得"啊!

"将欲取之,必先予之"这是高明的处世方法。大凡当领导的,都喜欢办事得力、不斤斤计较个人得失的部下。阳刚之气过盛的领导,更不喜欢斤斤计较个人得失的部下。要取得他的信任,首先你自己要付出巨大的努力。

所以,既然吃亏有时是无法避免的,那何必要去计较不休、自我折磨呢?事实上,人与人之间总是有所不同的。别人的境遇如果比你好,那无论怎样抱怨也无济于事。最明智的态度就是避免提及别人,避免与人比较吃亏的多少、占便宜的多少。凡是领导交给你的工作,都要尽最大的力量去完成,争取每一件事都做得漂漂亮亮。对待个人利益一定要以大局为重,不去斤斤计较。遇到一些非原则性的小事,尽管自己觉得委屈,也不要去招惹你的上司,以免同他产生对立情绪。如果自己踏踏实实地干,态度也是认认真真的,相信受到赏识、被提拔的机会很快就会来了。

另外,对于同事和朋友也要学会"吃亏",不要只会给领导"拍马屁",这样会让人瞧不起。以这种宽容的姿态去看待所谓的"不公平",你就会有一种好的心态。好心态是创造未来的一个重要保证。而且这暂时的吃亏只是一种精神投资而已——舍小得才能够大得,这是最重要的事情。

有"金"分金,有"羹"分羹

弯腰哲学
> 你帮助他人获得他所需要的东西,你也会因此而得到你所想要的,而且你帮助的人越多,你得到的也将越多。你在关键时刻帮人一把,别人也会在重要时刻助你一臂之力。

其实每个人在生活中,时刻都在取与舍中选择,我们又总是渴望着取、渴望着占有,以致常常会忽略了舍,忽略了占有的反面:放弃。懂得了放弃的真意,也就理解了"失之东隅,收之桑榆"的真谛。懂得了放弃的真意,静观万物,体会与世界一样博大的境界,我们自然会懂得适时地有所放弃,这正是我们获得内心平衡、获得快乐的好方法。特别是你的放弃能够帮助一些和自己有利害关系的人,你就应该当机立断地舍弃。

比如说:你帮助他人获得他所需要的东西,你也会因此而得到你所想要的,而且你帮助的人越多,你得到的也会越多。你在关键时刻帮人一把,别人也会在重要时刻助你一臂之力。乐于分享,是一种心胸宽广、无私的表现。因为这种宽广和无私,你的世界才会变大。因为在你与人分享的同时,也会得到别人的回馈。与不同的人分享,你会得到不同的利益。与人分享,可以证明你的大度,则得益之人也必将无私地回报你的给予。作为老板的老哈里斯就深谙此道,虽然他分享的仅仅是几块肉。

在美国遭遇经济危机的时候,小哈里斯是美国一家手工作坊的小业主。很不幸,这场经济危机使他陷入了困境,产品卖不出去,资金周转不开,物价暴涨,他面临着破产。朋友劝他赶快裁员,以减轻负担。小哈里斯思考良久,准备采用朋友的建议,决定裁员。

消息传到了将要退休的老哈里斯的耳朵里。第二天清晨,老哈里斯来到办公室,勒令他收回成命。小哈里斯不服,老哈里斯便现场解除了小哈里斯的职务。

中午开饭的时间,老哈里斯走进了工人餐厅,看见大家一脸苍白,都是一副营养不良的样子,碗里是白水煮的青菜和几片豆腐。老哈里斯立刻从街上的小餐馆花几美元买回两碗红烧肉端进餐厅,哽咽着说:"兄弟姐妹们,你们受苦了。现在,我已解除了小哈里斯的职务。虽然我们现在处于困难时期,但是我不想放弃你们任何一个人。从今以后,每天中午我都和你们一起吃饭。尽管现在我没有能力给你们带来富裕的生活,但是我能够有钱买米,就绝对不只给你们喝粥。所以,以后每顿的红烧肉是不会少的。"工人们听到这样的话,欢呼起来。

在那时候,这几美元也不是个大数目,但是老哈里斯在这个时候,能够从自己碗里分给工人们一杯羹,大家又怎会以怨报德呢?

然而这几美元所带来的效益却是无法计算的,因为工人们心存感激,便拼命干活,努力降低成本,竟然使这个手工作坊慢慢渡过了难关,发展壮大,最终成为全美一家著名的电器公司,拥有资产过千万。细细想来,老哈里斯虽然只是分了一杯羹给工人,但是大家创造了无数倍的"羹",直至这"羹"变成了"金"。

　　老哈里斯无疑是个聪明的人,即使在自己企业困难的时候,他也不忘记大家,分给大家一些"肉"。这是他力所能及的事情,这不是金子或者钻石,但是比那些财宝更能够打动人心。而并不是所有人都有老哈里斯那样的睿智,比如说下面的这个财主,即使是家有万金也不肯与人分享一丝一毫。

　　有一位财主,可谓是家财万贯。但是他对自己的妻子儿女很吝啬,从来都不愿分一些财物,对乡邻们就更是吝啬。因为他的财富从来就不和大家分享,所以大家给他起了个外号——"铁公鸡"。

　　 另外,更有意思的是他从来不愿意和别人说自己的心事。无论是悲是喜,都是一个人默默地躲在角落里。慢慢地,大家都疏远了他,都不愿和他多说一句话,因为确实也无话可说。

　　可是,随着年龄的增长,他也逐渐感受到了一个人时的不快乐和孤独。他试图去改变这种局面,但发现别人却离自己已经很远了。

　　于是,在一个月光清幽的晚上,他走到河边想一死了之,却被一个远道而来的禅师拦住。禅师问他为何想不开,是不是儿女不孝,自己又无依无靠?他说不是。禅师又问了他许多问题,可他一直都在摇头,说都不是。

　　到了最后,他终于开口了,就把大家对他的态度说给禅师听,禅师在倾听的过程中找到了原因。

　　"现在你开心一些了吗?"禅师说。

　　财主点点头。

　　禅师接着说:"你现在把你的苦恼告诉了我,说明你让我分享了你的苦恼。所以,你现在会比较舒服一点儿。"

　　财主又高兴地点了点头,觉得很有道理。

　　禅师又说:"你明白你的困境是怎么来的吗?假如你能把你的快乐、你的财富和你的亲人分享一下,你同样也会感到快乐。你先前的不快乐和被大家疏远,是因为你把一切都看得太严、太紧,不愿意让别人与你分享。所以,你就把自己慢慢地送到了一个又狭又窄的小世界里,而且这个小世界由于你的原因会越来越小。你要改变这种局面,就必须先从自己做起。"

听到这里，财主恍然大悟，他高高兴兴地拜别了禅师，回到自己家里之后，他一改往日的吝啬和刻薄，时刻和大家分享自己的财富，不管是一杯"羹"，还是一块"金"。慢慢地，大家终于接受了他。他的世界也变得宽阔起来，心情也变得好了起来。

当我们还是孩子的时候，往往会懂得一个道理：拥有一个橘子的时候，在伙伴面前千万别把它都吃掉，因为你把这个橘子都吃掉，你只是吃了一个橘子而已，只吃到了一种味道，那就是橘子的味道。

但是如果你把这个橘子分开，拿出来分给别人吃，尽管表面上你只吃到了整个橘子的一部分，但实际上你却得到了其他几个人的友谊和好感。以后你还能得到更多，当别人有了水果的时候，也一定会和你分享，你会从这个人手里得到一个香蕉，从那个人手里得到一个梨，另外一个人手里得到一个猕猴桃，最后你可能就会吃到很多种不同的味道，尤其得到了很多人的友谊。

但作为成年人的我们往往会忘记这样的道理。如果我们像那个财主一样，我们必定会孤独终老，如果我们像老哈里斯那样，必定会有快乐和成功伴随终生。人一定要用你拥有的东西去换取对你来说更加重要和丰富的东西。所以说，舍得分享是一种智慧。

无法得到的就放弃

弯腰哲学

世界上的事有的靠缘分，有的靠机遇，有的得需要人们能以看山看水的心情来欣赏，不是自己的不强求，无法得到的就放弃。舍得放弃了或许会有更多的收获。

每一个人都需要懂得放弃，因为不会放弃，也不会得到什么，唯一的结果就是守着自己的那些"珍宝"，一起被扔进历史的"垃圾桶"。要知道，美丽的花儿懂得放弃,所以才能收获丰硕的成果;梅花懂得放弃温室,便会得到与狂风酷雪傲斗的娇姿;骏马懂得放弃平川大道,便会得到驰骋高原的洒脱豪逸;秋叶懂得放弃大树,愿意离开高枝扑入大地的怀抱,所以会成为丰沃的肥料哺育"后人"。

有些东西也许已经不属于你,你却想去强求,或许是可能出于盲目自信,或许是过于相信"精诚所至,金石为开"。结果不断的努力,却遭到挫折不断。世界上的事有的靠缘分,有的靠机遇,有的得需要人们能以看山看水的心情来欣赏,不是自己的不强求,无法得到的就放弃。舍得放弃了或许会有更多的收获。

固步自封是永远不会有收获的,因为没有播种,因为没有舍弃的勇气。只有懂得放弃、敢于放弃、果断放弃,才会把握住机会,获得更大的成功。就像有些人为了不放弃棉花,而对财宝都视而不见。

有两个樵夫,每天一起上山去砍柴。有天,他们像往常那样去砍柴,结果在路上发现了一些棉花。于是他们每人背了一大团棉花回家。

走着走着,可能是上天眷顾他们,一个樵夫又发现地上有一些麻布,走近一看,竟是上等的细麻布,足足有 10 多匹。他欣喜之余,和同伴商量,一同卸下肩上的棉花,改背麻布回家。

可是,他的同伴却有不同的想法,认为自己背着棉花已走了一大段路,到了这里却丢下棉花,岂不枉费自己先前的辛苦?于是坚持不愿换麻布。发现麻布的樵夫屡劝同伴不听,只得自己竭尽所能地背起麻布,他们继续往前走。

没想到,又走了一段路后,背麻布的樵夫望见林中闪闪发光,走近一看,地上竟散落着数坛黄金,心想这下真的发财了,赶忙邀同伴放下肩头的麻布及棉花,改用挑柴的扁担来挑黄金。

他的同伴仍然不愿丢下棉花,说是以免枉费辛苦;并且怀疑那些黄金不是真的,劝他不要再白费力气,免得到头来空欢喜一场。发现黄金的樵夫只好自己挑了两坛黄金,和背棉花的伙伴赶路回家。到山下时,无缘无故地下了一场大雨,两人在空旷处无法躲雨被淋了个透心凉。

更不幸的是,背棉花的樵夫肩上的大包棉花吸足了雨水,重得无法再背,那樵夫不得已,只能丢下一路舍不得放弃的棉花,空着手和挑金的同伴回家去。

于是,那个挑了两坛黄金的人富甲一方,还购置了一些田地,娶了一个漂亮的媳妇；而那个不舍得丢掉棉花的人，只能够继续做自己的樵夫。

舍不得丢掉棉花的樵夫最终一无所获，那个在麻布面前丢掉棉花、在黄金面前舍弃麻布的樵夫，抓住了机会，最终得到了巨大的财富。棉花还是有价值的，但是有些人为了一些没有价值的东西，断送了自己的前程，这不是更让人汗颜吗？事实上，这样的人还不在少数。不信，那就看看下面这个故事。

从前有一个大官，闲暇的时候喜欢下棋，自负是国手。一个贤士在他门下做一名食客，有一天，他与这个大官对弈，一上手便咄咄逼人，大官知是劲敌，比赛到最后，竟逼得这个大官心神失常、满头大汗。贤士见对方焦急的神情，格外高兴，故意留一个破绽，给大官发现了，立即进攻，满以为可以转败为胜，谁知贤士突然使出其杀手锏，一子落下，很得意地说道："这棋你还想苟延残喘吗？"

大官觉得受了侮辱，心中大不高兴，立起身来就走。据说大官向来着意于修养，胸襟宽广，所以并没有对这个食客如何。但也受不了这种刺激，因此对于贤士始终耿耿于怀，而贤士呢，还是莫名其妙，他始终不懂为什么大官不再与他下棋。

大官能够给贤士富贵，但是他就是不肯提拔贤士，贤士只好郁郁不得志，以食客终其身，也许他要自认命薄，谁知是忽略了对方的自尊心，抑制不住自己的好胜心，小过失铸成了终身的大错。不懂得取舍，只为了一时之快而毁掉了一世的英明，实在是遗憾。

那个贤士如果在无关得失的比赛中让对方一步，可能就会有不一样的结果。这当然不是为了买对方的欢心，作升官发财的阶梯，而是为了获得对方的好感，对于他今后肯定会有好处。话说回来，贤士故意露出破绽，最终又在别人看到希望的时候赢了。而且，得胜时又以那样"刺耳的话"刺激自己的顶头上司，不招致灾祸已经算是万幸了。因为人人都有自尊心，人人都有好胜心，要联络感情，处处要重视对方的自尊心，因为要重视对方的自尊心，必须抑制你自己的好胜心，成全对方的好胜心。不能够为了自己的好胜心伤害别人，那样的话以后怎样做都是于事无补的。

也许不曾努力得过什么或什么都没有的人，"放弃"对他们来说是容易的，因为他们本来就没有什么好放弃的。许多路即便是错了，也还是要走一遍，就好像释迦牟尼，如果他的出身不是一位王子，看尽天下繁华，他不会看透在酒池肉林和歌舞升平背后的空虚。一个乞丐什么都没有,没什么好放弃。即便是如此,他们中很多人也没办法放弃贪婪的本性。有非常之舍才能够得非常之利,释迦牟尼不放弃荣华富贵,又怎能够得到后世众生的顶礼膜拜呢?

懂得享受人生,不要为金钱所累

弯腰哲学

不要为金钱所累。生活中除了金钱,其实还有很多很多值得我们去追求,但这些只有在你以一颗正常心去看待金钱时,才能发现并感受到。世界本很精彩,千万不要被金钱模糊了自己的视野,迷惑自己享受人生精彩的方向。

这个世界上,很多人为了一些东西而舍去另外一些东西。我们常常在盘算着,在我们的生命里,什么东西应该舍弃,什么东西应该抓住?为了那些不能放弃的,我们放弃了生命中哪些最重要的东西呢?就像有些女人为了朝朝暮暮而放弃了自己生命中可能挖掘的深度;有些男人为了一时的小计较和面子之争而放弃可能拥有的事业。

如果说现实生活中的人们都会算投资回报率的话,也没有人能算得出,在得到一些看得到的东西时,有多少和生命相关的美丽像沙子一样从指掌间流去。而我们掌中所握的生命的沙子可是有限的,一旦失去,就再也捞不回来了。有些得到的东西如同鸡肋,丢了可惜,但放了一辈子,也可能毫无用处,得不偿失。

有时候生活会逼迫你不得不交出权力,不得不放走机遇,甚至不得不抛下所有的一切。你不可能什么都得到,在生活中应该学会放弃。放弃会使你显得豁达豪爽,放弃会使你冷静主动,放弃会让你变得更有智慧和更有力量。比如说钱财,是很多人趋之若鹜的东西,现在很多人都为了钱财而抛弃很多。为了钱财,太多人舍掉了自己的精力、自己的时间,甚至是自己的健康,这本都是无可厚非的。但是很多时候,钱财却是身外之物,看看汉献帝舍财保命的故事,我们就会明白这个道理。

东汉末年,朝纲不振,诸侯割据,群臣叛乱,到汉献帝的时候,汉王室实际上已经名存实亡。终于有一天,汉献帝被叛军软禁在长安城里,连自由都失去了。但是在一群大臣的帮助策划之下,他找了一个机会逃了出去。可是叛军不久就发现他跑了,于是马上派兵去追他,扬言抓不到他誓不罢休。可见,当时汉献帝的性命已经岌岌可危。

汉献帝带着众家眷,行动的速度远不如叛军的兵马。眼看叛军就要追上来了,汉献帝急得不行,不知道如何是好。如果被抓回去,后果不堪设想,可能性命不保。这时,他身边的老臣董承建议他及其随从将随身携带的金银珠宝都扔在路上。汉献帝为保命只得依照董承的建议行事,让车上所有的人都将自己的财物扔到地上,最后连皇后的珠宝首饰都扔掉了。他们这个时候只能将死马当活马医了,过了不久,追赶汉献帝的士兵赶到了,看到一路上到处都是金银财宝,有的还是世间罕见、价值连城,就纷纷跳下马来疯抢。他们早将追赶汉献帝的事抛诸脑后,随行军官们大声地斥责他们都没有起作用。可能很多人在想,有了这些财宝,还做什么士兵呢?有了这么多钱,这辈子就衣食无忧了。就这样,汉献帝保住了性命,安全地逃到了洛阳。他虽然舍掉了金银财宝,但是保住了性命、保住了他的江山,这无疑是值得的。

毫无疑问,钱财是个好东西,有了钱可以坐享世间繁华。但是这世上有很多东西比钱财更重要,比如说亲情、比如说生命。一个人如果连生命都没有了,再多的钱对于他来说又有什么用?汉献帝在关键时刻,虽然失掉了大量的钱财,但是他却保住了性命。所以,汉献帝无疑是聪明的,他在关键时刻懂得取舍,但是世界上不是谁都有这样的智慧,比如说那只不肯放弃"半缸米"的老鼠。

一个青黄不接的冬天,一只无处觅食的老鼠,走到一个农家的仓库。结果,意外地掉进一个盛得半满的米缸里。老鼠喜出望外,它先是警惕地环顾了一下四周,确定没有危险之后,接下来便是一通猛吃,吃完倒头便睡。这只老鼠就这样在米缸里吃了睡、睡了吃。日子在衣食无忧中过去了,可谓是逍遥自在。

很多时候,这只老鼠也曾想要跳出米缸,也为此进行过思想斗争与痛苦抉择。但是,它终究未能摆脱白花花的大米带来的诱惑。直到有一天,它发现米缸见了底,再也没有什么吃的了,这才后悔万分——以米缸现有的高度,它就是想爬出去,也无能为力了。结果只有一个:它饿死在了米缸里。

当我们的眼睛里只有"大米"的时候,或许也会像这只老鼠一样,忘记了可能会为此付出代价。人生中的诱惑无处不在,如果不懂得取舍,我们将会在名与利的诱惑之中沉沦,直至毁灭。

还有历史上的端木叔,他也是一个懂得取舍的人,一个懂得享受人生的人,一个不为金钱所累的人。在他有钱、身体健康的时候,他尽情地享受,并且帮助那些需要帮助的人;等他死后,别人记着他的恩德,又反过来帮助他的子孙。有的时候,人把钱看得过于重要,就会失去做人最基本的快乐。端木叔一生广交朋友,赢得了很好的人缘,而他自己也快快乐乐地活了一辈子,可以说并没有什么遗憾。

所以有人评价说:"端木叔是一个眼光长远的人,他的德行超过了自己的先人。他的所作所为,虽然别人不能理解,但却很合乎情理。"

面对名利的诱惑,我们都会盘算,什么该放弃、什么不该放弃。盘算之际,有挣扎更有犹豫。无数事例告诉我们,凡事不可斤斤计较,更不能总是抱着不吃亏的态度。虽然暂时失去一些钱财,但是你却因此拥有丰富而快乐的人生,仔细想想,这值得不值得呢?

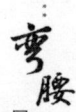

弯腰是一种智慧

丢掉不必要的、已经过去的烦恼

弯腰哲学

> 很多烦恼往往是我们为过去的事情而产生的情绪变化。其实过去的已经过去了,何必要拿来折磨自己?令你生气的人已经走得老远了,你还为他生气,何必呢?

谁都不希望有烦恼,但是很多人却被无端的烦恼折磨着,这是为什么呢?

哲人康德曾经说过一句话:生气,是用别人的错误惩罚自己。一样的人生却往往有不一样的心态,看待事情的角度也往往截然不同。要学会跳出来看自己,以乐观、豁达的心态来观照自己、认识自己。不要过于苛求自己,更重要的是突破自己、超越自己,因为好好生活才有希望。

很多烦恼往往是我们为过去的事情而产生的情绪变化。其实过去的已经过去了,何必要拿来折磨自己?令你生气的人已经走得老远了,你还为他生气,何必呢?话虽这么讲,但烦恼的人却不少见,还有人烦恼到要自寻短见才善罢甘休。

有一天,一个艄公正在外渡船。突然他看见一个少妇投河自尽,于是二话不说前去将她救起。

救起以后,艄公问:"有什么想不开的,非要寻短见呢?你年纪尚轻,正值美好年华。"

"我的婚姻才持续了两年,丈夫就和我离婚了,接着孩子又得重病死了。您说我活着还有什么意义呢?"

艄公沉吟片刻,正色道:"两年前你是怎样生活的?"

"那个时候,我自由自在、无忧无虑。"少妇说道。

"那个时候,你有丈夫和孩子吗?"

"自然是没有。"少妇回答。

"那么,你现在不是和两年之前一样吗?何必要拿已经过去的事情来自寻烦恼,过去的就让它过去吧。你不过是被命运之船送回到两年前去。而现在,你又自由自在、无忧无虑了。所以你只要丢掉不必要的、已经过去的烦恼,生命就变得美好了。"

到此,这个年轻的女人,就已经回心转意了。

其实很多人都像这个女人一样,人生曲折。因为人的一生,总免不了磕磕碰碰,遇到不快而生气,或遇到天灾人祸而痛不欲生,等等。每当这个时候,我们是怎样去处理的呢?有位哲人曾说:"我们的痛苦不是问题的本身带来的,而是我们对这些问题的看法而产生的。"这话很有哲理,它引导我们学会解脱。说到这里,另一个故事也是这样,故事中主人翁烦恼的理由甚至显得有些可笑。但这是一个很经典的故事,流传甚广,事情大约是如此。

一个镇上有位老人,她生养了两个女儿,大女儿嫁给了一个卖伞的生意人,二女儿家开了一家染坊。

本来,女儿们都有很不错的生活,作为母亲应该高兴。但是这却使得这位母亲天天忧愁:天晴了,她担心大女儿的伞卖不出去;天阴了,她又忧伤二女儿染坊里染的布被雨淋坏了。

于是,她就这样晴天也忧愁阴天也忧愁,不多久就白了头。

有一天,一个远方亲戚去看她,惊讶她的衰老,问其缘由,她如实回答。

对方听完之后觉得好笑,那亲戚说:"你为什么要拿无谓的忧伤来折磨自己呢?生活不是用来忧愁的,你应该把忧愁抛诸脑后。你可以这样想:阴天,你大女儿的伞好卖,你高兴才是;晴天,你二女儿染坊生意好,也该高兴才是。这样你每天都有快乐的事,天天是好日子,你干嘛要捡起'忧愁'而舍弃'高兴'呢?你应该丢掉这不必要的烦恼,过好自己的生活才是。"

自从老人丢掉烦恼,换个角度去想问题以后,心情就变得豁然开朗了。

看完这个故事,你是不是觉得老人有点自寻烦恼?但是事实上,有很多人都在自寻烦恼,无端地折磨自己,让自己陷入烦恼的漩涡。

时常会听女士抱怨道:"我活得很不开心,因为我先生常出差不在家,我觉得很孤单。"她们把烦恼的缘由归结在先生身上。

时常听到男人说:"因为上司不赏识我、同事排挤我,因此我情绪低落。"他们把烦恼之源归结于办公室的纷争。

时常会听到妈妈说:"孩子不听话、不好好学习,真让我很生气。"她们把孩子所有的过错都拿过来烦恼自己。

时常会听到顾客说:"商家服务态度恶劣,真是让我无法忍受。"他们花钱买了一肚子怨气。

很多烦恼其实是我们自找的,我们没有必要为了生活中那些必然会碰到的经历来烦恼自己。丢掉不必要的烦恼,我们可以更加幸福地生活。

鲤鱼曲身，猎豹拱背
——弯腰是一种蓄势

鹰立如睡，虎行似病，表面有气无力的病态似真似假，但足以体现它们的落魄。但在自然界中我们可以看到，就像猎豹拱背一样，往往这样的姿势才正是它们准备出击捕食前的手段。

做人要有方有圆

弯腰哲学

方是做人的正气,是挺直身杆的原则;圆是处世的手段,是弯得下腰的蓄势技巧。为人处世须方外有圆、圆中有方。有圆无方则和众,有方无圆则寡独。

教育家黄炎培有这样一句名言:"取向于钱,外圆内方。"这句话的意思是说,古时候的铜钱是圆形方孔的,要不怎么叫"孔方兄"呢?外面的圆是对外的,"边缘"要圆活;里面的方才是真正的自己,也就是"内心"要守得住,无论做什么事,都要有自己的原则和立场。"孔方兄"能够历经千百年的流传而不衰,毕竟有它的过人之处,值得我们后人借鉴。

圆活地待人、应变地处世可以说是一种艺术。日常生活中需要它,它可以让我们放低姿态去适应外事外物,如同鲤鱼曲身,以求生活得更加自由自在;追求成功的时候需要它,如同猎豹拱背,让我们在命运的转折点及时地把握机会、蓄势待发;在危及生命的关头同样需要它,适时地弯腰不仅可以让我们少受伤害,甚至还能救己一命。

"曲径通幽处,禅房花木深",高僧就是高僧,古寺里的这两句诗已经说明了他们为人之圆、处世之方的境界。曲径不是直的,弯弯曲曲的路才通往幽静之处,一味地直来直去很容易就会撞伤了头。自古就有变通之理,我们理应沿袭。俗话说通则不痛,变通以后再做事,自然也就顺畅了许多。

然而,尚未熟谙变通之道时,就很容易失去立场,使自己晕头转向。此时,做事的原则就显得尤为重要,它如同定海神针,随时指明方向,帮助我们保持清醒。如此,既能坚守原则,又能随机应变,这才是成大事者的处世之道。

弯腰是一种智慧

在我国悠久的历史长河中，不乏有深谙方圆之道、精于变通的人，他们或者叱咤商界风云，赚得一个腰缠万贯、富可敌国；或者是在仕途中翻云覆雨，谋得一个大权在握、一手遮天。可往往虎头蛇尾者居多，善始善终者却寥寥。如果要找一个既能名利双收，又能寿终正寝的完美高手，不得不说的还是萧何。

萧何是刘邦的手下，他全力辅佐刘邦打下了江山。可是刘邦是个猜疑心极重的人，在他登基坐殿以后不久，就开始猜疑和嫉恨那些军功卓著的功臣们，比如大将韩信、淮南王英布、梁王彭越等，要么将他们满门抄斩，要么被逼谋反，几乎没有一个落得好下场。萧何虽然屡屡受到猜忌，终日战战兢兢，但终究还是逃过了杀身之祸。

萧何帮助刘邦将韩信除掉以后，刘邦封萧何为相国。当满朝文武都来向萧何道贺的时候，只有东陵侯召平非常坦诚地对萧何说："这下您可要大祸临头了。"

萧何忙问他这是为何，召平回答说："您被封为相国，整天在都城里待着，而主上却要冒着枪林弹雨四处征战。您没受到打仗的劳累，反而得以加官进爵。这个事情在名义上是对您的赏赐，可实际上是主上对您有些不放心啊。您想，韩信是有百战百胜之大功劳的人，却被杀掉了，难道您的功劳还能赶上韩信吗？"

萧何马上意识到了问题的严重性，他明白君臣的关系如果处理不好必然会引来杀身之祸。于是，他赶紧跑到刘邦的面前感谢主上隆恩，然后婉言谢绝了这次加封。不仅如此，萧何还跑回家把家里的私财全部拿出来交给刘邦，用以充实军需。萧何的举动果然奏效，不仅免除了祸患，还得到了刘邦大大的表扬，说萧何是何等的忠心。

当刘邦讨伐英布的时候，萧何留在后方负责督运粮草。只要一有时间，刘邦就会问押运粮草的官员：萧相国最近都在做些什么事情？押运官就如实地回答，说萧何只是在安抚老百姓，或者是筹措粮草军械之类。刘邦听了以后也没有说什么。

押运官回到关中后，就把这一情况向萧何做了汇报。萧何听了以后有点茫然，他猜不透刘邦的心思。

一天，萧何与一位幕僚谈到这件事。这位幕僚忽然说道："您不久就要被诛灭九族了！"萧何闻言大惊失色，赶紧问是怎么回事儿。那位幕僚又说道："主上如此关心您在做什么，很明显就是怕您久在关中深得民心。主上经常外出打仗，后方的关中会很空虚。如果您在关中起事造反,那可就断了主上的后路了,而且他打下的大好江山也会毁于一旦。

萧何很清楚幕僚是要他自贱品性,如果他能做一些贪赃枉法的事情反而会让主上放心,但是他的为人和处世风格又不允许自己如此。再三权衡下,萧何认为这位幕僚说得很有道理,便还是做了一些抢占土地、仗势欺人之事。押运官回到前线后,就把萧何强买民田、被人非议的情况报告给了刘邦。

等刘邦平定了淮南,回到长安养伤时,萧何前去探望,刘邦就把人们诽谤他的书信交给他看,叫他自己去向百姓道歉。萧何看到主上的反应,认为这次的行动达到效果了,回家后叫仆人或是补上田价,或者干脆就把田宅还给原主,逐渐平息了那些谤议。

萧何不但成功地保全了自己,而且还没有违背自己的处世原则,这实在是难能可贵。君臣的方与圆就是高低贵贱的关系,忠臣也好,良相也罢,这种关系是不能改变的。萧何的聪明之处就在于他懂得随机应变,为人时时低调,处世处处圆活且又不失原则,如此方可化险为夷,游刃于仕途上下、人生高低之间。

真正懂得方圆的人,行动时干练迅捷,不为感情所左右;退避时审时度势,弯腰做好蓄势准备,以求东山"再起"之机。方是对内的原则,圆是对外的机变,以不变应万变,做到方圆并济,才能事事如己所愿。

笑傲江湖方显英雄本色

弯腰哲学

没有人能够跳过困境直接走向成功,困境也不会一直阻碍我们前进。当身陷困境时,不能武断地以失败或结束而定论,只有胸怀大志的人,眼光才会更加高远。真正的英雄,是弯腰而不弯志。

强者在成为英雄之前,并非都是一帆风顺的,或已经扬眉吐气,更多的是处于困境中的窘迫。而恰恰正是这些困境,成为他们日后薄发的蓄势条件。只有能够承受困窘的磨难,才能历练出任重而道远的力量。落魄对于英雄来说只是暂时的休整,一旦走出人生的低谷,英雄本色随即还原,昔日风采便会展现。

英雄落魄时的遭遇是各不相同的,有的可能是生活上的困苦,有的可能是精神上的磨难。但是这些都不能改变英雄的品质,不能阻挡英雄注定要走的路。

射击界的六朝元老王义夫,在奥运赛场的领奖台上上下下,可都没有改变这位"一枪定乾坤"的老将那顶天立地的英雄形象。

1984年7月29日,王义夫和许海峰一起站在了领奖台上,共同见证中国奥运零的突破。只是那时,他比许海峰站的矮了一截,他是第三名。

1988年,他第二次参加奥运会,成绩一般;1992年,在巴塞罗那奥运会,他用最后一枪创造了辉煌,获得了他个人在奥运会上的第一块金牌。

1996年,亚特兰大奥运会,当所有人认为王义夫将获得他的第二块金牌时,他却因病猝然倒地,被送往医院紧急输氧,最终以0.1环的差距丢掉了这块金牌,那一幕也成了中国奥运史上悲怆的一幕,英雄落寞的背影长久地留在了世人心中。

2000年,王义夫又来到了悉尼,复出后的他只获得了银牌。虽然包括他预赛在内的大部分成绩都打得已经很好了,但很多人还是认为王义夫不获得金牌似乎就像一个失败者。

转眼间,2004年的雅典奥运会,8月14日,王义夫又站在了射击场上,他成为了中国军团唯一的一位六朝元老,终于以一颗历练后极其淡定之心,凭借最后一枪获得了中国代表团在雅典奥运会上的第二块金牌。

2005年3月,王义夫出任中国国家射击队总教练,同时兼任手枪队主教练。他说:"我愿把我的经验传授给年轻的队员们,做一块基石,让他们踩着我的肩膀迅速成长起来。"

而他的徒弟们也没有辜负这位"老枪"的希望。比如说,在2004年雅典奥运会上获得首金的杜丽。

2004年以后,杜丽从不为人知的冠军"队友"到真正的奥运会冠军,一时间被世人寄予了太多的希望。尤其是2008年在自家门口的北京奥运会上,全国人民更是希望杜丽能再次勇夺首金,为国争光。

然而,2008年8月9日,杜丽在北京奥运会首日比赛中率先登场。在巨大的压力下,杜丽最终在决赛中名列第五,与奖牌无缘。

可就在 5 天后的 8 月 14 日,杜丽笑了,一扫首金失利的阴霾,她摘得了女子 50 米步枪三姿的奥运会金牌。

相隔 4 天,最黑暗的时间,杜丽落而再起、调整心态、重整旗鼓。除了亿万名观众的支持,最重要的,是教练王义夫在背后的鼓励与支持,他总说:"不以眼前论成败。"面对困境,他们的腰弯下了,但是并没有停止丝毫奋进的努力,因为他们心中时刻都装有比眼前得失更大的志向。

一时的困境可能只是英雄成就一生的一个小插曲,也许会带来些许困难和烦恼,但决不可能成为其一生的主题曲。一时的困境不会成为永远,它只是前进路上的一次磨炼和调整,以眼前得失论成败,是一种视短利浅的行为,并很有可能因此而错失未来更大的成功。

放下架子,以羸弱之势博得强力支持

弯腰哲学

> 对于求人帮助,我们无须感到难为情、开不了口。这不仅是懂得弯腰借力的智慧,同时,也是维护、促进我们人际关系最自然的手段。

一个篱笆三个桩,一个好汉三个帮。这句话流传了几百年,可见其中蕴涵了深厚的道理。天才也好,超人也罢,他们的特长和能力只不过局限于某一方面。即使是在自己熟悉的领域里,个人力量有时候仍然会显得力不从心。然而在现实生活中,人们几乎不可能永远只做自己熟悉的事。因此,几乎没有人做事时不需要与他人合作,求得帮助也就在所难免。

我们在追求成功时,有时候低调求人是一种策略。这并不是低人一等,更没有贵贱之分，而是在必要的时候，放下架子，以羸弱之势博得强力支持，以最小的努力获得最大的成果。每个人都有同情心，即使是一个心肠再硬的人也不会冷酷到底。当我们求别人帮助的时候，可以激发他人乐善好施之心，引起他人的同情，从而为办事扫清障碍。

美国的独立战争是一场非常艰苦的战争，为了驱赶英国殖民统治者，全军将士英勇奋战，这是一次典型的以弱胜强的战例。战争胜利后，为了表彰军队的功绩，国会对军队作出了很多承诺。

但是国会在善后方面进展得很缓慢，作出的很多承诺也没有兑现。军队认为自己受到了冷落，准备在国会前举行游行。游行的请求送到了华盛顿的手里，华盛顿告诉他们不可以这么做，这是一种叛国行为。那些固执的军官有些愤怒，他们召开了一个会议，准备谋划一次叛乱行动。

如果军官们在会议上达成了一致，那么刚刚建立的美国政权很可能会因此而夭折。华盛顿听说后，准备在会议上发言来劝阻他们。华盛顿讲了一个多小时，在座的听众中有很多都是革命中的英雄和军队里的将军。华盛顿的讲话可以说是晓之以理、动之以情，他讲到人民过去饱受殖民者之苦，讲到他们为什么要投身革命，讲到他们为何而战。但是，如此语重心长的讲话仍然无济于事，原因其实很简单，国会给他们的承诺太多，却无一兑现，华盛顿的话也不能再让他们相信了。

此时，华盛顿也几乎快要无计可施了。他看到自己无法劝服军官们，便不再长篇大论地讲道理了。他把手伸进斗篷里，掏出了一副眼镜。在此之前的很长时间里，人们从来没有见过华盛顿戴眼镜。眼镜在那样的战争时代，被看作是一种很累赘的东西，只有那些身体有缺陷的人才会使用。

华盛顿慢慢地戴上了眼镜，面对这些曾经和他一起浴血奋战的军官们，他说了最后几句话："先生们，我老了，现在，眼睛也快瞎了。"说完以后，华盛顿没有再作任何争取，转身离开了，给在座的所有军官留下了一个苍老而蹒跚的背影。

最后的这句话说得是那么柔软、那么脆弱，所有在场的人听到以后都流泪了，全场一时悄然无声。就这样沉寂了片刻，一个人突然说："噢，天哪！也许乔治是对的。让我们给国会最后一次机会吧。"很多人随即表示同意，军官们的固执与愤怒好像一下子都被化解了。这次会议的结果可想而知，叛乱最终没有发生。

华盛顿的这次"求人"算是级别很高了,他所求的对象不是军队的将军就是开国的功臣。对于这些人来说,一味地下达命令已经不能凑效了,低调而巧妙地求人才是真正解决问题的办法。为了维护来之不易的胜利,为了让美国人民不受军事独裁的统治,华盛顿以一国总统的身份求人,他如此低姿态的举动,获得了人们的同情心,达到了最终的目的。

在商业经营中,真诚地请求别人的帮助也会收到很好的效果。

1964年,松下电器公司下属有很多家销售公司、代销店等。在所有170个公司中,赢利的只有二十几家,其余的全部赤字经营。

作为松下的掌门人,松下幸之助当然不能无动于衷,他邀请了这170个公司的代表,召开了一次大规模的公司会议。会议一开始,销售公司、代销店方面就怨声载道,公司的经营方针成了最大的焦点,松下幸之助成了众矢之的。

松下幸之助一直站在讲台上和代表们交流。但逐渐地,交流变成了谈判,持续了两天,而谈判双方始终没有达成一致。

就在第三天的谈判一开始,松下幸之助意外地说了一句话:"使大家蒙受这样的损失,是我松下不好。"然后向大家深深地鞠了一躬。松下的态度让在场的所有销售代表都很意外,会场顿时鸦雀无声。松下没有继续前两天的讨论,而是讲了他30年前刚起家时的故事。

原来,松下在30年前制造了电灯泡,他跑到很多家商店希望老板帮他销售,起初很多商店都不同意,经过松下的一再请求后,很多老板同意了。后来,松下经过努力,终于制成了一流的电灯泡,而他的公司也有了很大的发展。

松下最后说:"在座的很多代表就是当年的店主,松下电器能够有今天,多亏了在座的各位,松下目前的难关能否渡过,还要请诸位多多关照。"

此时的松下幸之助早已声泪俱下,他的诚心感动了各位代表,再也没有人责怪他了,双方终于达成了一致。

松下电器是当时日本乃至世界一流的大公司,在危难面前并没有以高姿态打压经销商,而是采用了弯腰的策略,激发了经销商的同情,获得了他们的信任,从而帮助自己摆脱了危机。

既然我们不是无所不能,那么求人办事就是在所难免的。求人和保持自尊并不矛盾，求人办事并不丢失颜面。适时地弯腰并借助一些巧妙的方法和婉转的方式，定会收到意想不到的效果。如果一味依靠个人力量单打独斗，不但会因力不从心而损耗过多精力，而且往往不如合力而为所达到的效果。

只有心态上"虚"了，身体上才能"弯"

> **弯腰哲学**
>
> 如果想不断地提升自我，接受更多的知识，首先就要调整好自己的心态。即使已经掌握了很多知识，也要当做自己尚有诸多不懂，甚至抱着归零的心态，做到虚怀若谷。

"虚心学习"虽然说的是一件事，但其中包含了两个状态。首先是虚心，然后才是学习。虚心其实是一种心态，如果心里面装得满满的，认为自己无所不能，那么再多的知识也装不进去，再好的学问也接受不了，这就是人们常说的"空杯心态"。

如果想不断地提升自我，接受更多的知识，首先就要调整好自己的心态。即使已经掌握了很多知识，也要当做自己尚有诸多不懂，甚至抱着归零的心态，做到虚怀若谷。只有心态上"虚"了，身体上才能"弯"，思想上才能允许我们接受更多的知识，行动上才能做到不耻下问，使我们不断进步。

曾经有一位医术非常高明的老医生，收了一个年轻的医生做徒弟，并且留在诊所内帮忙看诊，年轻的医生聪明能干，逐渐成为老医生的得力助手，老医生理所当然地是年轻医生的导师。

师徒两人合作得很愉快，来诊所的病患也越来越多。时间一长，单凭老医生一个人已经应付不过来了。为了避免病患者等候时间太久，师徒两人决定分开问诊，年轻医生诊断病情比较轻的患者，病情较重的则由师父出马。

就这样实行了一段时间，年轻医生的挂号数量明显增加，师父的挂号数量开始减少。老医生也高兴地认为："小病都医好了，看大病的自然就少了。"直到有一天，老医生发现，有几位病患者的病情很严重，但是挂号的时候并没有挂自己的号，而是挂了徒弟的号，这让老医生感到有些蹊跷。

好在师徒二人的感情很好，彼此十分信赖，所以老医生并没多想，更不至于怀疑徒弟从中搞鬼。但是这种现象一直持续着，而且越来越严重，徒弟的房间门庭若市，而老医生的房间却是门可罗雀，这下师父真的坐不住了。

老医生向一位心理医生请教："为什么大家不找我看诊？难道他们认为我的医术不高明吗？我可是远近闻名的医生啊，这究竟是怎么回事？"

心理医生没有马上回答老医生的问题，为了解开他心中的疑团，心理医生决定实地考察一下。

心理医生装做一个普通的病人去挂号，挂号的护士对待患者很公平，并没有偏向师父或者徒弟。于是进入了问诊的环节，这时心理医生发现，在问诊的过程中，徒弟的经验虽然不丰富，但是他有自知之明，所以问诊时非常仔细，虚心地问这问那，慢慢地研究推敲，跟病患者的互动沟通比较多。而且态度非常亲切，让患者很容易接受。

而老医生这边，情况正好相反。由于师父的经验丰富，看诊速度很快，往往无须病患开口多说，他就知道问题在哪里。在态度方面明显没有徒弟亲切，由于资深加上专业，使得他的表情显得有些冷酷，仿佛对病患者的苦痛渐渐麻痹，缺少同情心。看到这里，心理医生基本上找到了问题的答案。

是老医生的医术不够高明吗？不是的，问题就出在做事的态度上。徒弟无论在学习还是工作时，都能保持一个虚心好学的态度。这个心态让他能够放下架子去面对患者，逐渐获得了更多的就诊机会。学习和锻炼的机会多了，他的医术自然会有很大的提高，进而形成良性循环。

"一切真正伟大的东西，都是淳朴而谦逊的。"那些有真才实学的大家，无一不是虚怀若谷、谦虚谨慎的人。

朱棣文是美国华裔物理学家，他是一个典型的学者，既有美国人外向大方的性格，又有着中国人谦虚随和的优点。正是因为他虚心好学的态度，还有孜孜不倦的研究，终于获得了诺贝尔物理学奖。

在他得奖的那天上午，斯坦福大学为他的获奖举办了一场临时记者招待会，校长盛赞他是一位伟大的物理学家，而朱棣文却特意更正说："不，我只是一位普通的物理学教授。"当记者希望他发表一下获奖的感受时，朱棣文说："对于这次获奖，我深感高兴和荣耀，因为我的研究得到了肯定。我能得到这个奖，只能说我的运气比较好，当我想到还有这么多比我杰出的科学家都没有得奖时，我心里就会觉得十分惭愧。"

当天下午，学校的师生们为朱棣文举行了一场庆祝会，朱棣文感谢人们的祝贺，他说道："斯坦福大学有着出色的学术研究环境，培育了许许多多的优秀人才，我只是其中较为幸运的一个。"当有学生问到，他成功的关键是什么？朱棣文说："我的成功离不开我的父母和家庭，我生活在一个人才辈出的家庭里，在整个家族中至少有12位拥有博士学位或大学教授职位，生活在一个人才众多的家庭中，我常常会感觉到自己是一个笨蛋。"

朱棣文的成功多少要得益于父母的成功教育，但是更主要的原因是，在那样一个不一般的家族里，周围优秀的人总是能够给他作出榜样，让他及时发现自己和别人的差距，虚心并且好学逐渐成了他的求学作风。这种虚心以求的态度加上勤奋地工作，让他成为家族里最出色的一员。

我们都是从无知到有知，而学习是一件长期而艰苦的事情。无论我们学到了什么程度，虚心的态度都是必不可少的。因为只有虚心才能让我们客观地认识自己，如此，才会容纳更多未知的事物。

有"容"得下的量才能成其"大"

弯腰哲学

爱一个值得爱的人,是一件容易而且愉快的事;恨一个令人憎恨的人,也并非难事。难的是如何去"爱"我们不喜欢、或不喜欢我们的人,这就需要我们主动"弯腰",谦恭地去接纳并且宽容对方。

"海纳百川,有容乃大,"说的是做人要胸怀宽阔、豁达大度。遇事多为对方着想,能从对方的立场考虑问题,这是一种宽容,也是一种尊重他人的成熟态度。

大度的人能够宽容地接纳别人的错误,能够客观地面对别人提出的问题,还能够不计前嫌地任人唯贤,这些品质常常能够获得贤人的相助,帮助自己成就大事。

春秋五霸之一的齐桓公,在历史上可称得上是一位明君,除了礼待管仲之外,还因礼贤下士而深得人心,为他成就霸业奠定了坚实的基础。

一次,为请教天下大成之事,齐桓公去拜见一个名叫稷的小臣。可没有想到,一天之中拜访了3次,都没能见到稷。

当他第四次去拜访稷的时候,跟随齐桓公的侍从们都不耐烦了,他们说:"您贵为万乘之君,去会见这么一个小小的官吏,一天之内来了3趟都还没见到。不如算了吧,而且他也不见得有什么了不起的才能。"

齐桓公回答道:"那怎么行?蔑视权贵的臣子,必然也会轻视他的主人;而蔑视霸业的主人,也一定会轻视他的臣子。纵然你蔑视权贵,我哪敢轻视霸业呢?"侍从们听后,都暗自佩服齐桓公的宽阔胸襟和谦恭待人的高贵品格,都不再多说什么了。

就这样,齐桓公锲而不舍连续5次拜访后,最终见到了稷,并虚心向他请教霸业的事情。稷得知齐桓公已5次来访,备受感动,与齐桓公促膝长谈。齐桓公受益匪浅,由此而治理国家,使齐国很快走上兴旺发达之路。

齐桓公身为一国之君主,为求教霸业之事,不计身份5次拜见一个小官吏,不厌其烦,最终得见,足见其为实现称雄诸侯的千秋伟业的气魄,以及礼贤下士、谦恭待人的心胸气度。

一个普通人的生活,无非是笑笑别人,或被别人笑笑,嘲笑也罢,戏弄也罢,也许没有什么恶意。只要心胸开阔,这些都将成为生活中的调味品。但是做大事者,面对的是挑衅甚至大不敬,要想化解这些,则需要的是一种宽容。

宽容不是忍气吞声,更不是懦弱胆怯,而是宽广博大的胸怀,是包容一切的气概,更是做人留有余地的大策略、大智慧。这种宽容有时候能化敌为友,有时候能得道多助,可以说是做大事所必需的一种素质。

有一个"灭烛绝缨"的故事说的就是这个道理。

战国时期,楚庄王有一次打了胜仗,于是大宴群臣,他的宠姬嫔妃也出席了酒宴。宴会进行得很顺利,轻歌曼舞,美酒佳肴,一片欢声笑语。不知不觉当中,到了黄昏时分。由于大家尚未进食,楚庄王就命人点烛夜宴,还特别叫出自己最宠爱的妃子许姬给群臣敬酒。

许姬开始逐一给大臣们敬酒,这时一阵疾风吹过,筵席上的蜡烛都被吹灭了,宫中立刻漆黑一片。就在这个时候,有人拉住了许姬的衣袖亲了她一下,许姬连忙反抗,拉扯当中许姬扯下了那人官帽上的缨带。

许姬挣脱了那个人,赶快回到楚庄王的面前,她在庄王耳边小声地说:"有人想趁黑暗调戏我,幸亏我机灵,拔下了那个人的帽缨,请大王查找那个没有帽缨的人,肯定就是刚才对我无礼之人。大王一定要杀了他为臣妾申冤。"

楚庄王听完许姬的话,不但没有生气,反而心平气和地说:"寡人今日设宴,诸位务要尽欢,大家不要太顾念君臣之礼,可以把帽缨统统摘掉,这样才能尽兴啊。"

群臣按照庄王的要求,都把自己的帽缨取下,楚庄王这才命人重新点亮蜡烛,宫中一片欢笑,君臣尽欢而散。

酒宴过后，许姬怪楚庄王不给自己出气，庄王却说："酒后失态乃人之常情，如果连这等小错都要取人性命的话，以后谁还愿意为孤王效力呢？"

事情就这样过去了，楚庄王一直没有追究那个调戏许姬的人。后来晋国侵犯楚国，楚庄王亲自带兵迎战。在两军交战当中，楚庄王发现自己军中有一员战将，每次上阵总是奋不顾身，所到之处均拼力死战。甚至在楚庄王遇到危险的时候，还是这个战将临危救驾。这次战役，楚军大胜回朝。

楚庄王依旧论功行赏，当问到这个战将想要什么赏赐时，他却说："大王已经赏赐过了。"原来他就是那个调戏许姬的人。那次事情过后，楚庄王没有加以追究，他就对庄王一直抱有感恩之心，等待机会报答庄王。这次上战场，也正是他立功报恩的机会，所以自当以死为报。

皇帝的妃子被人调戏，那位将军本应处斩；而庄王的过人之处就在于他的眼界和胸怀，今天得饶人处且饶人，给了别人一条生路；明天他人心怀感恩之心，死心塌地，以死报效。

谦恭大度，做人之首。大度，从来都是做人的美德。生活的路，因为有了大度宽容，才会越走越宽，而思想狭隘则会把自己逼进死胡同。有"容"得下的量才能成其"大"，这样不仅能不断提升自身的素质，而且还能给人以温暖的启发，给自己的事业打下坚实的人力基础，古人说"得道多助，失道寡助"，就是这个道理。

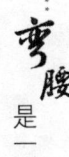

爬得越高，摔得越重

弯腰哲学

> 当你掌握别人命运的时候，那是一种责任，如果你不知轻重地肆意挥霍，不仅会辜负别人对你的信任，更是对别人生命的不尊重。爬上去是漫漫长路，而摔下来可能只是瞬间刹那。等到风云突变的时候，一切的功过是非，自然有人去评说，那时就只剩下何必当初了。

人无千日好，花无百日红。如果说世界上有什么东西是不变的，那么只有"变化"了。

随着时间的流逝，你的痛苦会成为历史，快乐也会成为历史；落魄不会一成不变，自然，尊位也会斗转星移。

大权在握的人，几乎很少有不迷恋的，也几乎很少有人能长期居于高位，所谓"风水轮流转，明年到我家"，就是这个道理。

当你掌握别人命运的时候，那是一种责任，如果你不知轻重地肆意挥霍，不仅会辜负别人对你的信任，更是对别人生命的不尊重。爬上去是漫漫长路，而摔下来可能只是瞬间刹那。等到风云突变的时候，一切的功过是非，自然有人去评说，那时就只剩下何必当初了。明朝权臣严嵩就是一个最好的例子。

明朝嘉靖年间，大奸臣严嵩权倾朝野，独揽朝纲20年。在这20年的时间里，他祸国殃民，坏事做绝，最终只落得个凄惨的下场。

严嵩25岁便考中进士，一举成名，后来担任过编修官职。正当他雄心勃勃、渴望大展宏图的时候，一场大病使他不得不离开了十分迷恋的官场，从此告病还乡，过起了默默无闻的隐居生活。

这一隐就是 10 年。等到严嵩重整旗鼓、回到官场的时候,正赶上宦官刘瑾风光的时期。当时严嵩根本没有机会,只有耐着性子等待。最后,经过了一番艰苦的努力后,在严嵩 65 岁那年,他终于排挤掉一切异己,成为内阁首辅,得到了他梦寐以求的大权。

大权在握的他,开始疯狂地贪贿敛财。耽误了几十年的敛财机会,他都要补回来。从那时开始,只要有收钱的机会,他一个都不放过。他还让他的儿子做他的助手,代他草拟批签。就这样,严氏父子卖官鬻爵,大肆搜刮民财,加上受贿索贿,没用多久就富甲天下了。很多正直的官员反对他们父子玩弄权术,暴敛巨财,于是上书皇帝,要求查办严嵩,但都没有成功。为了维护自己的地位,严嵩父子大肆排斥异己,不断地残害忠良。

严氏父子用别人的鲜血和尸骨作为自己权力地位的基础,筑起了血的债台。由于他们长期结党专权,操纵国家大事,逐渐引起了世宗的猜忌。到了 1561 年的时候,严嵩已经年过八十,不仅眼花,而且耳聋,几次不经意之间犯了禁忌,得罪了皇上,终于失宠。

1562 年,御史邹应龙弹劾严嵩,明世宗下诏将严嵩革职,勒令回籍休养。严嵩之子不仅被罢官,而且斩首抄家。家破人亡的严嵩四处乞讨,终于在 1567 年春天,在一片唾骂声中,饿死在乞讨途中。

堂堂的内阁首辅,可以说是权倾朝野,高高在上。当他俯视文武百官和黎民百姓的时候,没有用平和低调的心态去待人处世,而是离自己的本分越来越远。严嵩把权力看成了私有财产,无节制地敛财、专权,不仅在百姓中积怨很深,在官场上也树敌众多,终于在上下一致的反对中,落得个身败名裂的下场。

如果我们不能从历史中吸取教训,那么错误往往就是不可避免的。在目前的市场经济大潮中,权钱交易、权色交易的现象屡见不鲜。面对历史这面镜子,很多大权在握的人并没有引以为鉴,仍然选择那条愚蠢的道路。

古往今来,这种一心弄权往上爬,最终跌落惨重的例子可谓举不胜举。他们在仕途上的奔波不可谓不辛苦,坐到高位往往要用十几年甚至几十年的时间。一旦他们达到了自己的目的,就开始肆无忌惮地挥霍手中的权力,而几乎把自己的责任和义务忘得一干二净。

居高位而不知收敛，反而飞扬跋扈，最终的结局就只能是摔得粉身碎骨。往往，这样的人不懂得阴晴圆缺的守恒规律，更不知只有低身蓄势才能薄发的道理。如此愚蠢，后悔也无济于事。

有的大门需要弯腰侧身才能进入
——弯腰是一种变通

做人,是要有一点心机的。有心机但不奸猾,诚信待人而不憨傻。这就是可退可进的待人处世方法。

这年头,没有人想当"笨蛋",也没有人想当"坏蛋",因此,做人要深思熟虑,处世要圆滑得体,既不能"不老实",又不能"太老实",当视具体情况而定。如果你能做到这些,就能避免本不该有的麻烦和挫折。

知道进退，聪明而又精明

弯腰哲学

> 适时地作出一些让步，既不是无原则的屈服，更不是软弱的退却，它是在充分了解对手的情况下作出的明智选择。

很多人觉得激流勇退就是吃亏之举。而且觉得只要吃了一次亏，以后就会有惯性了。但是事实上，吃亏让步只是暂时的缓兵之计，是为下一个目标做准备的前奏曲。对于任何事情，一味地争强好胜，好勇斗狠，是不可取的。适时地作出一些让步，既不是无原则的屈服，更不是软弱的退却，它是在充分了解对手的情况下，作出的明智选择。让步的目的是为了进步，它可以为下一个目标做准备，也可以寻找机会借对方的力量实现自己的目标。凡事不张扬，不轻易拿出自己的本领，实乃做人的至高境界。很多时候懂得进退是非常有必要的，就像明朝开国功臣徐达，在为了保全自己的时候，选择了"退"，实在是聪明之举。

朱元璋和徐达本是同乡，少小亲善，朱元璋称帝后也一直称呼他为大哥，以示尊宠。另外徐达是朱元璋功臣之一，一生随着朱元璋东征西讨，所谓"功定天下之半，声驰四海之表"，称得上是明朝的韩信。可朱元璋越是亲热地叫大哥，徐达越是心里发毛，如同芒刺在背，感觉就像被鬼叫魂一样，也越是小心谨慎，不敢有丝毫的差错，心里依然畏惧不安。

有一天，徐达出征回来，朱元璋照例下殿迎接，口称大哥，亲热无比。徐达汇报完战事后，朱元璋便留他在宫中闲谈，故意装作漫不经心的样子说："大哥功劳这么大，却一直没有一座像样子的房子，我以前当吴王时住的府邸现今空着没用，就送给大哥凑合住住吧。"

徐达听到这样的话，心都提到嗓子眼儿了，知道自己已到了鬼门关口，忙俯身

弯腰是一种智慧

下拜,苦苦推辞,朱元璋见他态度诚恳,也就不再提了,徐达却是汗透重衣,心虚不已。

没过几天,朱元璋就在吴王府邸中设宴,款待自己昔日的布衣兄弟,徐达自然也被请去。酒宴上朱元璋连连劝酒,徐达不敢违命,只好拼命喝,结果不胜酒力,宴席没结束便已醉倒了。朱元璋便命人把徐达抬到自己以前住过的床上,对众人说:"我已经把这座房子送给徐大哥了,今天不过是代他请大家喝酒,主人已醉,咱们也散了吧。"便率众人离开了吴王府邸。

过了半响,徐达酒醒后才发现自己睡在吴王府邸中,而且睡在皇上先前用过的床上,顿时吓得魂飞九天,忙一跃而起,冲出府门。府中的奴仆们不知何故,都出来劝他回去,说皇上已经把府邸赐给大将军了,不必惊慌。但是徐达不敢再踏入府门,又不敢擅自回家,怕朱元璋心中生疑,索性就和衣睡在街道上。

徐达的仆人都苦苦劝他,数九寒天的,睡在街道上非冻死不可,徐达置之不理,仆人们只好进去拿被褥,凡是上好的、经朱元璋用过的,徐达都不要,仆人们只好拿出自己的被褥送给他,徐达才接受,以地为床,坦然地睡起觉来。

夹杂在仆人中的锦衣卫密探忙入宫禀报朱元璋,朱元璋不觉露出笑容,命他们继续监视。徐达宿醉未醒,又自知逃过了生死一劫,虽住街道上,心里却很平稳,居然在凛冽寒风中睡着了。朱元璋得知这一情况后才喜笑出声,认定徐达是铁了心要做自己的臣子,绝没有自立为帝的野心。

徐达为人深沉忠厚,处世低调谨慎,从不炫耀自己的长处和功劳。明太祖登基后,虽然他对大明王朝有着无人能出其右的赫赫战功,但却绝口不谈自己的功绩。

常言道:"救人一命,胜造七级浮屠。"在腥风血雨中,徐达曾冒着生命危险,不但救了朱元璋的命,还辅佐他登上了皇帝的宝座,此恩可谓深似海,此德可谓比天高。但是徐达却绝口不提。这既说明了他有高尚的品德,又表现出了他深沉的处世智谋。因为,从处世的智谋说,知道进退是一种避祸自保的韬晦之计。佛门似海,君心难测,皇帝对臣下的要求,历来是只准你出力,不准你邀功。徐达对此是不会不知道的。无论在官场、商场还是政治军事斗争中,进可攻、退可守,看似平淡,实则是高深处世谋略。徐达看似放弃功名利禄的"不精明"的举动,其实在那个时候是聪明的举动,从后来朱元璋大杀功臣,就可以知道徐达懂得进退确实是明智之举了。

抱头藏尾,待机而动

弯腰哲学

我们要把握好藏与露的分寸,最后才能露出真正的锋芒。空空无迹,浩浩无垠,藏之愈深,发之愈厚。

往往糊涂的人都有一颗聪明的心,隐藏真正的实力,待机而动,这才是糊涂之人的可怕之处。身在激烈竞争中的人们,要想不被竞争淘汰出局,要想稳操胜券,从众人中脱颖而出,就学学此招吧:做一个糊涂的聪明人,隐藏实力,隐而不发,示之以弱,故意让对手认为你不具威胁而轻视你,等到其大意而来,弱气尽露时,则一举击溃对方。这就是抓住时机的重要性。

另外,现实中,面对一些问题,人们总是喜欢锋芒相对,耗尽全身气力去解决。其实,人生中很多事情,不能够这样冒进,如果一味地"强攻"而不知"巧取",很容易碰得头破血流。真正聪明的人,懂得抱头藏尾,待机而动。不然的话只会打草惊蛇,将事情搞砸。楚庄王就有这样的智慧和气度。

春秋战国时期,楚庄王刚刚即位不久,他总是不耐烦地回绝大臣们的建议,什么事情都任凭大臣们自己去处理。他根本不像个国君,从不发布任何命令,也没有什么政绩可言。有的大臣贪赃枉法、胡作非为,他也听之任之,一副无所谓的态度。

但是右司马再也忍不下去了,他忧心如焚,冒死去见楚庄王。来到宫殿一看,只见钟鼓齐鸣,庄王左手抱着郑国姬妾,右手搂着越国的美女,案上陈列着美酒,面前轻歌曼舞。右司马抑制住慌张说:"臣知道大王天生聪慧,想请大王猜一个谜语。这个谜语猜了很久也没有人能够猜出来。'高高的山上有只奇怪的鸟,身披鲜艳的五彩,美丽而又荣耀。3年不张开翅膀,不飞也不叫,默默无声。'这是一只什么样的鸟呢?"

庄王说:"此鸟不飞则已,一飞冲天;不鸣则已,一鸣惊人。您放心吧,我心中自知。"听了这样的话,右司马半信半疑地退下了。

事隔半年,楚庄王上朝听政。庄王虽3年不理朝政,但对朝中大事及诸侯国的情势都了如指掌。时机已到,他一改过去的糜烂生活,英姿勃发。他杀了几个奸臣,而后又提拔了几个有才能的人,励精图治,富国强兵,争霸中原。后来楚庄王又平定了国内叛乱,对外进行了长期的战争,终于成为春秋五霸之一。

楚庄王抱头藏尾的装傻之举,就是为了今天的"一鸣惊人"。

楚庄王深知进退之道,知道掩藏自己,在适当的时机出来收拾局面,而在"伺机而动"这方面,他宠爱的女人比他更有过之而无不及。

安缠陵是楚国人,倾国倾城,深受楚庄王的宠爱。

有一次,安缠陵见到谋士江乙,发现江乙眉宇之间流露出一种悲哀之情,安缠陵感觉有些诧异,便问江乙:"先生为何这么悲伤?"

江乙正色道:"我是为夫人悲伤啊!有人这样说过:用钱财去拉拢别人的人,一旦他的钱财用光了,人们跟他也就疏远了;以姿色侍奉别人的人,一旦年老色衰,她所受到的宠幸也就会日渐减少。你想没想过,怎样才能让大王永远宠爱你,永远不会离你而去呢?"

安缠陵听了这些话以后,忙起身施礼,对江乙说道:"那就请先生替我出个主意吧,感恩不尽。"

江乙说:"你只要做到一件事即可:要让大王知道,你愿意永远陪伴他,愿意为他殉葬,保准大王会永远疼爱你的。"安缠陵点头称是。

数月之后,安缠陵又遇到了江乙。江乙问她:"我去年对你说的那番话,你对大王讲过了吗?"

"我还没有遇到适当的机会。"安缠陵不好意思地说。

不知不觉又过了好长时间,安缠陵又遇到了江乙,江乙又问安缠陵说了没有。安缠陵面带愧色地对江乙说:"我实在是还没有找到一个合适的机会。"江乙这次忍不住有点儿生气了,面带愠色地对安缠陵说道:"你整天出与大王同车,入与大王同坐,两年时间过去了,你却说你找不到机会同大王说那些话。我明白了,你大概是觉得我的主意不好吧。"说完,江乙悻悻而去,不再理会此事。

就在江乙走后不久，机会就来了——楚庄王有天行猎，他命令随从在森林四周点火围猎。突然，一只发狂的犀牛向楚庄王冲来，就在它快要冲到楚庄王所乘之车的时候，犀牛中箭倒地。楚庄王喜不自胜，回头对安缠陵说道："我将来去世之后，你会同谁来享受这样的快乐？"安缠陵略一踌躇之后，立刻泪流满面，抱住楚庄王失声痛哭，哽咽着说："大王将来登天之后，小妾愿与大王同葬，小妾怎么会同别人来享受此种欢乐呢？"安缠陵的话语令楚庄王深深感动，当即封给安缠陵一块领地，对安缠陵说："朕将来万岁之后，你就在这块领地生活，谁也不许去打扰你。"

所以，从此之后，楚庄王对安缠陵更是百般宠爱，纵有年轻、美貌的女子，楚庄王也是情不他移，独钟爱安缠陵。后人有人说："安缠陵知时。"这句话叹服安缠陵善于把握说话的时机。在关系到生死的话语面前，安缠陵一个弱女子能够沉得住气，平时一点都没有透露出自己的想法，直到机会出现时才"待机而动"，所以她一生都受到楚庄王的宠爱也是自然而然的事情了。

古书云："君子藏器于身，待时而动。"藏而不露，并非不露。锋芒外露，于交友、处世都不利。自恃满腹经纶，在人前口若悬河，人们难免将你视为狂妄自大之徒，当面对你"洗耳恭听"，转身却对你嗤之以鼻。在工作、生活中我们要学会"夹起尾巴做人"，时时谦虚，事事谨慎，才能获得良好的人脉与人缘。

我们要把握好藏与露的分寸，最后才能露出真正的锋芒。空空无迹，浩浩无垠，藏之愈深，发之愈厚。正所谓："灵芝与众草为伍，不闻其香而益香，凤凰偕群鸟并飞，不见其高而益高。善藏者，方能立于不败之地。"就像楚庄王和安缠陵那样都是懂得藏匿自己、寻找时机的人，所以他们最终也都如愿以偿了。

能屈能伸，进退有度

弯腰哲学

我们的生活不会总是像一泓平静的湖水，有时会像一座火山，当它爆发时，不要惊慌失措，也不要悲叹，要冷静地想出对策。

在现实生活中，不可能事事顺心，有时会遇到不如意的事情，就会使心情不愉快。当你心情不愉快时，动辄生气固然可以缓解一时的心理压力，但从长远来看，对自己并无益处，甚至还可能会自毁前程。社会上的人形形色色，在人与人的相处过程中，会遇到很多矛盾和问题，在处理这些矛盾和问题时，不能仅凭自己的心血来潮或一时的意愿，一定要保持理智和冷静。但要做到这一点，必须能够有忍耐之心。

能够忍耐，才能够做到"能屈能伸，进退有度"。蔺相如就是这方面的典范。

战国时期，秦强而赵弱，而蔺相如是战国时期赵国大臣，他最初是宦官缪贤的一个门客。一次，缪贤向赵惠文王进献了一块和氏璧。这个消息被秦昭王知道了，于是秦昭王就派使者去赵国，说秦国愿意用15座城池换取和氏璧。

虽然赵惠文王明知秦昭王不会用赵国15座城池来换和氏璧，而自己也不想将和氏璧白白送给秦国。但无奈的是，当时秦国势力强大，他又不敢违抗秦王的命令。于是，缪贤向赵王推荐了蔺相如，让蔺相如带着和氏璧出使秦国，保证能够完璧归赵。

蔺相如奉命来到秦国，在秦国的宫殿上，将和氏璧呈献给秦昭王。秦昭王拿到和氏璧后，只顾自己把玩，丝毫没有兑现承诺的意思。于是，蔺相如走上前去告诉秦昭王："大王，这块璧有些瑕疵，请让臣指给您看。"

秦王不知是计，将和氏璧交给了蔺相如。谁知道蔺相如一拿到和氏璧，忙后退几步，退到一个柱子附近，怒气冲天地说："大王只想得到和氏璧，根本不想给赵国15座城池。和氏璧是天下罕见的宝物，大王却只顾自己随意把玩，没有一点诚意。现在璧在我的手中，如果大王硬要强逼，我的头就会和这块璧一起撞碎在这根柱子上，大王也只会得到一个欺世盗名的坏名声。"

秦昭王怕和氏璧摔坏，立即阻止了他，并命人拿出地图，指出准备划给赵国的15座城池。蔺相如见状，就和秦昭王约定斋戒5日后，举行隆重仪式交换和氏璧，秦昭王只好答应了。当晚，一回到住处，蔺相如觉得秦昭王不会兑现承诺，立即让人连夜将和氏璧送回赵国。5天后，秦昭王举行仪式，想借此机会炫耀一下秦国的实力。蔺相如空着手来到秦王宫中，秦昭王大怒，蔺相如却不慌不忙地说："现在和氏璧在赵国，秦强而赵弱，如果大王真的给赵国15座城池，赵王一定不敢留着和氏璧不交给大王。"

秦昭王这时虽然恼怒万分，但是没有办法，只好放蔺相如回赵国。蔺相如面对秦昭王的强势并没有退缩，反倒是自己的强硬给秦昭王沉重的一击，让其敢怒却不能够发作。

最后的结果，自然是秦国没有给赵国15座城池，而赵国也没有将和氏璧给秦国。秦昭王这次没有占到便宜，心里一直不痛快，很不甘心就此罢休。

事情还没有完，秦昭王又请赵惠文王到渑池（今河南渑池西）去会见。赵惠文王害怕被秦王扣留，不敢前去。但是，大将廉颇和蔺相如都认为赵王如果不去，就是向秦国示弱。此番前去，还能借此显示赵国的强硬和赵王的果敢。

于是，赵惠文王决定冒险去一趟秦国，就让蔺相如随同一块去，并让廉颇在本国辅助太子留守。除此之外，又派大将李牧带精兵5000护送，并令相国平原君带几万人马在边境接应。

在渑池上，秦昭王和赵惠文王酒至半酣，秦昭王说："听说赵王弹得一手好瑟。请赵王弹一曲，以助酒兴。"说罢，立即吩咐左右把瑟拿上来。

虽然赵惠文王不情愿，但也不好推辞，只好接了瑟，勉强弹了一首曲子。秦国的史官把这事记了下来，并且念道："某年某月某日，秦王和赵王在渑池相会。秦王令赵王弹瑟。"

赵惠文王受到侮辱，气得脸色发青，但也无可奈何。这时候，蔺相如拿了一个瓦盆,突然跪到秦王跟前,说:"赵王听说秦王会演奏秦国的乐器。我这里有一个瓦盆,请大王赏脸敲几下助兴吧。"

秦昭王听了,脸色勃然一变,但他转过头去,不理会蔺相如。

蔺相如说:"大王未免欺人太甚了!秦国虽然兵力强大,但现在我和大王之间只隔5步的距离,在这5步之内,我却能和大王同归于尽。"

秦昭王知道自己碰到了亡命之徒,无奈,只好拿起筷子在瓦盆上胡乱敲了几下。蔺相如叫赵国的史官记下:"某年某月某日,秦王和赵王在渑池相会。赵王令秦王敲击瓦盆。"

秦国的大臣见蔺相如对秦王如此无礼,大伤秦王的体面,很不服气。有人站起来说:"请赵王割让15座城池给秦王上寿。"

蔺相如毫不示弱:"请秦王把咸阳城割让给赵国,为赵王上寿。"

秦昭王眼看局面越来越紧张,而且,他事先也探知赵国早已派了大军驻扎在边境,明白一旦真的动起武来,自己也不一定能占到便宜,就喝住秦国的大臣,说:"今天两国君主在渑池相会,是个欢喜的日子,诸位不必多说。"

两国在渑池之会,面对蔺相如的强硬,秦昭王又一次负气而去。

蔺相如两次出使,均保全赵国不受屈辱。尤其是在渑池之会时,他随身侍奉赵王,当面斥责强秦,不辱国体,使赵王没有受到屈辱,立了大功。赵惠文王十分相信蔺相如,拜他为上卿,地位在廉颇之上。

面对秦王,蔺相如毫不退让,步步为营,这是蔺相如"能伸"的一面,下面让我们来看看,蔺相如是怎样"屈身"于廉颇的。

廉颇是赵国的大将,屡次攻城略地,威名远播。廉颇率军征战,守必固,攻必取,几乎百战百胜,威震列国。强秦虎视赵国,却一直不敢贸然进攻,也正是慑于廉颇的威力。

但是,廉颇认为原本地位低下的蔺相如,现在仅凭口舌之功就位高于自己,便对将蔺相如心怀不满,公然扬言有机会就要当众羞辱蔺相如。

这事很快被蔺相如知道了,但是他并不想与廉颇去争高低,而是采取了忍让的态度。蔺相如为了在上朝时不使廉颇觉得位居自己之下,每次早朝,蔺相如总是称病不至。

有一天，蔺相如乘车出门，远远望见廉颇迎面而来，索性引车躲避，让廉颇的车先过。

蔺相如的退让，引起了舍人门客的极大不满，门客一齐劝他说："我们因为仰慕您高尚品德，才来侍奉您。现在您比廉颇位高，廉将军散布恶言恶语，您却怕他，一味地躲着他，您太怕他了。一般人对这种情况尚且感到羞耻，更何况是将相呢！我们实在没有才能，请允许我们告辞吧！"

蔺相如竭力挽留他们，解释说："我并不是畏惧廉颇，面对虎狼般的秦王，我都敢当庭呵叱，羞辱他的群臣，我还会怕廉颇吗？但是，强秦之所以不敢出兵赵国，是因为我和廉颇同在朝中为官，如果我们相斗，就如两虎相争，没有两全之理了。我之所以避他，无非是把国家安危放在个人的恩怨之上罢了，进退有度乃君子耳。"

这番话很快传到廉颇的耳朵里，蔺相如以国家利益为重、善自谦抑的精神，让廉颇深感惭愧。一天，廉颇赤裸上身，背着荆条，去蔺相如的府上请罪。从此，两人结为刎颈之交，生死与共。

至此，廉、蔺和好，使得赵国内部团结一致，军中上下都尽心报国，赵国也一度强盛，成了阻挡秦国东进的有力屏障，以后10年间，秦国一直不敢攻赵。因为，秦国知道赵国文有蔺相如，武有廉颇。但是造成这样局面的正是因为蔺相如当初的能屈能伸、进退有度。懂得进退，外可抵御强敌，内可和睦君臣。

我们的生活不会总是像一泓平静的湖水，有时会像一座火山，当它爆发时，不要惊慌失措，也不要悲叹，要冷静地想出对策。人际关系是人们生活中的一个方面，当双方矛盾爆发时，不要愤怒，也不要惊慌，因为，愤怒和惊慌非但无济于事，还会使矛盾加剧，最终，你不但没有遏制住火山的喷发，反而被巨大的火山烈焰所吞噬。遇到这种情况，理智的办法就是忍耐。

生活中酸甜苦辣总是在不经意间就到来了，我们要"能屈能伸，进退有度"，能够在人生的道路上"兵来将挡，水来土掩"，成就一番事业。

忍下一时之气，免去百日之忧

弯腰哲学

> 忍受，不但要忍"气"，还要忍"辱"。气愤来自于生活中的不公，屈辱是由自己的人格受到贬低而来。忍则是为了求安，正如俗话所言：忍下一时之气，免去百日之忧。

古人造字，忍字上面有"刃"，下面有"心"，寓意是人不得意，心如刀割，不得已忍受痛苦，所以凡别人认为难做的事，自己不怕艰苦，积极去做，这就是忍。所谓忍字头上一把刀就是这个道理。忍受，不但要忍"气"，还要忍"辱"。气愤来自于生活中的不公，屈辱是由自己的人格受到贬低而来。忍则是为了求安，正如俗话所言：忍下一时之气，免去百日之忧。

真正看得远的人，不会计较一时短长，也不会计较眼前的得失，这样才能够做大事，司马懿就是这样的人。

三国时期的司马懿，不但是一个谋臣，而且也是一个叱咤风云的武将。最能够体现司马懿才华的就是与诸葛亮的祁山之战。这是一场持久战，整整打了6年。在这一场战争中，诸葛亮"鞠躬尽瘁，死而后已"，留下了千古遗憾，而司马懿"扫平蜀、吴，统一天下"，夺得了最终的胜利。

在这一战中，面对诸葛亮的"巾帼之辱"，司马懿又一次展示了自己的"大忍"。

三国时期，蜀相诸葛亮亲自率领蜀国大军北伐曹魏，而司马懿认为蜀军远道来袭，后援补给必定不足，所以司马懿决心闭门休战，对诸葛亮的蜀国大军不予理睬，准备拖延时日以消耗蜀军的实力，等待取胜的良机。

诸葛亮深知司马懿的厉害，多次派兵到城下骂阵，企图激怒魏兵，引诱司马懿出城决战，但司马懿却一直按兵不动。诸葛亮于是用激将法，派人给司马懿送去一件女人的衣裳,并修书一封说:既然你身为大将,统率数万大军,却不敢应战以决胜负,安于躲在土巢之中,小心地防避着刀箭,这和一个女人没有什么两样。现在我派人送给你一套女人的衣服,如果你还不敢出战,就应该恭敬地跪拜接受。但凡你还有羞耻心,还有点儿男子汉的气概,就立即择期决战。

司马懿看后很淡然,心中虽然大怒,但是表面上还是故作镇静,笑着说:"孔明把我看成了妇人吗?"当即接受下来,下令好好招待前来送衣的蜀国使者,还当着大家的面把那件女人衣服穿了起来。

得知这件事情之后,魏军的众将无人不气愤,纷纷来到司马懿大帐请命:"我们都是魏国的名将,哪能忍受蜀军这样的侮辱?请允许我们立即出战,以决胜负。"

马司懿说:"众将有所不知,我并不是不敢出战,而甘心忍受侮辱,无奈天子早就有了旨意,令我们坚守不战,如果现在轻率出战,就是违抗国君命令啊。"

见众将愤恨难平,司马懿便又说:"既然大家都要出战,待我向天子禀报批准以后,大家再同心协力迎敌。"司马懿立即写好奏章奏明曹叡,假装愤恨难平,请求出兵。

魏明帝曹叡看完奏章后有些不解,便召众大臣商议:"司马懿之前曾要求坚守不出,为什么如今又上表求战?"

这时,大臣中的卫尉辛毗说:"司马大人本来不想出战,想必是因为诸葛亮的这一番侮辱,使得众将愤怒,才故意上了这道表章,目的也只是希望陛下更明确地重申坚守不战的旨意,以平复众将之愤怒。"

曹叡认为十分有道理,便命令辛毗持着皇帝的符节,到司马懿大营传旨不许出战。辛毗到了司马懿大帐之中,当众宣读道:"如果再有人胆敢提出迎战,便以违抗圣旨论处。"众将也只好按圣旨的意思,不敢再提出请战的要求。

面对这样的羞辱,司马懿的手下众将都不堪此辱,纷纷要求决一死战,而司马懿身为兵马都督、三军统帅,却强忍住了怒气,保持了应有的冷静,并想办法稳住了军心,度量之大令人不得不佩服。尽管诸葛亮在信中充满了侮辱和轻视,激怒了他,但是司马懿毕竟老谋深算,没有上诸葛亮"激将法"的当。他知道为了长久之计,不能够计较一时的得失。

所以,后来的事态发展也正如司马懿所料:相持数月后,诸葛亮由于长期积劳成疾而旧病复发,不幸病逝,蜀军也因群龙无首,而且补给不足,只得悄悄退兵。这一战,司马懿不战而胜。

诸葛亮六出祁山,几乎展现出了自己全部的军事才能,却被司马懿挡在渭河以南寸步难行,虽然从战术上看,诸葛亮要高出司马懿一筹,但最后还是以司马懿的胜利而告终。如果当时面对诸葛亮的侮辱,司马懿不能忍耐一时之忿,贸然出城应战,恐怕那段历史将会被改写。一个真正成功的英雄,应当做到能屈能伸、刚柔并济,能够"卒然临之而不惊,无故加之而不怒",才是真正的英雄本色之所在。究其原因,其中最重要的就是除了才智以外,司马懿能忍耐,能够不争一时之短长,拒不出战,最后不战而胜。

其实司马懿的一生,几乎处处体现着"忍耐"两字,忍耐铸就了司马懿沉着冷静的性格,司马懿在与诸葛亮数年的对峙中,始终临危不惧,他几次陷入险境,幸亏采取了忍耐的策略,才成功地化险为夷。他忍耐着眼前的屈辱,不计较一时的短长和得失,最后终于战胜了"神话"一般的诸葛亮。

固守名分,不觊觎名器

弯腰哲学

居功而不自傲,有能力而不炫耀,为人处世要低调谦和,才能让成功更为长远。"固守名分,不觊觎名器"在很多时候都是真理,只有明晓了这一点,才能够保全自己,成就大事。

皇帝自然是高高在上的,如果有人胆敢触及他们的权威,越雷池一步,会有怎样的下场呢?法国的富凯就成了这样的实验品。他因为没有固守名分,在法国国王面前炫富,结果落得了个阶下囚的下场。

很久以前,富凯是法国的财政大臣,他为了博得国王路易十四的欢心,决定策划一场前所未有的宴会。他费尽心机筹划准备,邀请了当时欧洲最显赫、有名的贵族和学者，甚至著名的剧作家莫里哀为这次宴会还专门写了一个剧本。

这次宴会极尽奢华之能事，有许多人们见所未见、闻所未闻的食品和水果，庭院的装修、室内的装潢、烟花的设计乃至莫里哀的戏剧表演，甚至是宴会中的每一个细节，无不让嘉宾们大开眼界。人人都从心底发出感叹，认为这是他们所参加过的最为完美杰出的宴会。富凯本以为国王观看了他精心安排的表演会感动于他的忠诚和能干，可以让国王明白他的高雅品位和受人民欢迎的程度，从而任命他为宰相。然而事与愿违，每一个新颖壮观的场景，每一幕精彩绝伦的表演，每一位嘉宾的赞赏和微笑在国王看来，都是财政大臣的炫耀，这深深地刺激了路易十四，傲慢自负的他，怎么能容忍富凯比自己还富有、比自己还引人注目呢？富凯其实在这时已经为自己种下了祸根。

所以，时隔不久，人们还在回味富凯举办的盛宴时，令人难以置信的事情发生了：国王逮捕了富凯。3个月后，富凯以窃占国家财富罪被关进了监狱，他人生最后的20年都是在单人牢房里度过的。

要固守名分，不要将自己的光辉盖过皇帝。富凯如果懂得这一点，恐怕就不会身陷囹圄，在牢房中度过自己人生的最后20年了。这样的例子在中国古代也有，这个人就是我们在此书提到过的韩信。

本来，韩信是汉初三杰之一。楚汉相争之时，他明修栈道、暗渡陈仓，出奇制胜一举攻下关中，为刘邦争天下打下了良好的基础。后来，刘邦与项羽相持于荥阳、成皋间，韩信又被刘邦任命为左丞相，带领兵马攻魏、平赵、破齐，最后韩信带兵在垓下一战，将项羽击败，使其在乌江自刎，为汉室江山的建立扫清了最大的障碍。如果没有韩信的话，今天的历史究竟会怎么样，谁也说不清楚。

但是有一件事情却决定了韩信的命运。在韩信平定了齐之后，刘邦在与项羽的对峙中屡遭险境，处境艰难，派人要求韩信带兵援救，韩信却居功自傲，趁机要刘邦封他为假齐王，让刘邦很是恼火，但是考虑之后仍然封韩信为假齐王，这件事情也让刘邦对韩信起了很大的猜忌之心。韩信，这样一位杰出的军事统帅，最终因为不明白低调做人的道理，不知道固守名分，表露出野心，结果却死在吕后的手中。究其原因，韩信居功自傲、不知进退为他被杀埋下了祸根。

做人要低调，待人要谦和，不居高自傲，才能避免让人嫉恨，有个好的结果，当今为人处世者,当引以为鉴。"狡兔死,走狗烹;飞鸟尽,良弓藏。"古往今来,功高震主者都没有什么好下场,更别提居功自傲、处处显摆的人了。居功而不自傲,有能力而不炫耀,为人处世要低调谦和,才能让成功更为长远。"固守名分,不觊觎名器"在很多时候都是真理,只有明晓了这一点,才能够保全自己,成就大事。

胸藏甲兵,腹隐韬略
——弯腰是一种隐藏

那些安心藏锋的人,都能笑对人生中不可改变的事实。"头"和"尾"在现实中蜷缩,内心却在局势和韬略间架起桥梁,这便是智者。学做一个"善藏锋者",坦然接受坎坷,及时思考自我,随时寻找机遇,最终都能如愿以偿,一击必成。

舍万乘之尊，得天下之势

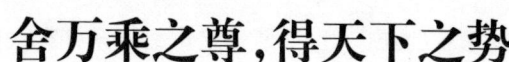

能忍者胸中自有远大的抱负，故而眼光长远，在自己暂时不利的形势下隐忍深沉，以图将来，终成他人所未成之大事。

或许你仍然向往一帆风顺，可是却在面对曲折的人生。其实，所谓的一帆风顺只是对心灵的一种自我安慰，当不愿成为命运的奴仆而又暂无扼住命运咽喉的能力时，切记要学会忍耐。

张公艺九世同居，只以忍为题目；张良忍辱下桥取履，终为帝王之师；韩信忍胯下之辱，统率百万大军，终于拜将封王；刘备隐忍苟活，寄人篱下，终成帝王大业；司马懿忍辱负重，终挫诸葛亮之计谋。这些人虽然没有"万乘之尊"，但都能在对自己形势不利的情况下，含垢忍辱，忍常人所不能忍，终于取得常人未有的成就，名留后世。

"留得青山在，不怕没柴烧"，忍辱负重，以图将来。也许忍到最后一刻就会产生意想不到的变化，才有希望看到转机，只有笑到最后的人方才是真正的英雄。

商朝末年，商纣王建酒池肉林，设炮烙之刑；对内沉溺酒色、奢靡腐化，对外残忍暴虐、荼毒四海，使得民不聊生，国势日渐衰微。而生活在陕西渭水流域的周族首领姬昌，广施仁德、礼贤下士、发展生产，深得人民的拥戴。这逐渐引起了商纣王的猜疑，于是就找了个借口将姬昌抓了起来，囚禁在当时的国家监狱羑里。这时的姬昌已是82岁的老人了，这一关就是7年。

其间，纣王以种种野蛮手段对其进行侮辱和折磨，最为恶毒的是将其长子伯邑考杀害后做成肉羹逼其吞食。相传文王长子伯邑考非常孝顺，在父亲被囚禁后非常担心父亲的安危，于是不顾一切来到殷都，想到上层活动活动，恳求纣王释放年迈的父亲,不料却被纣王扣为人质。这时姬昌演易的事已被纣王得知,为了检验姬昌算卦是不是准确,纣王想出了残忍的一招,将伯邑考残忍地杀害了,竟然还烹成肉羹,派人送给姬昌吃。

姬昌看到肉羹,知道这是爱子的血肉,也很清楚这是纣王来试探他的,如果不吃,必定会引起猜疑。于是强忍悲痛,装作若无其事地把肉汤喝了。纣王听了汇报,自鸣得意地对手下人说:"谁说姬昌是圣人?喝自己儿子的肉煮成的汤都不知道!"从此就放松了对姬昌的警惕。

其实姬昌并没有消化儿子的肉,相传他每天都到演易台后边把吃到肚子里的食物吐出来,日久天长就形成了一个大土冢,后人称为"吐儿冢"。传说当时姬昌吐出的肉都变成了兔子,所以现在羑里城附近的老百姓中还流传着一句俗话:羑里城的兔子打不得。

当然这都是后话。只是说姬昌能够"忍难忍耻",胸藏智慧,腹隐韬略。一方面,姬昌在被囚羑里城的7年岁月里,潜心研究,发奋治学,将伏羲八卦推演为64卦384爻,完成了《周易》这部千古不朽的著作;另一方面,姬昌在回到自己的领地后,暗中招兵买马,扩充实力,准备与纣王对抗。后姬昌的儿子姬发(即周武王)继承了父亲的遗志,礼贤下士,拜姜子牙为军师,率兵讨伐,与纣王军队激战于商郊牧野。最终使得纣王大败无路,纵火自焚。自此,姬发推翻了暴政,建立了自己的周朝,开创了历史上的盛世之基。周文王、周武王也因此成为历史上的贤明之君,被后世景仰。

故"古之所谓豪杰之士,必有过人之节,人情有所不能忍者。匹夫见辱,拔剑而起,挺身而斗,此不足为勇也。天下有大勇者,猝然临之而不惊,无故加之而不怒;此其所挟持者甚大,而其志甚远也。"这需要大见识、大度量、大胸襟、大气魄。那些缺乏胸襟气度、目光短浅的人只能成为世人笑柄,以提供血的教训成为他人借鉴的对象。

鹬蚌相争,渔翁得利

> **弯腰哲学**
>
> 适时地引身而退,并不是退缩,更不是放弃,而是以回旋之力跳到更高的视角,用全局的眼光纵览长短。这其中是需要静得下心、沉得住气的。待二力相斗而懈时,再全力出击,使利益最大化。

古今中外,但凡取得辉煌成就之人大都有一个共同的特征:不仅目标明确,而且不计小利,胸怀大局意识。在追求人生最终的大目标时,伴随着许许多多小目标的达成,我们会不时遇到各种小利小成,但此时应该培养长远的眼光,是争一时还是争一世,必然要懂得取舍。

鹬蚌相争,渔翁得利,这一谋略就是充分利用对方内部的矛盾和冲突,坐享其成。这就要求首先要对事物的发展趋势有一个正确的判断,对双方乃至多方的情况必须了然于胸。然后抽身而出,不仅避免了鱼龙混杂的消耗,还可享受到非一人之力可取得的成果。把对方的争执之力合而为一,沉住气,待双方实力全部消耗殆尽时,自然便有现成的收获。一代枭雄曹操可谓深谙此法。

官渡战败后,袁绍耿耿于怀,终积郁成疾,于建安七年(公元202年)呕血而死。其时,袁氏集团仍有很强的实力,但袁绍的几个儿子却不能同心协力,共继父业,而是忙着各自扩充实力。其中以袁尚、袁谭之间的矛盾最为激烈。

另一方面,曹操让军队先休整了一段时日,然后利用袁尚、袁谭之间矛盾冲突加剧的机会,渡过黄河,北上征伐。建安七年(公元202年)9月,曹军攻打屯兵黎阳的袁谭,袁谭无力抵抗,情急无奈,只好向袁尚告急求援。袁尚欲分兵助兄,又怕袁谭借兵不还;但若坐视不管,又怕黎阳有失与己不利,只好让审配守邺城,自己亲率大军救援黎阳。次年2月，两军大战于黎阳城下，结果，袁谭、袁尚、袁熙、高幹（袁绍外甥）全部大败，放弃黎阳，退守邺城。曹操占据了冀州的重要门户黎阳，为进一步消灭袁氏集团创造了有利的条件。

屡战屡捷之下，曹军诸将都请战乘胜追击，一举拿下邺城。唯独郭嘉在大家的兴头上，出人意料地提出了停止攻击、南征刘表的方案。众人对此迷惑不已：当年在下邳攻打吕布时，就是采用了郭嘉的急攻战术，在敌人人困马乏的情况下，围攻两月，终于擒杀吕布；现在二袁已露败相，只要围住邺城，奋力强攻，破城指日可待。此时撤军而调头南下，远征刘表，岂不是给了二袁以喘息的机会？

对此，郭嘉自有他的独到见解，他很有把握地解释说："袁绍生前最喜爱这两个儿子，究竟立谁继业，一直没有定下来。有郭图、逢纪这分属两派的人做谋臣，肯定会让他们兄弟二人内争不断，最终相互分离、反目成仇。此时如果攻势过猛，他们一定会团结一致对付我们；假若暂缓进攻，他们就会为争权夺利而自相残杀。所以，我们不如掉头向南，假装去荆州讨伐刘表，以观其变。等到他们内部发生变乱后，我们再出兵击之，便能一举平定河北了。"

听了郭嘉的解析，众人连声称赞，曹操欣然采纳。建安八年（公元203年）8月，曹操下令南征刘表。南下退军后，曹操留下贾信守黎阳，曹洪守官渡，自己回许昌，一路南下，装出进攻刘表的姿态。此时的曹操虽然挥师南下，却是一步三顾，时刻注意着二袁的动静。当曹军率军开拔到西平（今河南省西平县西）时，便接到袁谭派辛毗前来请求投降的消息。

原来，事态正如郭嘉所料。曹军南撤后，胆战心惊的袁谭、袁尚可谓大喜过望。紧接着，兄弟二人便开始了对冀州的争夺。因为军队装备之争，袁谭在部下的挑唆下，领兵攻打袁尚，结果大败而归，只得逃到平原（今山东省平原南）。而袁尚又领兵追踪而至，四面合围而打。袁谭眼看城破将损，一时间无计可施，只好听从郭图的建议，派辛评的弟弟辛毗向曹操投降并求援。

曹操见二袁果然火并，心中万分高兴。在一番恩威并施的试探后，应允袁谭的求降，并立即出兵救援。为了进一步拉拢袁谭，当年（公元203年）10月，曹操赶到黎阳，还与袁谭结成儿女亲家。袁尚得知曹军北渡黄河，急忙放弃围攻平原，退回邺城。

建安九年(公元204年)2月,袁尚又出兵攻袁谭,留下苏由、审配守邺城。曹操乘机出兵,进军至洹水时,苏由率部降曹。如此,守成二将中,一将已破。曹军直捣邺城,审配坚守不出。曹操让曹洪继续攻城,而自己统军扫清外围,并在邺城周围挖了一条长40里、深宽各两丈的壕沟,引漳水灌入沟中,将城围住。城内给养不足,饿死大半。此时,袁尚不得不率主力部队回撤,救援邺城。但不曾料到途中又遭曹军伏击,袁尚只得仓惶逃至岐山,后至中山。最后,由于曹军一路追击,袁尚竟率残部逃亡幽州,依附次兄袁熙去了。同年(公元204年)8月,审配的侄子审荣在一夜守城时大开城门,迎接曹军入城。邺城遂破,审配亦被处死。

在曹操攻打袁尚时,袁谭趁袁尚回撤得以喘息,并攻战了河北诸多地区。但谁知曹操攻占邺城后,继续挥戈北进,转而进攻袁谭。袁谭初战不利,便退保南皮(今河北省南皮县东北)。建安十年(公元205年)正月,曹军冒着严寒进击,一举攻克南皮,处死了袁谭、郭图。

至此,冀、青二州皆为曹操占据。随后,曹操又再次北上进攻幽州的袁熙、袁尚。二人早已成惊弓之鸟,闻风逃奔至辽西乌桓。这样,幽州也就落入了曹操之手。郭嘉精心谋画的巧平二袁之计,至此已经全部实现。

郭嘉此计,可谓"鹬蚌相争,渔翁得利"的典型。若当时直接乘胜追击二袁,以曹操的实力,似乎也能取得成功,但强攻硬拼,必然要付出很大的代价。而对于袁氏集团而言,由于曹操大兵压境,内争已退居次要地位,也就是说,袁、曹集团之间的矛盾已冲淡或暂时压抑住了袁氏内部的矛盾,他们必会"困兽犹斗",正所谓"一人拼命,万夫莫当"。而曹操此时恰恰采纳了郭嘉的建议,停止进攻,主动退出,使曹、袁矛盾暂时淡化,让袁氏内部矛盾激化,给二袁创造了一个自相残杀的时机和环境。借敌人之手削弱敌人的实力,从而坐收渔人之利,这实在是一条统观全局的奇谋妙计。

做人低调,稳扎稳打,是以静制动的城府。当某一利益初露端倪时,切忌盲目躁动,此时的冷静沉着才更加可贵。辨析出是一时还是一世,顾大局而舍小利,才有可能获得事半功倍的效果。

软硬兼施,天下通吃

> **弯腰哲学**
>
> 为人得体,须软硬兼施。做人要七分温和、三分锐气。过硬,则狗急跳墙、两败俱伤;过软,则"马善被人骑"、得寸进尺。若能软硬结合,交替轮换,则是黄金的处世分寸。恰如其分,软硬兼施,既不欠火,亦不过火,实在是做人难得的艺术。

做人做事要学会软硬兼施,这是有"心眼"的处世哲学。软与硬,作为一种策略,或是交际手段,无论怎样结合都不可偏颇。

与人交往中,软与硬是相辅相成、兼而有之的。如果有所偏倚,我们自己便要吃亏。为人太软,会给人以无能的印象,让人觉得你好欺负,于是自然而然地就会经常受到别人的戏弄与伤害。也许人性中总有点欺善怕恶的劣根性,所以,人可以温和,但不可以软弱。

然而我们也不能走到事物的另一极端,不能总是态度强硬、好勇斗狠。一个人太强硬,必然会使他人觉得你头角峥嵘,浑身是刺。这种强硬积累到一定程度,会导致难以预料的后果,以致遭到千夫所指,触犯众怒,落得个没有丝毫回旋余地的下场。

清朝名臣曾国藩就通晓软硬兼施之道,在两者之间拿捏得恰到好处,适时地收服了性格各异的将才,从而为他所用。

曾国藩手下有一员悍将,叫陈国瑞,此人原是蒙古王爷僧格林沁的手下大将。他从未读过书,更不懂得礼节修养,一张口便是粗话连篇;只要想干的事,任天塌下来也要办成。

陈国瑞15岁时,在家乡湖北应城投了太平军,后来又投降清军,几经辗转被收在僧格林沁部下。据说他异常骁勇，打仗时，炮弹击碎了手中的酒杯，他不但不避，反而抓起椅子端坐在营房外，高叫"向我开炮"，使手下都很敬畏他。

要说他是粗鲁莽撞之人，僧格林沁比他有过之而无不及。传说僧王是个暴虐、狂躁、喜怒无常之人，听手下汇报战况也要到处走动，赞赏时不是割一大块肉塞进对方嘴里，就是端一大碗酒强迫别人喝下去。发怒时则用鞭子抽打或冲过去拧脸扯辫子，搞得很多人都难以接受。只有陈国瑞不怕这僧王，他是打心眼儿里佩服僧格林沁。

僧王死后，曾国藩接替剿匪事宜，与陈国瑞军打上了交道。当处理陈国瑞与刘铭任所统率的两军械斗事宜时，曾国藩感到只有让陈国瑞对自己心服口服，才有可能在今后真正为己所用。

于是，曾国藩拿定注意，先以凛然而不可侵犯的正气打击陈国瑞的嚣张气焰，继而历数他的劣迹暴行，使他知道自己的过错和别人的评价。

曾国藩的措辞异常严厉，使得陈国瑞都有些灰心丧气，准备打退堂鼓了。这时，曾国藩话锋一转，又表扬了他的勇敢、不好色、不贪财等优点，告诉他是个大有前途的将才，切不可因莽撞而自毁前程。

这使陈国瑞又振奋起来。紧接着，曾国藩坐到他面前，语重心长地教导他，还亲自为他订下了不扰民、不私斗、不违令三条规矩。一番话说得陈国瑞心服口服，无言可辩，只得唯唯退出。

但是，仅靠这一次谈话是很难使陈国瑞的莽性彻底转变的。果然，他一回营就对曾国藩所下的命令不管不顾。

看到"软力量"的作用不大，曾国藩马上请道圣旨，撤去陈国瑞帮办军务之职，剥去黄马褂，责令其戴罪立功，以观后效，并且警告他再不听令就要撤职查办，发往军台效力。陈国瑞一想到那无酒无肉、无权无势的生活，立即表示唯曾大人是从，率领部队开往指定地点。

曾国藩用软硬兼施的办法，剃了陈国瑞这个刺儿头。

曾国藩既没有表现得过分妥协、软弱，又没有一味地强硬和固执，而是在软硬两手之间交替使用，可谓恩威并施。如此，才能让陈国瑞服得彻底，减免日后之患。

在日常的生活中，因为世事是复杂的，人们的心情是多变的，在不同的事情与时机上，人们会采用不同的态度和策略。所以，即使是软硬兼施，我们也要表现得灵活一点，针对不同的情况随机应变，采用多样的方法。

在平时的工作上，软硬兼施更是必不可少的手段。电视剧《三国演义》中，可谓把诸葛亮软硬兼施"借荆州"表现得淋漓尽致，对这一手段的运用，诸葛亮真称得上是炉火纯青。

为了催讨荆州，东吴分别先后4次派鲁肃和诸葛瑾前往刘备之处。诸葛亮软硬交替，或强或弱，4次挡回了来使，从而占据了荆州。

赤壁之战后，曹操北还，留大将曹仁守南郡，夏侯惇守襄阳。此时，东吴周瑜领兵去争夺南郡，数次恶战之后，赶走了曹仁和夏侯惇。在周、曹交战中，刘备却趁机夺取了南郡和襄阳。

周瑜愤怒异常，正待兴兵，鲁肃拦住，请命去和刘备谈判归还之事，若不成，再打不迟。

鲁肃到南郡拜见了刘备，说明来意后，军师孔明开场就义正辞严地说道："常言道：物必归主。荆襄九郡，非东吴之地，乃刘景升之基业。吾主固景升之弟也。景升虽亡，其子尚在；以叔辅侄，而取荆州，有何不可？"随后，竟请出公子刘琦，以正视听。鲁肃无奈，最后只得达成"若公子不在，须将城池还我东吴"的协议。

后刘琦病死，刘备也攻下了荆州南部的4个郡。鲁肃第二次来催还讨债。刘备和诸葛亮把鲁肃迎进帐内，只以酒相待，却一直不提荆州一事。鲁肃强饮数杯，又开口相问。

此时诸葛亮突然变色说："子敬好不通情理，直须待人开口！自我高皇帝斩蛇起义，开基立业，传至于今；不幸奸雄并起，各据一方；少不得天道，复归正统。我主人乃中山靖王之后，孝景皇帝玄孙，今皇上之叔，岂不可分茅裂土？况刘景升乃我主之兄，弟承兄业，有何不顺？汝主乃钱塘小吏之子，素无功德于朝廷；今倚势力，占据六郡八十一州，尚自贪心不足，而欲并吞汉土。刘氏天下，我主姓刘倒无份，汝主姓孙反要强争？且赤壁之战，我主多付勤劳，众将均用死命，岂独是汝东吴之为？若非我借东南风，周郎安能展半筹之功？江南一破，休说二乔置于铜雀宫，虽公等家小，亦不能保。适来我主人不即答应者，以子敬乃高明之士，不待细说。何公不察之甚也！"

一席话，说得鲁肃缄口无言，半晌喃喃自语道："昔日皇叔当阳受难时，是肃引孔明渡江，见我主公；后来周公瑾要兴兵取荆州，又是肃挡住；至说待公子去世还荆州，又是肃承担；今却不应前言，教鲁肃如何回复？我主与周公瑾必然见罪。肃死不恨，只恐惹恼东吴，兴动干戈，皇叔亦不能安坐荆州，空为天下耻笑耳。"

诸葛亮遂话锋一转，赔笑说："素知子敬乃仁义厚德之人，可现中原急未可图；西川刘璋暗弱，我主将图之。若图得西川，那时便还。"

无奈，鲁肃只好立了一纸文书，相约"得西川，还荆州"，签字画押后，悻悻而归。

临走时，诸葛亮又嘱托鲁肃说："子敬回见吴侯，须善言伸意，休生妄想。若不准我文书，我翻了面皮，连八十一州都夺了。今只要两家和气，休教曹贼笑话。"

鲁肃第三次来催讨时，孙权的妹妹孙尚香早嫁给了刘备，刘备已成为了江东的女婿。

鲁肃说看在两家结亲之面上应早早归还交付，刚一开口，刘备就掩面而泣，好不伤心。

鲁肃一时不明就里，慌了手脚。此时诸葛亮从屏风后走出，说："子敬可知我主人何故而哭？当初我主借荆州时，许诺取得西川便还。仔细想来，益州刘璋是我主人之弟，都是汉朝骨肉，若要兴兵去取他城池，恐被外人唾骂；倘若不取，还了荆州，何处安身？若不还时，于尊舅面上又着实难看。事实两难，因此泪断肝肠。"

诸葛亮说罢，触动刘备衷肠，真个捶胸顿足，放声大哭。

鲁肃劝说："皇叔且休烦恼，与孔明军师从长计议。"

诸葛亮顺势而言道："有烦子敬，回见吴侯，勿惜一言之劳，将此烦恼情节恳告吴侯，再容几时。"

鲁肃是个宽仁长者，见刘备如此哀痛，只得应允。

第四次谈判，东吴帐下的诸葛瑾前来，他是诸葛亮之兄。无疑，这次东吴想利用亲情而威逼。

但是诸葛亮与刘备已事先约好。首先，刘备看了孙权手书，怒斥说："孙权既以妹嫁我，却趁我不在荆州，竟将妻潜地取去，情理难容！我正要大起川兵，杀下江南，报我之恨，却还想来索荆州乎！"

此时,诸葛亮哭拜于地,以示诸葛瑾:"吴侯执下亮兄长老小,倘若不还,吾兄将全家被戮。兄死,亮岂能独生?望主公看亮之面,将荆州还了东吴,全亮兄弟之情!"

刘备再三不肯,孔明只是哭求。半响,刘备才徐徐说:"既如此,看军师面,分荆州一半还之:将长沙、零陵、桂阳三郡与他。"

诸葛亮遂请刘备手书与关羽,令其交割三郡,且嘱托:"云长性如烈火,切宜仔细。"

果然,诸葛瑾执手书付荆州,关羽闻听来意后,顿时变色说:"吾与吾兄桃园结义,誓共匡扶汉室。荆州本大汉疆土,岂得妄以尺寸与人?将在外,君命有所不受。虽吾兄有书来,我却只不还。"

诸葛瑾有意借军师诸葛亮之面再言,关羽喝斥道:"休再言!不看军师面上,教你回不得东吴!"

诸葛瑾满面羞怒,急辞下船,再往西川见诸葛亮。诸葛亮已自出巡去了。瑾只得再见刘备,哭告云长欲杀之事。刘备这时方说:"吾弟性急,极难与言。子瑜可暂回,容吾取了东川、汉中诸郡,调云长往守之,那时方得交付荆州。"

至此,4次催讨均已化解。从"公子死,还荆州",到"得西川,还荆州",以至于"取汉中,还荆州",诸葛亮巧妙地运用软硬兼施的谋术,着实达到了长期霸占荆州的战略目的。

所以说,软与硬,作为一种策略,或者一种交际手段,无论何时何地都不可偏废。从理论上讲,软,体现乐友善、涵养和通情达理;硬,则显示尊严、原则和力量。同时,要根据形势变化,灵活运用。只有软硬得当,才能更好地储存力量,以待厚积薄发。

抓住机遇，趁势而为

弯腰哲学

机遇在手并不代表着就会成功，它只不过是人生道路上的一条捷径。往往，捷径就在悬崖边上，底下便是万丈深渊。捷径虽快，但风险也高，也就是说，准确把握机遇后，不能心浮气躁，反而需要更大的马力、趁势而上，冲向我们理想的巅峰。

我们生活在一个充满机遇的世界里，它对于每个人都是公平的。然而，机遇又是随缘的，是可遇不可求的。常言道"机遇是给有准备的人。"在其没有来临之时，我们不必急躁，反而要更加积极努力、蓄势待发；一旦机会来临且已准备充足，那么接下来就看我们是否能准确选择并及时抓住了。

选择最佳时机，也就是选择最适合自己的。就像一名优秀的足球运动员，在球场上的激烈争夺中，能巧妙地将球射入球门，靠的不仅仅是他精湛的技术水平，还要选定最佳角度，准确地把握战机。能否及时并准确地抓住机遇，则是决定我们是否能走上通往成功的捷径之道。在快速分析完何时能发挥自己的最大优势后，便要果断抓住机遇，顺势而上，方可获得事半功倍之效。法国科学家别涅迪克就是及时从启示中抓住了机遇，从而使他的科研之路有了新的高峰。

法国化学博士别涅迪克在一次实验时，不慎碰掉了一个烧杯。但令别涅迪克惊奇的是，烧杯掉在地上却裂而不碎。对此，他非常好奇，但又一时找不到答案，就将烧杯贴上标签，注明问题，保存起来。

一天，他偶然看见一则报道说，有两辆客车相撞，司机和乘客都被挡风玻璃碎片划伤。玻璃的相撞而碎让他立刻联想到那个烧杯。经过化验，别涅迪克发现烧瓶曾盛过硝酸纤维素溶液，这种溶液蒸发后留下一层无色透明的薄膜，牢牢地粘附在瓶壁上起到了保护作用,使烧杯不易破碎。

"如果将这种溶液用到汽车玻璃上,车里的人不是更安全吗?"别涅迪克顿时想到。

于是,他便借着上次化验烧杯的实验继续延伸下去,潜心研究,一鼓作气,终于提炼出这种可以用在汽车玻璃上的溶液。

因为这个意外的发现,别涅迪克博士获得了20世纪法国科学界突出贡献奖。

我们必须善于抓住机遇。每一次机遇的到来,对于任何人来说都是一次严峻的考验。它不仅需要我们有坚实的功底和知识储备,更需要我们在看到机遇的时候,拿出拼搏和创新的魄力来。

在这个机遇盛存的世界里,只要我们平时注意加强知识的积累,培养敢为天下先的创造意识和勇气,恰切地把握时机,那么就会获得事业的成功。有道是:"机不可失,时不再来。"某著名洗手液品牌在"非典"事件中的充分表现,不仅确立了自身"社会公民"的角色,更奠定了在家庭卫生市场上的绝对领先地位。

2003年,该品牌公司率先敏锐地预见到了非典的商机。随即,他们迅速采取了分阶段的营销战略,趁势而为,彻底改变了自身的市场占有率。

第一阶段(2月10日~13日)为启动阶段。2月10日,以生产消毒药水,著名的某外商独资企业中国部营销人员通过搜集各方信息,敏锐地预见到非典商机,迅速成立了专门应急小组,并于2月11日在某地几大主流报刊推出平面广告:"预防流行性疾病,用×××消毒药水",从而拉开了消毒市场的第一轮战役。

第二阶段始于2月11日。这天,该地政府召开了新闻发布会,呼吁广大市民"注意手的清洁和消毒……"新闻发布会上午召开,该公司下午就将原定于2月12日在××报投放的消毒药水广告改为"防止病从手入,请用×××牌洗手液"。值得注意的是,这个广告刚好和该地政府召开新闻发布会的报道同日出街,从而增加了广告的可信度。

至此以后,该品牌洗手液在市场上的销售量大增,其品牌也在大街小巷中迅速宣传开来。

客观地讲,在"非典"横行之前,该品牌在中国市场的销售一直是不愠不火,毕竟一个注重家庭卫生和安全的时代还未完全到来。而在"非典"事件之中,该品牌果断采取一系列"非典"营销实验,抢占并垄断"手"这一认知资源,迅速奠定了其在消毒市场的霸主地位,并大幅提升了自身品牌的美誉度。而这备受营销界首肯的"非典"营销实验,绝非投机取巧,而是趁势而上。

机遇不是命运,并非要靠"碰"才能得到。捕捉、把握并善用机遇是一种能力,趁势而为,会帮助我们在人生道路上苦苦跋涉时,有一次转折性的飞跃,从而取得成功。

沿着螺旋式轨迹上升,步子才会稳健

弯腰哲学

在紧盯矛盾"纵面"时,也要重视与思维对象相关的侧面或对间接信息的注意与感知。有意识地走一条曲折的Z字形道路,以求避开或者绕过障碍。这种"四两拨千斤"的轻巧,无疑降低了问题的解决难度,减少代价,以求更好的效果。

《孙子兵法》曾云:"先知迂直之计者胜。"曲中有直,直中有曲,这是辩证法的真谛。山谷凹陷,进而起伏出峰顶;困难打击,进而磨砺出胜利。退一步,进两步,沿着螺旋式轨迹上升,步子才会稳健。诚然,两点之间直线最短,但在有些情况下,近,成了真正的远;远,却变为实际的近。尤其在对抗和竞争之中,要结合个体的努力程度,更要结合环境的虚实、优劣整体而论。不要凡事都幻想着走直线,在迂直问题上要学会转换角度。

蒙元攻宋几十年,所采用的迂回战术被后世军事家称为"大迂回战略",对后世的军事战争起着至关重要的影响。

早在公元1216年,成吉思汗就曾召见汉族降将郭宝玉,询问攻取中原、一统天下之策。郭答曰："中原势大，不可忽也。西南诸藩，勇旱可用，宜先取之，借以图金，必得志焉。"

郭氏这番论述对"一代天骄"果真有所启示。于是，成吉思汗在临终之前，便以超人的胆识和气魄，提出了利用南宋与金之间的世仇，借道宋境，实施战略大迂回，从而实施了一举灭金灭宋的战略决策。

后蒙古攻打南宋，受阻襄阳，于是经青海下金沙江，攻吐蕃，灭大理，经云南，出湖南，迂回万里，历时数年，声势及消耗都可谓空前。最终由成吉思汗之子孙拖雷、窝阔台、忽必烈等人完成。

根据成吉思汗的战略思想，后世军事专家总结出：大迂回，就是进攻部队避开敌方整个防御体系，向敌之侧翼或后方实施远距离机动而形成合围态势的作战行动，是战略追击的最高阶段。这一思想被世界公认。瑞士军事家若米尼就曾指出，一些伟大的军事统帅，在战争中取得胜利的秘密就在于，善于"集中他的主力，迂回攻击敌人的一翼"。他确信，如果在战略上采用这一原则，那就发现了全部战争科学的钥匙。

有一位青年，去美国一所著名大学的计算机系留学深造。博士毕业后，他想在美国找一份理想的工作。

可是由于他的起点高、要求高，结果连续试了好几家大公司，都没有录用他。思来想去，他决定收起所有的学位证明，以一种最低身份求职。

不久他就被一家大企业聘为程序录入员。这对他来说简直就是小菜一碟，但他仍干得一丝不苟。不久，老板发现他能看出程序中的错误，非一般的程序录入员可比。这时他才亮出学士证，于是老板给他换了个与大学毕业生对口的工作。

又过了一段时间，老板发觉在这个工作岗位上，他还是比别人做得都优秀，就约他详谈，此时他才拿出了博士证。

由于老板对他的水平已经有了全面的认识，就毫不犹豫地重用了他。

在碰到苦难强攻不下时，我们不要总在想着如何从正面、直接地克服障碍、解决问题，迂回的思维发展过程并不是笔直地直线式前进，而是让思维过程适应某些问题及问题的某些发展阶段的实际情况与需要，在一定时间内暂时离开直线轨道，转入一个曲折蜿蜒、绕道前行的角度。

这里还有两个关于绘画的著名故事,从侧面论证了迂回的巧妙之处。

一个是"踏花归去马蹄香"。马踩踏了花后,马蹄是香的。但要用画面去表现嗅觉的感受确实困难,许多画家都束手无策。一位画家采用迂回思维的方法,不去正面表现花香,而是画了几只蝴蝶,追逐着马蹄而飞翔。如此,马蹄的香味,一下子就可闻可感了。

另一个是"蛙鸣十里出山泉"。这是齐白石的一幅画:蛙声鸣唱,直接用画面怎能表达出听觉?于是,齐白石在一泓山泉中画了几条灵动的蝌蚪,仿佛在侧耳聆听那静中有动的声音。蛙鸣十里的场景,瞬间便凸显出来了。

可见,迂回思维,在任何的创造性劳动中,都能取得出奇制胜的效果。

只知道直来直去、不懂得侧面迂回的人,往往都会碰得头破血流;即使最终强取而得,也会耗费超出常规几倍的资源。我们不妨转换思维方式,充分认识当前局势,分析对比,审时度势。直走不通,绕道而行,最终大都能迈出困境,取得成功。

以己之长攻敌之短

> **弯腰哲学**
>
> "知己"而动,是一种盲目;"知彼"而行,是一种冲动。二者都不是沉着而全面地思考角度。只有在把"彼己"双方情况都了解透彻的基础上,相互对比,相互转换,才能加强行事效率,提高人生成功的命中率。

《孙子·谋攻篇》中说:"知己知彼,百战不殆;不知彼而知己,一胜一负;不知彼,不知己,每战必殆。"也就是说,在军事纷争中,既了解敌人,又了解自己,百战都不会失败;不了解敌人而只了解自己,胜败的可能性各占一半;既不了解敌人,又不了解自己,那就只有每战必败的结果了。

《孙子兵法》全文 5913 个字中,用"知"这一字就多达 79 处,可见孙武对"知"的重视程度。而其中"知彼知己,百战不殆"这句千古名言,更是得到古今中外众多军事家的推崇。孟子曰:"审知彼己强弱利害之势,虽百战实无危殆也。"毛泽东在《论持久战》中说:"但战争不是神物,仍是世间的一种必然运动,因此,《孙子》的规律,'知彼知己,百战不殆',仍是科学的真理。"

第二次世界大战期间,日本偷袭美国海军基地珍珠港的成功,就是在充分"知彼知己"的基础上大胆创构、全面准备的结果。

提起偷袭珍珠港,就不能不说到山本五十六。

山本曾多次赴美,或求学、或考察、或任职,对美国的经济和军事潜力有着极为深刻的了解。起初,他竭力反对与美国开战,成为日本海军中坚定的反战派人士,甚至因此几乎遭到激进少壮派的暗算。但是山本决不是和平主义者,他所反对的只不过是与强大的英美开战。因为他曾准确地预测到日本即使通过偷袭珍珠港而重创美军太平洋舰队,也只不过能保持一年到一年半的优势。

但是,山本仍然积极扩充海军航空兵的实力,使之成为日本海军在战争中最具打击力的利器。当日本高层确定了与英美开战的战略方针后,他便一改初衷,竭尽全力策划组织对美国的作战方针。而在所有削弱美军实力、毁灭其打击能力的战略中,第一步,山本就决定要对美军太平洋舰队进行突袭。

首先,山本对日本海军的情况有着清醒的认识。日本海军传统的战略是在马绍尔群岛以北、马里亚纳群岛以西,与美军太平洋舰队进行以战列舰为主力的舰队决战。但山本在多次海上演习、图上演练和兵棋作业中感觉到,这种战略很难一举歼灭美军舰队,而战争一旦旷日持久,以美国的强大经济实力和军事力量,日本想要取得胜利是不可能的。基于此,他极力主张在战争开始之初就以先发制人的偷袭,一举消灭美军太平洋舰队主力,随后不断组织进攻,削弱打击美军,不给美军积蓄力量的时机,从而争取体面的停战。

一方面,针对珍珠港水深仅 10~12 米的地形特点,鱼雷机飞行员集中在地形近似珍珠港的鹿儿岛的樱岛训练时,投雷高度从 1000 米逐渐下降,最后一直降低到 20 米。完全模拟实战,接近港湾后先降低高度,以 50 米高度在峡谷中曲折穿行,一飞到海面就降低到 20 米,并立即向目标发射鱼雷。整个攻击动作反复进行演练,动作要领已经被飞行员牢记在心。

同时,水平轰炸机飞行员在有明湾海军轰炸靶场进行训练时,日军在靶场上标出与美军战列舰同样大小的靶标。经过两周的单机和编队轰炸,飞行员的投弹命中率已高达80%,而且命中精度达到300米高度误差在30米内的极高水平。

俯冲轰炸机和战斗机飞行员也进行了针对性训练,都达到了训练要求。为了在空袭中取得更好的战果,他还对所有飞行员进行了对美军舰艇的强化识别训练。

1941年9月,联合舰队在海军大学举行了图上作业演习。

11月上旬,所有参加突袭作战的舰艇,完全按照突袭计划,以集结在佐伯湾的联合舰队主力战列舰为目标,连续进行3次综合攻击演习,作为对战前训练的检验。山本通过这些演习认为攻击效果良好,已经达到了训练目的。参战部队总结演习经验,返回各自基地,进行最后的出发准备。

11月23日,所有参战舰艇的舰长和飞行军官,一起研讨作战方案中的关键问题。

11月24日,所有飞行员在珍珠港的沙盘模型上明确各自的任务。

为了做到知己知彼,日军在积极模拟备战的同时,在搜集美军情报上也下了很大功夫。1941年5月后,派到珍珠港的日本间谍多达200人,从各个方面搜集珍珠港的天气、水文、地形和美军基地、飞机、舰艇的部署等情报。同时,为了确保偷袭的突然性,日军还采取了"以和谈作为掩护举行代号为'关特演'的大规模演习,制造进攻苏联的假象"等一系列的战略欺骗和伪装。

敌我双方的力量已被日军反复揣摩了数遍,终于,在1941年12月7日凌晨,日本的突击编队经过12天约6600千米的航程,顺利抵达了珍珠港以北约420千米的预定展开海域,随时待命。

后来的情况自不必说。珍珠港一战,美军几乎像"看电影"似地被轮番轰炸,损失惨重。

山本在训练日军做偷袭准备时,几乎每一项训练都是有针对性的,不放过任何一个细节。如此的无孔不入,美军这座军事"大堤"的坍塌,倒是一个必然的结果了。

"知己知彼"是一种互动而辩证的制胜方略。"知彼",就是要明确目标、任务和要求,做到针对性强、扎实有效。同时,在了解他人思想情况的基础上,灵活变通,为我所用。

"知己知彼,百战不殆"这一规律适用于社会生活的各个领域,尤其特别适用于当前的经济领域。俗话说"商场如战场",事实上,中外众多功成名就的企业家和常盛不衰的企业,都是极为善于运用"知己知彼,百战不殆"这一谋略的。

美国《华尔街日报》有一篇文章这样写道:"没有别人比妈妈更了解你,可是,她知道你有几条短裤吗?然而,乔基国际调查公司知道!妈妈知道你往一杯水里放了多少块冰块吗?可是,可口可乐公司却知道!"

为了在经营管理上真正做到"知己知彼",国外的一些公司对消费者有关情况的了解,竟然超过了母亲对儿女的了解。而且,有的甚至连消费者本人都不曾注意到的情况,他们却了解得一清二楚,甚至毫厘不差。

麦当劳公司通过市场调查准确获知:在某个国家,每人每年平均吃掉156个汉堡包、95个热狗;可口可乐公司经过深入了解后发现,人们在每杯水中平均放3.2块冰块,每人平均每年看到该公司的69条广告;而汉宝公司更是妙绝,它曾经秘密地调查过,消费者在使用卫生纸时是叠起来用还是折起来用,连各自的比例是多少都有记录。

从商业经营管理的角度来说,所谓"己",主要是指经营者自身所属的各种因素,这些因素是全方位的,它涵盖了经营管理者自身的每一环节。所谓"彼",从广义的角度来说,所有的外在条件都属于"彼"的范畴,包括竞争对手;而从狭义的角度来说,"彼"又可以特指经营管理的对象——即已有的客户和目标消费者。

不管是商场还是战场,"知己知彼"都被作为一种智慧和决胜的方略,广为世人所推崇。然而对于我们日常生活中的普通人,"知己知彼"就更侧重于洞悉自己和他人的人性特点,细致深入地分析、了解,进而准确把握各自的特点,才能在为人处世中做到心中有数、"百战不殆"。